한국의 비공식 복지

# 한국의 비공식 복지

아무도 눈여겨보지 않은 대한민국 복지의 실체

2021년 5월 12일 초판 1쇄 찍음
2021년 5월 20일 초판 1쇄 펴냄

지은이 손병돈
펴낸이 윤철호·고하영
펴낸곳 (주)사회평론아카데미
책임편집 최세정·권우철
편집 이소영·엄귀영·임현규·정세민·김혜림·김채린·정용준
표지·본문 디자인 김진운
본문 조판 민들레
마케팅 최민규

등록번호 2013-000247(2013년 8월 23일)
전화 02-326-1545
팩스 02-326-1626
주소 03993 서울특별시 마포구 월드컵북로6길 56
이메일 academy@sapyoung.com
홈페이지 www.sapyoung.com

ISBN 979-11-89946-99-9 93330

* 이 저서는 2017년 정부(교육부)의 재원으로 한국연구재단의 지원을 받아 수행된 연구임
 (NRF-2017S1A6A4A01018998)

아무도 눈여겨보지 않은 대한민국 복지의 실체

# 한국의
# 비공식 복지

손병돈 지음

사회평론아카데미

# 한국 비공식 복지의 실체는 무엇인가

오늘날 '복지' 하면 곧 국가복지(국가가 제공하는 복지)를 연상하게 된다. 사회복지가 발달한 복지국가에서는 복지의 대부분을 국가가 제공하기 때문에 이는 어쩌면 당연하다. 복지국가는 대체로 1920년대 말 세계 대공황 이후 또는 제2차 세계대전 이후에 형성된 것으로 평가하므로, 복지국가의 역사는 길어야 100년 정도다. 그런 점에서 국가복지를 중심으로 사회복지를 생각해온 것은 100년이 채 안 된다.

그렇다면 복지국가 이전에는 누가 복지를 제공했을까? 자선기관 같은 비영리기관 아니면 지방정부라고 생각할 수도 있다. 20세기 이전에는 비영리기관이나 지방정부가 중앙정부보다 큰 역할을 한 것은 사실이지만, 전체 복지에서 그들의 역할은 일부분에 지나지 않았다. 대부분의 복지는 가족이나 친족, 이웃, 지역사회 등 아는 사람들이 서로 돕는 비공식 복지 형태로 제공되어왔다. 특히 돌봄 서비스 영역은 오늘날 복지국가에서도 여전히 가족이 많은 역할을 담당하고 있다.

오늘날 제3세계 국가의 많은 사람이 결혼 이민자나 외국인 노동자 또는 불법체류자 신분으로 보다 발전한 국가로 진출한다. 이들의 대부분은 번 돈의 상당 부분을 본국에 있는 가족에게 송금한다. 이처럼 현재에도 많은 국가에서 비공식 복지는 활발하게 이루어지고 있다.

비공식 복지는 한국의 사회복지를 논할 때 절대 빼놓고 이야기할 수 없을 정도로 중요한 부분을 차지한다. 역사를 돌아보면, 우리 조상들에게 비공식 복지는 삶의 일부분이었다. 대가족제도라는 틀 안에서 친족이 아이들을 함께 돌보아왔으며, 부모와 자녀가 함께 살면서 자녀가 부모를 부양하고 돌보아왔다. 더욱이 애경사 때 친족과 이웃이 서로 돕는 상부상조 활동은 오랜 전통이다. 또한 향약, 품앗이, 계 등을 통해 우리 조상들은 친족 공동체, 마을 공동체 안에서 항상 서로 돕고 나누는 삶을 살아왔다. 이제껏 우리가 이를 사회복지라는 범주 안에서 바라보지 않았을 뿐이지, 비공식 복지는 우리 조상들의 삶의 일부였다. 근대 이후에도 비공식 복지는 우리 사회에서 큰 역할을 해왔다.

반면, 우리나라 사회복지에서 국가의 역할은 1980년대 초반까지도 그다지 크지 않았다. 그럼에도 한국에서는 복지와 관련한 사회적 요구가 많지 않았다. 이는 높은 경제성장을 통해 많은 복지 문제가 해결되었다는 점에서 그 원인을 찾을 수도 있다. 하지만 빈곤, 실업, 노령, 사망 등 여러 사회적 위험에 의해 파생되는 문제, 즉 가족의 생계 문제, 돌봄 문제 등 여러 가지 사회복지 문제는 경제성장만으로는 해결할 수 없다. 그렇다면 우리는 이러한 복지 문제를 어떻게 해결해왔을까? 바로 가족을 중심으로 한 비공식 복지가 상당 부분을 해결해왔다. 그렇기에 1980년대까지 국가가 복지에 대한 지출을 별로 하지 않았음에도 빈곤 문제의 상당 부분이 해결되었고, 복지와 관련한 사회적 요구가 심각하게 분출되지 않았던 것이다. 혹자는 이를 '제2의 한강의 기적'이라고 말하기도 한다.

비공식 복지는 1980년대 이후에도 한국의 사회복지에서 큰 역할을 하였다. 국민연금 등 공적연금제도가 제 기능을 거의 하지 못했음에도 1990년대까지 노인 빈곤 문제가 오늘날처럼 심각하지 않았는데, 이는 결혼한 자녀가 부모를 모시고 사는 동거가 보편적이었다는 점과 자녀 대부분이 부모에게 사적 소득이전을 제공하였다는 점으로 상당 부분 설명된다. 소득만으로 보면, 2010년 이전까지 대표적인 비공식 복지인 사적 소득이전이 국가에 의한 공적 소득이전보다 총량 면에서 더 많았다. 돌봄 영역에서는 최근까지도 가족을 중심으로 한 비공식 복지가 여전히 주요한 역할을 하고 있다.

이렇듯 비공식 복지는 우리나라 사회복지의 중요한 한 영역임에도 불구하고 지금까지 이를 체계적이며 종합적으로 연구한 전문서적은 거의 없었다. 『사회복지정책론』 등 관련 교과서의 사회복지 재원을 주제로 한 장(chapter)에서 비공식 복지의 개념과 특징을 소개한 것이 거의 전부이다. 비공식 복지에 관한 연구가 활발해지고 체계화되기 위해서는 이를 이론적으로, 그리고 한국 사회복지의 특성이라는 맥락에서 연구한 전문 연구서가 필요하다. 이 책은 이러한 필요성을 배경으로 해서 탄생했다.

이 책은 총 3부로 구성되어 있다. 먼저 제1부에서는 비공식 복지를 이론적으로 정리하고자 하였다. 1장 「비공식 복지의 이해」에서는 비공식 복지의 정의를 비롯해 비공식 복지의 형태와 원리가 무엇인지를 정리하였다. 아울러 사회복지에서 비공식 복지가 어떠한 기능을 하며, 역할이 무엇인지에 대해서도 정리하였다. 이어 2장 「비공식 복지의 이론적 쟁점」에서는 사람들이 왜 비공식 복지를 제공하려 하는지, 즉 비공식 복지의 동기가 무엇인지에 대해 경제적 교환주의 관점, 욕구 대응의 관점, 효 등 문화적 관점으로 구분하여 살펴보았다. 그리고 비공식 복지와 국가복지의 관계를 대체적 관계, 보완적 관계로 구분하여 그 쟁점을 정리하였다. 3장 「한국 사회복지의 특징으로서 비공식 복지」에서는 한국 사회에서 비공식 복지가 어떤 모습으로 존재하고 성장해왔는지를 한국 사회의 특성 측면에서 고찰하였다. 이를 통해 국가 복지의 저성장과 비공식 복지 발달이 연관되어 있음을 밝혔다.

제2부에서는 한국에서 비공식 복지의 역사적인 변화와 현재의 모습을 담아보고자 하였다. 4장 「비공식 복지활동은 어떻게 변화하였는가」에서는 한국 사회에서 비공식 복지의 변화 과정을 사적 소득이전을 중심으로 하여, 한편으로는 국가복지와 비교해보고, 다른 한편으로는 외국과 비교하였다. 그리하여 한국 비공식 복지의 규모와 실태, 변화 양상을 객관적으로 살펴보고자 하였다. 아울러 비공식 복지의 또 다른 형태인 돌봄 같은 서비스와 동거도 그간 어떻게 변화하였고, 현재는 어떠한 상태인지를 검토하였다. 5장 「비공식 복지는 누가 주고, 누가 받는가」에서는 친족, 연령 범주별, 소득수준별, 거주 지역별로 비공식 복지를 주고받는 주체와 객체를 살펴보았다. 6장 「비공식 복지와 국민의식」에서는 지난 30여 년 사이 노인 부양에 관한 국민의식의 변화를 살펴보고, 변화의 주요 특징이 무엇인지 정리하였다.

제3부는 한국 비공식 복지의 쟁점을 그동안의 연구 결과물을 중심으로 정리하였다. 7장 「사적 소득이전의 동기」에서는 사적 소득이전의 동기에 관한 실증연구를 토대로 한국에서 사적 소득이전의 동기가 역사적, 문화적, 계층적으로 어떤 차이가 있는지

를 심층적으로 살펴보았다. 8장 「사적 소득이전과 빈곤, 불평등」
에서는 한국에서 사적 소득이전이 빈곤 및 불평등 완화라는 측면
에서 어떠한 역할을 해왔는지를 살펴보았으며, 9장 「사적 소득이
전과 국가복지」에서는 실증연구 결과를 중심으로 한국에서 사적
소득이전이 국가복지와 어떠한 관계인지를 검토하였다. 10장 「한
국 가족구조의 변화와 사적 소득이전」에서는 한국사회가 신모계
(新母系)제 사회로 변모한다고 하는데, 실제로 그러한지를 남편
부모 및 아내 부모와의 사적 소득이전 교류 정도를 비교함으로
써 검증하고자 하였다. 11장 「비공식 복지와 한국의 복지체계」
는 이 책의 결론에 해당하는 장으로, 여기서는 한국 사회복지의
발전과정에서 비공식 복지의 공과(功過)를 논하고, 한국 비공식
복지의 미래를 전망해보았다. 끝으로 한국 복지체계에서 국가복
지와 비공식 복지의 관계를 어떻게 설정하는 것이 바람직한지를
논하였다.

 한국의 비공식 복지는 한국 사회복지의 중요한 특징임이 분명
하다. 따라서 이를 이론화하고, 한국 사회복지 체계에서 비공식
복지의 위상을 어떻게 설정할 것이며, 한국 복지국가를 설계할
때 전체 복지와 비공식 복지의 관계를 어떻게 설정해야 하는가는
중요한 문제이지만, 그만큼 답을 내기가 쉽지 않다. 이 책을 집필
하기 시작할 때는 이에 대한 어느 정도의 답을 도출하려는 큰 목

표를 설정하였지만, 원고를 완성한 현 시점에서 보면 많은 점에서 미흡해 보인다. 이러한 한계에도 불구하고 이 책이 한국의 비공식 복지에 관한 연구가 활발해지고, 발전하는 데 하나의 출발점이 되길 기대한다.

마지막으로 이 책에 필요한 여러 가지 실증자료를 분석하는 데 도움을 준 서울대 사회복지학과 한경훈 박사과정생에게 고마움을 표한다. 이 책의 출판을 선뜻 맡아주신 (주)사회평론아카데미 윤철호, 고하영 두 분 대표님과 이 책이 나오기까지 여러 번잡스러운 일을 세심하게 작업하여 그럴듯한 모습으로 만들어준 편집부에도 감사드린다.

2021년 5월

손병돈

# 차례

**제3부 한국 비공식 복지의 쟁점:**
사적 소득이전을 중심으로

**제1부**

# 비공식 복지에 대한
# 이론적 검토

# 1장
# 비공식 복지의 이해

어느 사회에서나 가족 중 누군가가 중한 질병에 걸렸다든지, 사고를 당했다든지, 죽었다든지 등 어려운 일을 당했을 때, 또는 결혼이나 자녀의 출생 등 기쁜 일이 생겼을 때 가장 먼저 접근하여 도움을 주는 것은 가족을 비롯한 친족들일 것이다. 이러한 모습은 인류가 태동한 이후 어떤 사회에서나 보편적인 모습이었다 (Rose, 1986: 18).

오늘날에도 많은 사회에서 가족 중심의 복지활동은 여전히 활발하다. 동아시아 국가에서 가족 중심의 복지활동은 지금도 친근하며, 쉽게 볼 수 있다. 더욱이 아프리카나 동남아시아 등 개발도상국가들에서는 이런 모습이 여전히 흔한, 보편적인 삶의 방식이다. 심지어 영국같이 복지가 발달한 사회에서도 노인이나 아동 등의 돌봄과 관련하여서는 가족 같은 비공식적인 주체가 여전히 큰 역할을 하고 있다(Graham, 1991: 509).

이렇게 비공식 복지는 사회복지의 중요한 한 축으로 기능하여 왔지만 이를 학문적으로 체계화하려는 노력은 부족하였다. 그리하여 비공식 복지가 무엇이며, 어떠한 특징을 가졌으며, 다른 사회복지 주체에 의한 복지와 어떤 차이가 있는지 등에 대해 제대로 정리되어 있지 않은 상태이다.

이 장에서는 비공식 복지가 무엇이며, 비공식 복지에는 어떠한 형태들이 있으며, 비공식 복지가 작동하는 원리가 무엇인지, 그리고 사회복지에서 비공식 복지가 어떤 역할과 기능을 수행하는지를 체계적으로 정리하고자 한다.


## 1. 비공식 복지란 무엇인가

비공식 복지가 학문적인 관심을 받으며 복지의 영역으로 인식되고 간주된 것은 복지국가 위기 이후이다. 복지국가 위기란, 1973년 중동전쟁이 계기가 되어 일어난 제1차 석유파동(오일쇼크)으로 전 세계 경제가 침체되면서 재정적자에 직면한 복지국가에서 더 이상 그 이전처럼 국가복지를 확대하는 것이 어렵게 된 것을 일컫는다(감정기·최원규·진재문, 2002). 복지국가 위기 이전 시기에 사회복지학에서는 복지를 국가가 주체가 되어서 행해지는 복지활동만을 의미하는 것으로 인식했다. 대략 제2차 세계대전이 끝난 1945년부터 1975년 전후 시기까지는 복지국가가 안정적인 경제성장, 완전고용, 복지를 통한 평등이 조화를 이루며 번영했는데, 이 시기를 복지국가의 황금기(Golden Age of the Welfare State)라 부른다(Pierson, 1991). 이 시기 시민들은 복지 욕구가 있으면 국가가 제도나 서비스로 대응하는 것을 당연시했으므로 사회복지는 곧 국가복지와 동일시되었다. 하지만 복지국가 위기 이후에는 시민들의 복지 욕구에 대해 국가가 복지 확대를 통해 대응하는 것이 불가능하다는 것이 확실시되면서 서구 복지국가에서는 국가복지 외의 다른 복지 주체에 대해 학문적으로 관심을 갖기 시작하였다. 이런 맥락에서 복지다원주의(welfare pluralism) 또는 복지 혼합경제(mixed economy of welfare)라는 새로운 패러다임이 등장하였고, 이와 함께 비공식적인 복지활동을 복지의 영역으로 인식하게 되었다(Graham, 1991).

사실 비공식 복지에 대한 관심은 복지국가의 위기 훨씬 이전부터 있었다. 1890년대 사회진화론자(Social Darwinist)로 알려진 허버트 스펜서(Herbert Spencer)는 비공식 복지에 큰 관심을 가졌는데, 복지활동을 법정(statutory)복지, 자원(voluntary)복지, 비공식(informal) 복지로 구분하여, 비공식 복지를 사회복지의 한 부분으로 인식하였다(Spencer, 1893: 376; Offer, 1984: 546). 법정복지는 국가복지를 의미하고, 자원복지는 자선기관 같은 자원 부문(voluntary sector)에 의한 복지활동을 의미하며, 비공식 복지는 가족이나 친족 같은 주체가 의존관계에 있는 사람에게 사적으로 도움을 제공하는 것을 가리킨다. 스펜서는 비공식 복지에 대해 대체로 긍정적인 생각을 갖고 있었으며, 구빈법(Poor Laws)이 해체되면 비공식 복지가 더욱 발전할 것으로 생각하였다.

복지다원주의자들 또한 비공식 복지를 복지의 한 부분으로 간주한다. 복지다원주의를 주장하는 대표 학자 중 한 사람인 리처드 로즈(Richard Rose)는 한 사회의 총복지를 구성하는 주요한 복지 원천은 가구(Household), 시장(Market), 국가(State)라고 주장하며, 가구는 인류 역사의 대부분 동안 건강 돌봄, 노인의 욕구 충족 등 복지 재화와 서비스의 대부분을 생산해왔으며, 오늘날에도 여러 국가에서 그러한 복지 재화와 서비스의 많은 부분을 생산하고 있다고 주장한다(Rose, 1986: 18-19). 또한 마틴 레인(Martin Rein)은 사회복지에서 비공식 부문을 가족, 친척, 친구 및 지역사회라는 중심 제도로 묘사할 수 있고, 이들은 자발적 연대, 애정, 의무, 상호 존경 등에 의해 작동한다고 설명한다(Rein, 1989: 53). 한국에서 홍경준은 혈연, 학연, 지연 등에 기초한 비공식적 결속에 의한 복지활동을 '연(緣)복지'라고 부르며, 연을 사회복지 전달의 주요 기제로 활용한다고 주장한다(홍경준, 1999).

이러한 주장들을 토대로 비공식 복지의 특징을 다음과 같은 다섯 가지로 정리해볼 수 있다(Graham, 1991).

첫째, 비공식 복지는 다른 사람을 위해 제공되는 도움을 일컫는다. 비공식 복지는 음식, 주거, 옷 또는 돌봄 같은 사회복지 관련 욕구가 있는 사람에게 가족, 친척, 친구, 이웃 등 비공식적인 주체가 그러한 욕구를 충족할 수 있는 자원을 제공하는 것이다. 어떤 개인이 자신의 욕구 충족을 위해 활동하는 것을 복지라고 보지 않는다. 즉 비공식 복지는 타인을 위한 복지활동만을 가리킨다.

둘째, 비공식 복지는 비제도적인(non-institutional) 복지이다. 비공식 복지는 어떤 사회기구나 국가의 사회복지제도와 관련되어 수행되지 않는다. 다시 말해 비공식 복지는 가족이나 이웃, 친구, 친척 등 비공식 주체들이 어떤 강제나 강요 없이 자발적으로 스스로 수행하는 복지활동이다. 따라서 비공식 복지는 제도적인 형태 또는 어떤 체계(system)나 조직과 관련되어 있지 않다.

셋째, 비공식 복지는 지불되지 않는(unpaid) 복지이다. 치매를 앓는 노인들이 노인요양원에서 시설 서비스를 받거나 집에서 방문요양 같은 재가 서비스를 받으려면, 제공받는 서비스에 대해 많든 적든 비용 지불을 조건으로 한 서비스 계약을 맺고 비용을 지불해야 한다. 하지만 가족이나 친족 또는 이웃으로부터 돌봄이나 도움을 받는 경우에는 그에 대한 대가를 지불하지 않는다. 물론 비공식 복지에서도 호혜성에 의해 돌봄이나 도움을 받은 사람이 도움을 준 사람에게 감사의 표시로 또는 암묵적인 대가로 돈을 제공할 수 있다. 이 경우 돈의 제공은 돌봄이나 도움에 대한 비용 제공을 조건으로 한 명시적인 계약에 의한 것이 아니다. 그런 점에서 비공식 복지에서 이루어지는 복지 제공은 시장에서와 같은 지불된(paid) 복지활동이 아니다.

넷째, 비공식 복지는 연줄을 기반으로 하여 이루어지는 복지이다. 비공식 복지에서 제공되는 돌봄이나 사적 소득이전 같은 도움은 가족 관계, 이웃 관계 또는 직장 동료 관계 등 연줄을 기초로 하여 이루어진다. 따라서 비공식 복지는 주로 아는(known) 사람 간에 이루어진다는 특징이 있으며, 그런 점에서 모르는 낯선 타인을 대상으로 하여 이루어지는 자발적인 자원복지나 국가복지와 구별된다.

다섯째, 비공식 복지는 대체로 개인들에 대한 복지 제공으로 제한되는 특징을 갖는다. 이는 비공식 복지가 집단적으로 이루어지지 않는다는 것을 의미한다. 비공식 복지는 혈연, 지연, 학연 같은 연줄에 기초하여 아는 사람 간에 제한적으로 이루어지는 복지활동으로, 도움을 필요로 하는 특정한 개인을 대상으로 이루어진다. 예컨대 성인이 된 자녀가 따로 사는 늙은 부모에게 용돈이나 생활비나 돌봄을 제공한다든지, 동네에서 가구주의 사망같이 어려운 일을 당한 사람에게 십시일반(十匙一飯)으로 돈을 모아주는 것처럼, 특정한 개인을 대상으로 제공되는 것이 일반적이다.

이상의 논의들을 종합해보면, 비공식 복지는 가족, 친척, 이웃, 친구 및 직장 등 연줄을 기조로 하여 비공식적인 형태로 이루어지는 복지활동이라고 정의할 수 있다. 비공식 복지는 민간복지의 한 영역이라는 점에서 국가복지와 구별되며, 주로 연줄에 기초하여 아는 사람 간에 이루어지는 복지활동이라는 점에서 자선기관 등의 자원복지와 구분되고, 복지활동의 방식이 비공식적인 형태로 이루어진다는 점에서 국가복지, 자원복지, 기업복지 등 공식적인 복지활동과 구별된다.

## 2. 비공식 복지의 형태와 원리

### 1) 비공식 복지의 주체

비공식 복지는 연줄망에 기초한 복지활동이다. 따라서 비공식 복지의 주체는 연줄망의 종류에 근거하여 분류할 수 있다. 대부분의 사람들이 일반적으로 갖는 연줄망은 혈연, 지연, 학연, 직장연(업연業緣)이다. 이러한 연줄망별로 비공식 복지의 주체를 보다 구체적으로 살펴보자.

먼저 혈연에 기반한 비공식 복지의 주체로는 좁게는 가족, 보다 넓히면 친족, 더욱 확대하면 종친회 등을 들 수 있다. 비공식 복지의 주체로서 가족은 좁은 의미의 가족을 가리킨다. 다시 말해 미혼 자녀와 부부로 구성된 핵가족이 비공식 복지의 주체라고 할 수 있다. 가족이 주체가 된 비공식 복지활동의 예로는 핵가족을 구성한 자녀가 자신의 부모에게 용돈이나 생활비를 제공하거나 부모가 핵가족을 구성한 자녀에게 용돈이나 생활비를 주는 형태를 들 수 있다. 핵가족을 구성한 자녀가 부모를 동거하며 모시고 산다든지, 치매나 노인성 질환 등으로 돌봄을 필요로 하는 부모에게 자녀가 병수발을 하는 것도 가족이 주체가 된 비공식 복지활동이다.

친족이 주체가 된 복지활동은 형제간 또는 사촌간 등 친족 범주에 속한 사람 간에 이루어지는 도움 활동을 가리킨다. 예를 들어 친족 구성원 중 누군가가 사망하였다든지, 큰 질병에 걸렸다든지, 실직이나 결혼 등 애경사가 있을 때 이루어지는 친족들의 도움 활동이 곧 비공식 복지활동이다.

혈연에 기반한 가장 넓은 범위의 비공식 복지활동의 주체는 종친회이다. 종친회는 김씨, 이씨, 손씨 등 특정 성씨를 기반으로 하여 그런 성씨의 정체성을 확인하는 사업(예를 들어 조상 무덤에서 지내는 제사인 시제, 족보 발간 등)을 중심으로 활동할 뿐 아니라 종친회 구성원에 대한 장학사업, 애경사 시 상호부조 등의 복지활동도 수행한다(홍경준, 1999). 이러한 종친회의 장학사업과 상호부조 활동 또한 비공식 복지에 해당한다.

지연을 기반으로 하는 비공식 복지의 주체로는 이웃사회, 지역사회 등을 들 수 있으며, 우리나라의 전통 마을 조직인 계, 두

레, 향약 등은 지연을 기반으로 복지활동을 하였던 조직들이다. 계, 두레, 향약 등은 조선시대 후기까지 마을을 단위로 상부상조 활동을 활발하게 벌였던 중요한 복지활동 주체였다(나병균, 1989a; 나병균, 1989b; 최우영, 2006). 마을 주민 또는 지역사회 구성원이 어려운 일을 당했을 때 이웃 주민들이 십시일반 돈을 모아서 경제적 도움을 주거나 돌봄을 베풀기도 한다. 하지만 근대화와 도시화가 급속하게 진행되면서 지연을 기반으로 한 비공식 복지활동이 크게 위축된 상태이다. 오늘날 지연을 기반으로 하는 비공식 복지의 주체로서 가장 규모가 큰 형태는 향우회이다. 향우회는 특정 지역이라는 연줄망에 근거한 조직으로, 구성원 간 상호부조 및 장학사업 등을 수행하고 있다.

학연을 기반으로 한 비공식 복지의 주체로는 동창회를 들 수 있다. 동창회는 초등학교, 중학교, 고등학교, 대학교 등 학연을 기반으로 한 조직이다. 동창회는 구성원 간 친목도모 및 연대활동을 중심으로 활동하지만, 장학사업 및 구성원의 애경사에 상호부조 활동 등 복지활동도 한다(홍경준, 1999).

직장연(업연)을 기반으로 한 비공식 복지로는 회사 내 직원 간에 이루어지는 상호부조 활동을 들 수 있다. 오늘날 우리 사회에서 애경사 때 가장 활발한 상호부조 활동을 하는 비공식적 결속 중 하나가 직장에 기반한 연줄이다. 업연에 기반한 비공식 복지의 역사는 꽤 오래되었다. 중세 유럽의 동업조합인 길드는 사망한 회원의 장례를 치르고, 질병·사고 및 노령으로 인한 회원들의 빈곤을 완화하기 위해 정기적으로 보조금을 지원하고, 재난으로 재산 피해를 입은 회원에게 성금을 전달하는 등 상호부조의 기능을 수행하였다(김상균, 1986).

그 외에도 비공식 복지의 주체로는 친구 간 우정을 기반으로 한 상호원조 활동이 있다. 오늘날에도 친한 친구 간 비공식 모임을 조직하여 친구 중 애경사가 있을 때 상호부조 활동을 하는데, 이 또한 비공식 복지의 한 예이다.

이렇게 다양한 비공식 복지의 주체에 의한 복지활동이 이루어지고는 있지만, 오늘날 일상적으로 수행하는 비공식 복지의 주체는 혈연을 기반으로 한 가족이나 친족뿐이다. 그중에서도 가족을 중심으로 한 복지활동이 비교적 활발하게 이루어지고 있다. 장성한 자녀가 경제활동이 거의 없는 부모를 부양하거나 이들에게 생활비 또는 용돈을 정기적으로 제공하는 모습은 우리 사회에서 비교적 흔하게 볼 수 있는 비공식 복지활동이다.

## 2) 비공식 복지활동의 형태

비공식 복지활동은 다양한 모습으로 전개된다. 이를 다음의 두 가지 기준으로 구분해보면, 비공식 복지를 보다 쉽게 이해할 수 있다.

먼저, 도움의 형태를 기준으로 비공식 복지활동을 구분할 수 있다. 도움의 형태는 현금, 현물, 서비스, 동거로 구분할 수 있다. 현금 형태의 비공식 복지활동은 연줄을 기반으로 하여 도움을 현금으로 제공하는 것을 말한다. 대표적인 예로 부모와 자녀 간 용돈이나 생활비를 주고받는 사적 소득이전을 들 수 있다. 우리 사회에서는 성인 자녀가 부모에게 용돈이나 생활비를 현금으로 제공하는 것을 흔히 볼 수 있다. 현금 형태로 이루어진 또 다른 비공식 복지활동으로는 애경사 때 제공되는 부의금이나 축의금을 들 수 있다.

현물 형태의 비공식 복지활동은 연줄 관계에 있는 사람 간에 선물을 주고받는 것을 일컫는다. 예컨대 TV 광고에서처럼 부모에게 TV, 냉장고, 보일러 등을 자녀가 선물로 제공하거나 부모로부터 쌀, 과일 등의 농산물을 받아오는 경우 모두 현물 형태로 이루어지는 비공식 복지활동이다.

서비스 형태의 비공식 복지활동의 대표적인 예는 돌봄 서비스를 들 수 있다. 일상생활을 스스로 영위하지 못하는 부모를 자녀가 돌보거나 부모가 자녀를 대신해 손주를 돌보는 행위 모두 서비스 형태로 이루어지는 비공식 복지활동의 예이다.

동거는 자녀와 부모가 주거 공간을 공유하며 함께 생활하므로 현금, 현물, 서비스가 복합적으로 제공되는 비공식 복지활동이다. 전통사회의 보편적인 가족 형태였던 대가족제에서 노인이 된 부모는 결혼한 자녀 부부 그리고 자녀의 자식들과 같은 집에서 함께 생활하면서 결혼한 자녀 부부로부터 물질적, 비물질적 도움을 받았다. 우리 사회에서 노인 부모가 자녀와 함께 사는 노인-자녀 동거 가구는 크게 감소하였지만, 지금도 노인의 약 20%가 자녀와 동거한다.

다음으로 비공식 복지활동은 그 행위가 이루어지는 기간과 방식에 따라 구분할 수 있다. 즉 비공식 복지활동이 일상적으로 이루어지는가 아니면 특정적(event-oriented)으로 이루어지는가로 나눌 수 있다. 일상적이라는 것은 비공식 복지활동이 특정한 사건이나 사고가 발생했을 때 이루어지는 것이 아니라 일상적인 생활의 한 부분으로서 이루어진다는 것을 의미한다. 일상적인 복지활동으로는 자녀가 부모에게 일상적으로 제공하는 용돈이나 생활비, 또는 친척이 특별한 사건 없이 제공하는 비공식 복지활동 등이 있다. 일상적인 비공식 복지활동은 정기적이냐 비정기적이냐로 다시 구분할 수 있다. 정기적인 비공식 복지활동은 1주일, 한 달, 1분기같이 비교적 정기적으로 이루어지는 비공식 복지활동을 가리킨다. 매달 부모에게 일정한 생활비를 제공한다면 이는 정기적인 비공식 복지활동이다. 반면에 비정기적인 비공식 복지활동은, 특별한 사건이나 사고와 무관하게 일상적으로 이루어지는 복지활동이지만, 정기성을 띠지 않는 것을 말한다. 예컨대 부모를 비정기적으로 찾아뵈며 그때마다 부모에세 용돈을 제공한다면, 이것이 바로 비정기적인 비공식 복지활동이다. 비공식 복지가 수혜자 삶의 안정화에 기여하는 효과는 그 활동이 정기적으로 이루어질수록 크게 나타난다.

특정적인 비공식 복지활동은 입원, 사망, 결혼같이 특정한 사건이 발생했을 때만 이루어지는 것을 말한다. 예컨대 부의금, 축의금, 입원비 보조 등이 특정적인 비공식 복지활동이다.

한편, 비공식 복지 개념 못지않게 사회복지학 관련 서적에서 자주 언급되는 개념인 사적 소득이전에 대해서도 자세히 살펴볼 필요가 있다. 소득이전은 공적 소득이전(public income transfer)과 사적 소득이전(private income transfer)으로 나눌 수 있다. 공적 소득이전은 공적인 주체, 즉 정부가 주체가 되어 소득을 이전하는 것을 일컫는데, 쉽게 말하면 정부(중앙정부, 지방정부 모두 포함)가 제공하는 현금 및 현물 형태의 사회복지를 의미한다. 사적 소득이전은 사적(private)으로 소득을 주고받는 것을 말한다(Cox, 1987; 손병돈, 1998). 즉 개인들이나 민간 차원에서 소득을 주고받는 것을 말한다. 예컨대 부모와 자녀 간, 또는 형제, 친척들, 이웃들 간에 소득을 주고받는 것은 모두 사적 소득이전에 포함된다. 여기서 소득은 현금 및 현물을 모두 포함하는 것이 일반적이지만, 경우에 따라서는 현금 형태만 지칭하기도 한다.

사적 소득이전은 대부분 가족 간에 이루어진다. 이를 가족 간 소득이전(interfamily income transfer)이라고 한다. 이때의 가족은 핵가족을 의미하며, 가족 간이라 함은 부모와 경제적으로 독립된 자녀 사이 또는 서로 독립적인 경제생활을 하는 형제 사이를 일컫는다.

오늘날 비공식 복지 중 가장 큰 부분을 차지하는 것은 가족을 중심으로 한 가족 간 소득이전이다. 이러한 가족 간 소득이전의 주요한 방향, 다시 말해 누구로부터 누구에게로 가족 간 소득이전이 이루어지는가는 사회에 따라 다르다. 일반적으로 산업화 과정 중에 있는 사회(개발도상국)에서는 가족 간 소득이전이 자녀로부터 부모에게로 이루어지는 경향이 강하다. 산업화 과정은 곧 농업에 기반을 둔 사회에서 제조업이나 서비스업을 중심으로 한 사회로의 이행 과정이며, 대가족 사회가 핵가족 사회로 이행하는 과정이다. 개발도상국에서 자녀 세대는 산업화의 결과물을 분배받지만, 노령이 된 부모는 소득활동에서 이탈하여 공적연금 같은 사회복지제도의 혜택을 제대로 누리지 못하므로, 자녀 세대보다 부모 세대가 상대적으로 소득이 더 적다. 그러므로 이런 사회에서는 자녀 세대로부터 부모 세대로의 소득이전이 일반적이다. 반면 산업화 과정을 마친 사회에서는 부모 세대가 자녀 세대보다 경제적으로 풍요로운 경우가 많기 때문에, 가족 간 소득이전의 방향이 부모로부터 자녀에게로 향하는 경우가 보편적이다.

## 3) 비공식 복지의 원리

비공식 복지는 가족, 친족, 이웃, 친구 등 연줄을 기반으로 한 하나의 공동체에 의해 수행되는 복지라고 할 수 있다. 이렇게 비공식 복지를 수행하는 공동체는 어떤 원리로 만들어질까? 그것은 자발적 연대(spontaneous solidarity)이다(Streek & Schmitter, 1985; Rein, 1989; 홍경준, 1999). 가족이나 친족, 이웃사회, 직장 내 상조회, 향우회 등과 같은 비공식 복지를 수행하는 공동체가 만들어지고 유지되는 것은 구성원들의 자발적인 연대의식 또는 소속감 덕분이다. 공동체의 새로운 구성원이 되거나 탈퇴하는 행위는 해당 공동체의 구성원으로서 귀속 지위를 갖느냐 마느냐의 문제로, 이는 연대의식과 소속감 유지 여부와 밀접하게 관련이 있다. 예를 들어 가족 구성원이 되려면 혈연에 기반하거나 결혼을 통해 귀속성을 획득해야 한다. 만약 이혼을 한다면 그 가족 공동체로부터 벗어나게 된다.

반면 비공식 복지가 아닌, 복지를 제공하는 다른 주체들에 의한 복지활동이 이루어지는 원리는 무엇일까? 먼저 복지의 공급 주체로서 시장은 경쟁을 통해 복지활동을 조직화하며, 또 다른 공급 주체인 국가는 위계적인 통제를 통해 복지활동을 조직화한다. 시장이 공급 주체인 복지는 돈이라는 지불 능력이 있어야 구입할 수 있으며, 국가가 공급 주체인 복지는 법적인 자격조건을 갖추어야 급여를 받을 수 있다.

복지의 대상자의 경우 비공식 복지에서는 자격 여부가 아는 사람이냐(acquaintance) 낯선 사람이냐(strangers)로 정해진다. 즉 비공식 복지를 수행하는 공동체의 구성원으로서 연고가 있는 사람은 그 비공식 복지의 대상자가 될 수 있지만, 공동체의 구성원이 아닌 낯선 사람은 비공식 복지의 대상자가 될 수 없다. 이와 달리 국가가 공급 주체인 복지에서는 모든 국민 또는 모든 국내 거주자를 잠재적 복지의 대상자로 상정한다.

비공식 복지를 통해 교환되는 재화 및 서비스의 성격은 연대재(solidaristic goods)에 가깝다. 자녀가 부모에게 소득이전을 제공하거나 동창회에서 어느 회원의 부모가 사망했을 때 부조를 하는 것은 구성원에 대한 물질적 원조이지만, 그것의 본성은 구성원에 대한 연대이다. 반면 시장을 통해 교환되는 재화 및 서비스의 성격은 사유재(private goods)이고, 국가가 제공하는 복지는 공공재(public goods)이다. 이렇듯 비공식 복지를 통해 제공되는 복지는 다른 복지 주체가 제공하는 재화 및 서비스와 그 성격이 상이하다.

비공식 복지활동이 이루어지는 근본적인 가치 기반은 상호 애정 및 도덕적 의무, 호혜성이라고 할 수 있다. 가족이나 친족, 친구 사이에 사적 소득이전을 주고받는 것은 서로에 대한 깊은 애정을 기초로 한다. 사적 소득이전은 부모에 대한 자녀의 사랑, 자녀에 대한 부모의 사랑이 그 근저에 있다. 도덕적 의무도 비공식 복지활동의 밑바탕에 있는 가치 기반이다. 자녀가 부모에게 사적 소득이전을 제공하는 것은 부모에 대한 자녀의 도덕적 의무에 기초한다. 부모에 대한 자녀의 도덕적 의무를 효(孝, filial piety)라 하는데, 이는 가족 간 소득이전에 들어 있는 중요한 가치 중 하나이다. 이 밖에도 동창회나 향우회 또는 친구들 모임의 회원에 대한 상호원조에도 회원으로서의 도덕적 의무가 내재되어 있다.

이와 더불어 비공식 복지활동은 호혜성(reciprocity)에 기초하고 있다. 호혜성은 도와준 사람에게는 도움을 주어야 하며 손해를 주어서는 안 된다는 원칙(Gouldner, 1960)으로서, 한번 받으면 준 사람에게 돌려주어야 한다는 쌍방적 관계를 지칭하는 용어이다(홍경준, 1999). 비공식 복지활동에서 호혜성은 받은 사람이 준 사람 그 당사자에게 꼭 돌려주어야 한다는 것을 의미하는 것은 아니다. 자녀가 부모에게 소득이전을 했을 때, 대부분은 부모로부터 그것을 돌려받는 것이 아니라 자신의 자녀로부터 돌려받는다. 이러한 교환도 호혜성에 기반한 것이다. 계나 향약, 또는 오늘날의 연줄에 기반한 상호원조 활동은 대부분 이러한 호혜성에 기반하여 이루어진다.

비공식 복지활동의 크기는 연줄망의 긴밀한 정도에 따라 결정되는 특성이 있다. 공동체 구성원 간 상호원조 활동의 규모는 대체로 상호간 친밀함이 강할수록 커지는 경향을 보인다. 애경사 때 주고받는 부조금을 보면 연고가 강한 관계일수록 그 금액이 크다. 예를 들어 부모와 자녀 간의 관계가 사촌 간의 관계보다 부조금의 액수가 많고, 사촌 간의 부조금은 그보다 더 먼 친척 간의 부조금보다 액수가 더 많은 경향이 있다(이용교, 1990). 이렇게 연줄망의 강도에 비례하여 호혜성의 정도가 결정되는 경향이 있다.

## 3. 비공식 복지의 기능과 특징

### 1) 비공식 복지의 기능

먼저, 비공식 복지는 사회적 보호 기능을 한다. 비공식 복지의 사회적 복지 기능은 사람들이 어떠한 위험에 빠져 욕구가 충족되지 못하는 상황일 때 수행된다. 예를 들어 부모가 늙어서 경제활동을 하지 못해 소득이 중단되어 빈곤 위험에 빠졌을 때, 대부분의 자녀는 생활비를 제공하여 최소한의 삶을 유지하게 한다. 이 외에도 실직으로 인한 소득 중단으로 경제적 어려움에 처했을 때, 치매나 중풍 등의 노인성 질환으로 부모가 혼자 생활할 수 없을 때, 또는 우리 사회에서 사망이나 결혼 등의 애경사로 인해 경제적 도움이 필요할 때, 대부분의 사람들은 연줄에 기반하여 상호부조 활동을 한다.

이렇듯 비공식 복지는 공동체 구성원을 사회적 위험으로부터 보호하는 역할을 수행한다. 공공복지가 발달하기 전 거의 모든 사회에서 구성원들을 사회적 위험으로부터 보호해온 것은 연줄을 기반으로 한 공동체였다. 그뿐만 아니라 오늘날에도 많은 사회에서 비공식 복지는 그러한 역할을 수행하고 있다. 많은 개발도상국에서 사회적 위험으로부터 시민을 보호하는 데 가장 크게 역할을 하는 것이 비공식 복지이다.

그리스 같은 남유럽 사회에서도 국가복지와 함께 비공식 복지가 사회 구성원들을 사회적 위험으로부터 보호하는 데 중요한 역할을 하고 있다(Lyberaki & Tinios, 2014). 미국에서도 1987년 기준으로 전체 가족의 21%가 연간 100달러 이상의 사적 소득이전을 받은 것으로 조사되었으며, 사적 소득이전을 받은 가족의 평균 사적 소득이전 액수는 2,000달러가 넘는 것으로 나타났다(Pollack, 1994: I-1).

한국 사회의 경우도 사회적 위험으로부터 국민을 보호하는 데 비공식 복지가 여전히 중요한 역할을 하는 것으로 평가된다. 김진욱(2013)의 연구에 의하면, 가족 간 소득이전과 가족에 의한 돌봄만 가지고 한국의 비공식 복지 총합을 구해도 2000년까지 국가복지보다 그 규모가 더 클 뿐 아니라, 우리 사회 전체 복지 총량의 약 40%를 차지할 정도로 가장 중요한 복지 원천으로 나타난다. 2010년도에 그렇게 산출한 비공식 복지의 양은 전체 우리나라 사회복지 지출의 약 34.5%를 차지하며, 국가복지(41.7%) 다음으로 큰 복지 원천으로 파악된다. 만약 가족뿐만 아니라 친족이나 지연, 학연 그리고 직업연에 의한 복지활동까지 모두 포함할 경우, 지금도 우리 사회 복지 총량 중 가장 큰 비중을 차지하는 것은 비공식 복지일 것이다.

국가복지와의 관계 속에서 비공식 복지의 기능을 바라본다면, 비공식 복지는 국가의 약한 사회안전망을 보완해주는 역할을 한다(Lyberaki & Tinios, 2014). 오늘날에도 개발도상국이나 저개발국은 국가에 의한 사회안전망이 약하다. 국가에 의한 사회안전망이 약할 때 그것을 보강해주는 역할을 비공식 복지가 하고 있다. 어찌 보면 비공식 복지는 공공복지의 부재에 따른 사회의 불안정성을 완충해주는 역할을 하고 있다고도 볼 수 있다. 국가가 복지를 확대하기 위해서는 산업발달을 통한 조세의 확대 등 재원 마련이 필수적이다. 그런데 저개발국이나 개발도상국의 경우 빈곤자, 실업자, 노인 등의 사회복지 욕구는 크지만, 그러한 욕구에 대응할 수 있는 국가의 능력은 제한되어 있다. 그러한 사회에서는 사회안전망의 공백이 큰데, 비공식 복지가 이의 공백을 부분적으로 채워주고 있다.

또한 비공식 복지는 가족, 친족 등 공동체 구성원 간 위험 분산을 통한 보험의 기능을 수행한다. 로런스 코틀리코프(Laurence Kotlikoff)와 이비아 스피빅(Avia Spivak)은 비공식 복지의 이러한 기능을 암묵적 상호보험(implicit mutual insurance)이라고 한다 (Kotlikoff & Spivark, 1981). 보험은 보험에 가입한 사람들이 자원을 공동으로 출자하여 불확실한 위험에 대비하는 제도이다. 비공식 복지가 암묵적 상호보험이라는 것은, 연줄에 기초한 공동체의 구성원들이 각자가 가지고 있는 자원을 기반으로 하여, 누군가가 위험에 빠지면 상호부조를 통해 위험에 빠진 구성원이 그 위험으로부터 벗어날 수 있게 한다는 것이다. 암묵적이라는 것은 시장의 보험과 달리 문서화된 계약 없이 상호 애정 또는 도덕적 의무, 호혜성에 기초하여 상호원조 활동이 이루어진다는 점을 의미한다.

이처럼 연줄에 기반한 공동체가 보험과 같은 기능을 수행할 수 있는 것은 공동체 구성원 간에 신뢰가 형성되어 있고, 정보에 대한 효과적인 접근이 가능하기 때문이다(Kaufmann, 1982). 시장에서 사적 보험이 불가능한 경우는 가입자의 도덕적 해이(moral hazard), 역선택(adverse selection), 속임수 등 가입자에 대한 정보를 얻을 수 없을 때이다. 하지만 연줄에 기반한 공동체에서는 구성원이 서로에 대해 충분한 정보를 가지고 있으므로, 암묵적 보험으로서의 역할이 가능하다.

## 2) 비공식 복지의 특징

비공식 복지는 공공복지와 비교하여 여러 가지 측면에서 장점을 가지고 있다.

우선 비공식 복지는 공공복지에 내재된 사중 손실(deadweight loss)*을 피할 수 있다. 공공복지는 서비스 전달과 재원 마련을 위해 세금을 걷는데, 이러한 과정에서 여러 가지 왜곡이 발생하고, 과잉공급 같은 비효율이 발생한다(Pollack, 1994).

공공복지에서는 강제적인 조세 부과에 따라 납세자의 노동 동기 저하 같은 왜곡이 발생할 수 있다. 하지만 비공식 복지에서는 이런 문제가 발생하지 않는다. 비공식 복지는 도덕적 의무 또는 사랑을 기반으로 하여 자발적으로 이루어지므로, 공공복지에서 나타나는 비효율적인 문제가 발생하지 않는다. 더욱이 비공식 복지의 제공자는 자기가 사랑하는 공동체의 다른 구성원(예를 들어 가족의 다른 구성원)에게 도움을 준다는 그 자체로부터 오히려 기쁨이나 만족감을 얻는다.

공공복지에는 자산조사, 관리 감독 등을 행하기 위한 행정비용이 수반될 뿐 아니라 부정수급, 과잉공급 같은 비효율도 나타난다. 하지만 비공식 복지에서는 제공자가 수혜자에 대한 충분한 정보를 가지고 있으며, 수혜자도 제공자에 대한 고마움 등 공동체 구성원으로서의 공통된 이해를 가지고 있으므로, 공공복지에

........

* 재화나 서비스의 분배가 파레토 최적이 아닐 때 발생하는 경제적 효용의 순손실을 말한다. 여기서는 공공복지를 제공할 때 발생하는 여러 가지 비효율성을 의미한다.

서 나타나는 행정비용, 부정수급, 과잉공급 같은 문제가 발생하지 않는다.

공공복지, 특히 공공부조는 수급자에게 노동 동기 저하, 저축 동기 저하 같은 문제를 야기할 수 있다. 그러나 비공식 복지는 제공자와 수급자 간 신뢰와 사랑이 바탕이 되어 이루어지므로 그러한 문제가 발생하지 않는다.

비공식 복지는 수혜자에게 물질적인 도움을 주면서 동시에 정서적, 심리적 지지 효과도 거둘 수 있다. 비공식 복지의 수혜자는 가족같이 친밀한 사람들로부터 물질적 도움을 받을 때, 경제적 욕구의 충족 효과뿐만 아니라 정서적, 심리적 만족감도 함께 얻을 수 있다(구인회·손병돈·안상훈, 2010). 예를 들어 부모가 자신의 자녀로부터 소득이전을 받을 때 부모는 기본적인 욕구를 충족할 뿐만 아니라 자녀의 효심을 확인함으로써 심리적인 만족감도 함께 얻을 수 있다.

또한 비공식 복지는 욕구에 대한 민감성 및 대응성이 공공복지보다 우월하다. 비공식 복지는 가족, 친족, 친구, 이웃 등 잘 아는 사람들 간에 이루어지므로 제공자는 수혜자의 욕구를 민감하게 즉각적으로 파악할 수 있으며, 그러한 욕구에 대한 대응도 즉각적으로 이루어질 수 있다. 반면 공공복지는 대상자의 신청 및 그에 따른 조사, 진단 등의 행정적 절차가 수반되므로 욕구에 대한 민감성, 대응성이 약하다.

이처럼 비공식 복지는 나름의 긍정적인 특성을 가지고 있지만, 한계도 있다.

먼저, 비공식 복지는 재분배의 측면에서 한계가 있다. 비공식 복지에서 재분배는 가족이나 친족, 이웃 등 공동체 내에서의 재분배로 한정된다. 유유상종(類類相從)이란 말이 있듯이, 비공식 복지 또한 비슷한 사람들끼리 교류하기 때문이다. 경제적으로 여유 있는 사람들은 가족, 친족, 이웃도 부유한 경우가 많고, 빈곤한 사람들은 가족, 친족, 이웃도 빈곤한 경우가 많다. 비공식 복지에 의한 재분배는 가족이나 친족 같은 공동체 내부 성원으로 한정된다는 점에서 재분배의 영향이 제한적이며, 그 효과는 역진적일 가능성이 높다. 따라서 빈곤층, 특히 극빈층의 경우 비공식 복지의 혜택을 거의 받지 못한다(손병돈, 1999).

더욱이 비공식 복지의 발달은 국가복지의 확대에 부정적인 영향을 끼칠 위험성을 내포하고 있다(김태성, 2017: 216-217). 공동체에 기반한 비공식 복지가 발달하면 사람들은 공동체 내부의 복지에만 관심을 갖고 공동체 외부의 복지, 즉 국가복지에는 소홀할 수 있기 때문이다. 다시 말해 공동체 내부에 있는 사람만 잘살면 된다는 생각으로, 잘 알지 못하는 낯선 사람의 복지에는 별로 관심을 갖지 않게 된다. 또한 비공식 복지는 연줄에 기초하고 있는데, 그러한 연고주의는 이념적인 정책정당의 출현을 막아서 국가에 의한 사회복지의 확대를 저해할 수 있다. 유럽 복지국가의 발달과정을 보면, 이념에 기반한 정책정당의 발달이 복지국가를 발전시키는 데 중요한 역할을 하였다.

비공식 복지는 형평하지 않으며, 보편적이지 않은 사회적 보호 기제인데, 이런 점도 국가복지와 구별되는 특징이다(Lyberaki & Tinios, 2014: 199). 비공식 복지는 단지 연줄 관계가 있다는 이유만으로 당사자의 경제적 능력과 무관하게 특정한 가족이나 친족에게 빈곤자나 장애인, 노인 등 도움을 필요로 하는 사람들을 도와야 한다는 부담을 지운다. 그런 점에서 비공식 복지는 공평하지 않다는 지적을 받는다. 그러한 측면 때문에 경제적 원조 또는 돌봄 같은 서비스를 제공하지는 못하지만 정서적·심리적 교류와 지지를 제공할 수 있는 가족이나 친족에게 정서적·심리적 교류 및 지지조차 포기하게 할 위험이 있다. 아울러 비공식 복지는 가족, 친족, 이웃 등 연줄을 기반으로 한 공동체 내에서만 복지 활동이 이루어지므로 보편적인 복지가 될 수 없다.

또한 비공식 복지는 지속성과 안정성이 떨어진다(구인회·손병돈·안상훈, 2010: 339). 비공식 복지는 법적 강제나 의무에 기초한 것이 아니라 자발성과 도덕적 의무에 기초한다. 따라서 비공식 복지를 제공하는 사람들의 경제적 상황이 변할 경우 축소 내지 중단될 위험을 안고 있다. 예를 들어 부모에게 매달 50만 원의 생활비를 제공하는 성인 자녀가 소득이 전혀 없는 상황에 처하게 되면, 자신의 부모에게 지금까지 제공하던 생활비를 드리지 못할 수 있다. 이처럼 비공식 복지는 제공자의 상황에 따라 언제든 중단될 수 있다는 위험성을 내포하고 있다.

끝으로 비공식 복지가 오히려 수혜자에게 정서적·심리적 불편을 줄 수도 있다. 개인주의가 강하고, 생활공동체가 부모와 미성년 자녀로 구성된 핵가족이라는 의식이 확고한 사회에서는 그러한 핵가족 관계를 넘어선 가족 구성원(예컨대 성인 자녀와 부모간)으로부터 경제적 도움을 받는 것이 수혜자에게 낙인감을 줄 수 있다(Pollack, 1994). 그런 점에서 혈연이나 지연과 같은 연줄에 기반한 비공식 복지로부터 도움을 받는 것이 공공복지를 받는 것보다 정서적·심리적으로 오히려 더 큰 불편감을 줄 수 있다.

## 2장
# 비공식 복지의 이론적 쟁점

드러난 모습으로 보면 비공식 복지활동은 누구의 강제도 없이 자발성에 기초하여 이루어진다. 강제도 없는데, 사람들은 왜 비공식 복지활동을 하는 것일까? 이것이 비공식 복지와 관련하여 가장 궁금해하는 사항 중 하나일 것이다.

1장에서 살펴보았듯이 비공식 복지는 그 주체와 이루어지는 방식이 매우 다양하다. 그러므로 사람들이 비공식 복지를 왜 제공하는지 그 동기를 밝히는 것 또한 쉽지 않다. 비공식 복지의 동기와 관련하여 가장 많이 연구되고 논쟁이 된 것은 사적 소득이전이다. 이 장에서는 사적 소득이전의 동기를 중심으로 비공식 복지의 동기를 살펴보려 한다. 사적 소득이전은 가족, 친척, 이웃 또는 향우회, 동창회 등 연줄에 기반하여 이루어지는 모든 소득이전 활동을 포괄하는 개념이다(Cox & Raines, 1985). 여기에는 현금뿐만 아니라 현물 형태도 포함된다. 개념상으로 보면 사적 소득이전은 비공식 복지활동과 크게 다르지 않다. 그러므로 비공식 복지의 동기는 사적 소득이전의 동기를 중심으로 이해해도 큰 무리는 없을 듯하다.*

사회복지학적 관점에서 볼 때, 비공식 복지와 관련하여 또 다른 중요한 쟁점은 비공식 복지와 국가복지 간의 관계이다. 사회복지의 역사를 보면, 초기에는 사회복지의 대부분이 가족, 이웃사회 등에 의한 비공식 복지였지만, 민족국가가 형성되며 국가에 의한 복지활동이 점점 확대되어왔고, 1900년대 들어 복지국가가 형성되며, 사회복지에서 가장 큰 역할을 하는 주체로 국가가 부상하였다. 이렇게 국가복지가 확대되면 비공식 복지는 어떤 영향을 받을까라는 점이 비공식 복지에 관한 논의에서 중요한 학문적 쟁점이다. 국가복지의 확대가 비공식 복지를 축소 내지 위축시킬까, 아니면 국가복지의 확대가 오히려 비공식 복지를 증가시킬까? 국가복지와 비공식 복지는 아무런 관계가 없을까? 이 장 2절에서는 이러한 질문을 토대로 하여 국가복지와 비공식 복지의 관

.......

* 사적 소득이전에서 가장 큰 부분을 차지하는 것은 가족을 중심으로 한 가족 간 소득이전이다. 그런 점에서 사적 소득이전의 동기에 관한 논의는 가족 간 소득이전에 초점을 두고 이루어지고 있다. 여기서의 논의도 그러한 사적 소득이전의 동기에 관한 논의를 중심으로 전개할 것이다. 따라서 비공식 복지의 동기는 가족을 중심으로 한 비공식 복지활동의 동기에 초점이 맞추어져 있다는 점을 고려하여 이해할 필요가 있다.

계를 살펴볼 것이다.


## 1. 왜 비공식 복지활동을 하는가

법으로 강제하지도 않는데 사람들이 누군가를 자발적으로 돕는다는 것을 이해하기는 쉽지 않다. 비공식 복지가 가족을 중심으로 이루어지므로, 우리 사회의 정서를 생각하면 가족끼리니까 당연하다고 생각할 수도 있다. 하지만 좀 더 깊게 생각해보면 그렇게 단순하지 않다. 가족 간에 이루어지는 행동에서도 어떤 사람은 무언가 이익을 기대한다. 이를 '경제적 교환 동기'라고 한다. 다른 사람은 아무런 기대 없이 단지 가난하니까 도와줘야지 또는 가족이니까 도와줘야지 하는 마음에서 가족 구성원을 도울 수도 있다. 이러한 동기를 '욕구 대응의 동기' 또는 '이타주의적 동기'라고 한다. 또 다른 사람은 그것을 우리 문화로 여겨 부모에 대한 자녀의 의무로 받아들일 수도 있다. 이러한 설명은 비공식 복지의 동기를 '문화주의 관점'에서 설명하는 것이다. 여기서는 비공식 복지의 동기를 가족 간 소득이전의 동기에 초점을 맞추어, 위의 세 가지 관점을 중심으로 설명하고자 한다.

1) 경제적 교환 동기의 관점

경제적 교환 동기의 관점은 가족 간 소득이전 같은 비공식 복지에는 무언가 경제적 이해가 개입되어 있다는 관점이다. 자녀가 부모에게 용돈이나 생활비를 제공하는 것 또는 부모가 아플 때 돌봄 서비스를 제공하는 것은 어떤 경제적 이익을 기대하고 이루어진다는 것이다. 이러한 경제적 교환 동기의 관점은 다시 전략적 유산 동기, 경제적 등가 교환 동기, 암묵적인 경제적 교환 동기의 세 가지로 구분하여 설명할 수 있다.

(1) 전략적 유산 동기

전략적 유산 동기(strategic bequest)란 자녀가 부모로부터 더 많은 유산을 받고자 하는 동기를 말한다. 다시 말해 자녀가 부모에게 용돈, 생활비, 돌봄, 방문, 전화 연락 같은 비공식 복지를 제공하는 것은 부모로부터 더 많은 유산을 받고자 하는 동기가 내포되어 있다는 것이다.

전략적 유산 동기가 가족 간 소득이전 같은 비공식 복지에 개입될 수 있는 것은 부모, 자녀 모두 서로에게 필요한 경제적 이해를 갖고 있기 때문이다. 늙은 부모가 원하는 삶의 만족감 또는 효용(utility)은 자신의 소비활동과 자녀의 행동으로부터 얻어진다(Bernheim et al., 1985; Cremer, Kessler & Pestieu, 1994; 손병돈,

1998). 다시 말해 부모는 취미활동을 하거나 맛있는 음식을 먹는 등 자신이 필요로 하는 소비를 함으로써 만족감을 얻을 수 있으며, 자녀가 자신들을 찾아오거나 용돈이나 생활비를 주거나 돌봐주는 등 자신이 원하는 행동을 하는 것에서 만족감을 얻을 수 있다. 이렇게 부모의 삶에서 자녀의 행동은 매우 중요한 것이고, 부모는 자녀에게 그러한 행동(비공식 복지)을 기대한다. 반면 자녀는 부모가 가진 재산을 증여나 상속으로 물려받고자 하는, 또는 더 많이 받고자 하는 경제적 이해를 부모에게 갖고 있다. 이처럼 부모와 자녀는 서로에게 서로 다른 이해를 갖고 있다.

이런 상황에서 부모는 자녀로부터 자신이 원하는 바를 얻기 위하여 자녀의 행동을 통제하고 싶어 한다. 그런데 오늘날의 핵가족 사회, 개인주의 사회에서 부모는 자녀의 순종을 기대하기 어려우며, 자녀로부터 어떤 도움을 끌어낼 수 있는 강제력 등과 같은 자원을 거의 갖고 있지 않다. 자녀를 통제할 수 있는 유일한 힘은 부모가 가지고 있는 재산뿐이다. 따라서 부모는 자녀에게 자신의 재산을 물려주지 않을 수 있다거나 자신에게 더 잘하는 자녀에게 더 많이 물려줄 수 있다는 유산분배의 원칙을 가지고 자녀들을 통제하려 한다. 자녀는 더 많은 유산 상속을 받기 위해서 부모를 자주 방문하거나 용돈이나 생활비를 부모에게 제공하거나 돌봄 서비스를 제공하는 등의 행동을 한다.

이렇게 전략적 유산 동기 이론은 재산 상속 동기가 가족 간 소득이전 같은 비공식 복지에 내재된 가장 중요한 동기라고 설명한다. 이러한 설명은 서구 사회에서 상당 정도 설득력이 있다. 실제로 서구 사회를 대상으로 한 실증연구를 보면, 부유한 부모가 자녀로부터 더 많은 관심과 도움을 받는 것으로 나타난다(Bernheim et al., 1985; 손병돈, 1998).

한국 사회는 어떠할까? 옛날에는 우리 사회의 가족 간 소득이전의 동기를 설명할 때 전략적 유산 동기 이론은 설득력이 약한 것으로 보였다. 실증적인 연구의 결과도 우리 사회에서 재산이 많은 부모가 가족 간 소득이전 같은 비공식 복지를 많이 받는 것으로 나타나지 않았다(손병돈, 1998). 하지만 최근 우리 사회의 변화된 모습은 옛날과 다를 수 있음을 시사해준다. 최근 노인들 사이에서 살아 있는 동안 자녀에게 재산소유권을 절대로 넘겨주지 말라는 말이 유행하고 있다. 자녀에게 재산소유권을 넘겨준 노인들이 자녀가 제대로 부양하지 않는다고 자녀를 상대로 소송을 제기하는 사례도 늘고 있다(표주연, 2016.12.28). 이는 우리 사회에서도 재산이 부모와 자녀 간 소득이전에서 중요한 요인이 될 수 있음을 보여준다.


(2) 경제적 등가 교환 동기

경제적 등가 교환 동기의 관점은 가족 간 소득이전 같은 비공식 복지는 일반적인 시장에서 이루어지는, 상품을 사고파는 교환처럼 제공자와 수혜자 간 등가 교환이라는 것이다. 가족 간 소득이전을 예로 들면, 가족 간 소득이전을 제공하는 사람은 가족 간 소득이전을 받는 사람에게 돈을 제공하고, 가족 간 소득이전을 받는 사람은 주는 사람에게 집안 청소, 돌봄, 방문, 가사일 돕기, 아이 돌보기 등과 같은 서비스를 제공한다. 이처럼 가족 간 소득이전 같은 비공식 복지의 제공자와 수혜자는 각자 자신의 경제적 이해를 충족하기 위해 이러한 활동에 참여한다.

왜 이러한 교환이 가족과 같은 공동체 내에서 이루어질까? 사람들의 삶의 만족감으로 표현되는 효용은 자신이 필요로 하는 재화에 대한 직접적인 소비와 서비스(돌봄, 가족원의 방문, 가사일 돕기 등등)의 사용으로 구성되는데(Cox, 1987), 돌봄, 가족 구성원의 방문, 연락, 가사일 돕기 등과 같은 서비스는 사람들이 시장에서 구매할 수 있는 것이 아니라 가족 구성원만이 제공할 수 있는 것이며, 그것에 대한 사람들의 욕구 또한 매우 강하다. 아이 돌봄 서비스를 예로 든다면, 시장에서 구입한 아동 돌봄 서비스를 이용하는 것과 가족 구성원에게 자신의 아이를 맡기는 것 간에는 커다란 차이가 있다. 후자에는 단순한 아이 돌봄뿐만 아니라 가족이기 때문에 얻는 신뢰, 사랑 등 다른 어디에서도 얻을 수 없는 것이 함께 있다(Altonji et al., 1996). 그렇기 때문에 이러한 종류의 가족 간 소득이전은 가족이라는 연줄 내에서만 존재할 수 있다.

가족만이 제공할 수 있는 서비스의 가치는 서비스를 제공하는 사람에 따라 다르다. 예컨대 소득수준이 높은 사람은 아이를 1시간 돌보는 일의 가치가 높을 것이고, 소득수준이 낮은 사람은 그 가치가 낮을 것이다. 소득수준에 따라 1시간 노동이 갖는 기회비용이 다르기 때문이다. 따라서 서비스 제공의 대가로 받는 가족 간 소득이전은 수혜자의 소득이 많을수록 받을 가능성은 적지만, 만약 받게 된다면 그 액수가 많아진다. 따라서 부자 부모는 1시간 손주를 봐줄 때 그 기회비용이 높으므로, 자녀는 부자 부모에게 아이 돌봄의 대가로 소득이전을 제공하는 교환을 쉽게 하지 못한다. 하지만 일단 그 교환이 성립되면 소득이 높은 부모일수록 아이 돌봄 대가로 받는 소득이전 액수는 많아지게 된다.

가족 간 소득이전의 제공자 측면에서 보면, 자신의 효용을 늘리기 위해서는 재화 소비도 늘리고 서비스의 사용도 늘려야 한다. 이 둘의 소비는 서로 대체적인 관계에 있다. 재화 소비를 늘리면 서비스 구매에 들어갈 돈이 적어지게 된다. 그런데 소비의 한계효용체감의 법칙에 따라 소비를 늘릴수록 소비의 증가에 따라 추가로 얻는 만족감은 점점 줄어들게 된다. 따라서 소득이 많은 사람일수록 자신의 만족감을 늘리기 위해서는 가족으로부터 서비스를 구매하고자 하는 욕구가 더 커지게 된다. 그러므로 소득이 많은 사람일수록 가족 간 소득이전을 제공할 가능성도 높고, 제공액도 많아지게 된다.

가족 간 소득이전 같은 비공식 복지의 동기가 경제적 등가 교환이라는 설명은 우리 사회에서도 어느 정도 타당성을 가질 수 있다. 젊은 맞벌이 부부는 신뢰할 수 있는 아이 돌보미를 구하는 것에 대해 고민이 많다. 그래서 많은 젊은 부부는 남편의 부모나 아내의 부모가 자신의 아이를 돌봐주는 것을 선호한다. 그 결과 실제로 많은 노인이 자신의 손주를 돌보고 있다. 이렇게 부모가 자신의 아이를 돌봐주면 어떤 형태로든 그에 대한 대가를 지불한다는 점에서, 우리 사회의 가족 간 소득이전도 등가교환의 동기로 설명될 여지가 충분히 있다.

(3) 암묵적이며 장기적인 경제적 교환

경제적 교환 동기의 세 번째 관점은 가족 간 소득이전을 부모와 자녀 간 암묵적이며 장기적인 경제적 교환으로 본다(손병돈, 1998). 즉 가족 간 소득이전을 부모의 자녀에 대한 투자 또는 대여에 대한 자녀의 갚음으로 바라본다(Lucas & Stark, 1985; Lee, Parish & Willis, 1994). 일반적으로 부모는 자녀가 성인이 되어 경제적 능력을 갖추어 독립할 때까지 교육을 시켜주고 재정적으로 후원하는데, 이는 부모가 늙어 소득활동을 못하면, 자녀가 자신들을 부양해주리라는 암묵적인 믿음 속에서 이루어진다는 것이다. 성인이 된 자녀가 부모에게 가족 간 소득이전을 제공하는 것도 이제까지 부모가 자신에게 투자한 것에 대한 갚음의 성격을 갖는다(Shi, 1993).

## 2) 욕구 대응의 관점

욕구 대응의 관점은 가족 간 소득이전과 같은 비공식 복지를 공동체 내 구성원의 미충족된 욕구에 대한 대응으로 설명한다. 이러한 관점의 설명으로는 암묵적 상호보험이라는 설명과 게리 베커(Gary S. Becker)의 이타주의 모델을 들 수 있다.

먼저 암묵적 상호보험 관점은 가족 간 소득이전 같은 비공식 복지를 연줄에 기반한 공동체 구성원 간 암묵적인 상호보험으로 바라본다(Kotlikoff & Spivark, 1981). 보험은 언제 누구에게 위험이 닥칠지 모른다는 불확실성에 대해 서로 자원을 공동출자(pooling)하여 위험에 공동으로 대응하는 것이 본질이다. 비공식 복지도 연줄에 기반한 공동체 구성원 중 누군가가 위험에 빠져 욕구가 충족되지 못하게 될 때, 구성원들이 서로 도와줌으로써 욕구를 충족하고 위험에서 벗어나게 하는 기능을 수행한다. 암묵적이라는 것은 문서화된 계약이 없지만 공동체 구성원이 공동체가 그러한 역할을 하는 것을 암묵적으로 신뢰하고 동의한다는 것을 의미한다. 가족 간 소득이전 같은 비공식 복지에서는 실업이나 퇴직, 질병 등 위험에 빠진 구성원이 수혜자가 되고, 위험에 빠지지 않은 구성원이 제공자가 된다.

시장에서 판매되는 민간보험이 보편화되고 공공복지가 발달하여 누구에게나 위험에 대처할 수 있는 공식적 기제의 역할이 확대되면 암묵적 상호보험으로서의 비공식 복지의 역할은 축소된다. 서구 복지국가에서 비공식 복지의 역할이 약화된 것도 이러한 맥락에서 이해할 수 있다. 하지만 서구 사회에서도 여전히 암묵적 상호보험으로서 비공식 복지의 역할은 존재한다. 서구 사회에서도 젊은 세대나 빈곤한 저소득층의 경우 공식적 민간보험 가입이 거부되는 경우가 있으며, 그럴 때 가족 간 소득이전 같은 비공식 복지가 보험 같은 역할을 한다(Guiso & Jappelli, 1991).

베커의 이타주의 모델은 비공식 복지 중 주로 가족 간 소득이전에 초점을 맞추고 있다. 베커는 가족 간 소득이전을 가족 구성원 간 소득 균등화 기제로 설명한다. 즉 가족 간 소득이전이 가족 구성원 사이의 소득 불평등을 완화해주는 역할을 수행한다는 것이다.

베커에 의하면 가족 구성원의 만족감 내지 효용은 자신의 직접적인 소비와 다른 가족 구성원의 효용으로 결정된다(Becker, 1974; Becker & Tomes, 1979). 그러므로 가족 구성원은 자신의 삶의 만족을 최대화하기 위해서 자신의 소비뿐만 아니라 다른 가족 구성원의 삶의 만족에도 관심을 가져야 한다. 가난한 부모를 둔 부자인 자녀를 예로 들어보자. 부모가 빈곤에 허덕이고 있다면 자녀는 자신을 위해 아무리 풍족하게 소비하며 산다고 하여도 가난한 부모에 대한 근심 때문에 본인의 삶의 만족감은 최대화될 수 없다. 자신을 위한 소비를 줄여 빈곤한 부모에게 생활비를 제공함으로써 부모가 빈곤에서 벗어나 안정적인 생활을 하게 된다면, 그는 더 큰 삶의 만족감을 얻을 수 있다. 소비는 한계체감의 경향이 있으므로, 동일한 금액이라 하더라도 부자인 자녀 본인이 직접 소비하여 얻는 만족감보다 빈곤한 부모에게 생활비로 주어 부모의 생활이 안정될 때 얻는 만족감이 더 클 것이다.

가족 간 소득이전 같은 비공식 복지가 이타주의적인 동기에 기반하여 이루어진다면, 부유한 사람들이나 위험에 빠지지 않은 사람들이 제공자가 되고, 가난, 질병, 실업, 노령 등의 위험에 빠진 사람들이 수혜자가 된다. 가족 간 소득이전의 동기를 욕구에 대한 대응으로 바라보는 관점은 공공복지가 저발달하여 기본 욕구의 미충족에 대한 공식적인 대응 기제가 없거나 부족한 사회의 경우, 비공식 복지의 동기로서 상당한 설득력을 갖는다. 그러한 사회에서는 위험에 빠져 욕구가 충족되지 않는 사람들이 동원할 수 있는 자원은 비공식 복지 외에 다른 대안이 거의 없다.

### 3) 효 등의 문화적 관점

오늘날 한국을 비롯한 중국, 일본, 말레이시아 등 아시아권 국가에서 비공식 복지 중 가장 큰 부분을 차지하는 것은 성인이 된 자녀로부터 부모에게 향하는 가족 간 소득이전이다. 동양의 가족 간 소득이전 방향은 서구와는 다르다. 서구의 경우 가족 간 소득이전은 부모로부터 자녀에게 향하는 게 일반적이다. 1980년대 미국의 사적 소득이전에 관한 조사 결과를 보면, 84.2%는 부모가 자녀에게 제공한 것이고, 자녀가 부모에게 제공한 사적 소득이전은 3.6%에 불과하다(Gale & Scholz, 1994). 그런 점에서 아시아 국가의 비공식 복지의 동기를 서구와 같은 논리로 이해하기에는 한계가 있다. 아시아 국가에서는 비공식 복지의 동기를 논할 때 효 등 문화적 관점에서 접근할 필요가 있다(진재문, 1999; 손병돈, 1999; 홍경준, 1999).

『예기(禮記)』에 의하면, 효에는 존친(尊親), 불욕(不辱), 능양(能養)이라는 세 가지 방법이 있다(박재간, 1997). 이 중 존친이 으뜸이며, 불욕이 다음이며, 능양이 가장 낮은 효의 방법인데, 그중에서 능양은 부모에 대한 자녀의 물질적 봉양을 가리킨다.* 가족 간 소득이전은 바로 효의 한 방법인 능양이라고 할 수 있다.

효는 자식에 대한 부모의 자애(慈愛)의 관계가 아니라 부모에 대한 자식의 일방적인 관계만을 지칭하며, 부모와 자식 모두 의무를 갖는 쌍방적인 관계가 아니라 부모의 행위와는 관계없이 자식이 부모에게 일방적으로 의무만 갖는 관계이다(최재석, 1994). 다시 말해 효는 자녀가 부모에 대해 아무런 조건 없이 복종하고

.......

\* 존친은 부모를 모심에 있어서 정신적·정서적으로 편안히 해드리는 것이고, 불욕은 부모를 욕되게 하지 않는 것을 말한다(박재간, 1997).

존경하며 봉양해야 하는 윤리적·실천적 의무이다(Ishii-Kuntz, 1997; Lee, Netzer & Coward, 1994; 진재문, 1999). 이렇듯 효는 부모에 대한 자녀의 일방적인 의무로서 윤리적·도덕적 차원의 개념이다.

가족 간 소득이전의 동기를 효의 관점에서 본다면 가족 간 소득이전이 이루어지는 모습을 교환 동기나 이타주의 동기의 관점에서 볼 때와는 다르게 해석할 수 있다. 우선 가족 간 소득이전의 제공자와 수혜자에서 차이가 있다. 효의 관점에서 보면, 가족 간 소득이전의 제공자는 자녀이고, 그 수혜자는 부모가 된다. 반면 경제적 교환 동기나 이타주의 같은 욕구 대응의 관점에서는 반드시 제공자가 자녀이고 수혜자가 부모일 필요가 없다. 즉 부모 또는 자녀가 가족 간 소득이전의 제공자일 수도 있고 수혜자일 수도 있다.

또한 효의 관점은 수혜자의 소득, 재산과 가족 간 소득이전 제공 여부, 또는 제공액 간 관계를 경제적 교환 동기나 욕구 대응의 동기와는 상이하게 설명한다. 효의 관점에서 보면 가족 간 소득이전은 자녀의 의무이므로, 가족 간 소득이전의 수혜자인 부모의 소득이나 재산의 많고 적음과 관계없이 제공된다. 그러나 경제적 교환 동기의 관점에서 보면, 수혜자의 재산이 많을수록 가족 간 소득이전을 받을 가능성 및 수혜액도 많아진다. 욕구 대응의 동기에서 보면, 가족 간 소득이전액은 수혜자의 소득이 적을수록 많아지게 된다.

물론 효의 관점에서도 자녀의 가족 간 소득이전 제공 여부와 제공액은 자녀의 경제적 능력에 일정 정도 영향을 받을 수 있다. 앞에서 언급했듯이 효는 부모에 대한 자녀의 일방적인 의무로서 윤리적 차원의 문제이므로, 자식이 부모에게 가족 간 소득이전을 제공하지 않으면 효를 다하지 않는 것이 되어 자식은 윤리적으로 사회적 비난을 받게 된다. 이러한 사회적 비난은 부모 부양을 하지 않는 부유한 자녀가 부모 부양을 하지 않는 가난한 자녀보다 훨씬 더 크게 받는다(손병돈, 1999). 따라서 제공자의 소득과 가족 간 소득이전 제공액 간의 관계는 경제적 교환 동기나 욕구 대응의 동기, 효 동기 사이에 그다지 차이가 없다.

가족 간 소득이전 같은 비공식 복지를 효와 같이 문화론적으로 설명하려는 접근은 의문화화(擬文化化, culturalization)라는 점에서 비판을 받기도 한다(홍경준, 1999). 어떤 사물이나 행위를 그 문화의 일부라고 주장하는 것을 '의문화화'라고 하는데(한경구, 1995), 이렇게 의문화화된 사물, 행위, 사상 등은 그 자체로 존재하는 것이므로 의문시되지 않는다. 가족 간 소득이전을 문화라고 규정하면, 왜 그것이 존재하고 지속되며, 그것의 동기는 무엇인지 등에 대한 설명이 필요하지 않게 된다.

## 2. 비공식 복지와 국가복지는 어떤 관계인가

국가가 복지를 확대하면 비공식 복지는 어떻게 될까? 비공식 복지는 줄어들까 아니면 증가할까, 또는 아무런 영향을 받지 않을까? 이것이 비공식 복지와 국가복지의 관계에 대한 일반적인 질문이다. 이 질문에 대한 답은 보통 상호대체적인 관계(구축 효과: crowding out effects)와 상호보완적인 관계라는 주장이 일반적이다. 하지만 둘의 관계가 상호대체적인 관계나 상호보완적인 관계가 아니라 비선형적 관계 또는 아무런 관계도 없다는 주장도 존재한다. 여기서는 이러한 설명을 보다 자세히 살펴보고자 한다.

### 1) 상호대체적인 관계

국가복지와 비공식 복지가 상호대체적인 관계라는 주장은 국가가 복지를 확대하면 가족 간 소득이전 같은 비공식 복지는 축소된다고 본다. 이러한 주장은 이타적 동기 모델에 기반하고 있다.

이타적 동기 모델을 보다 쉽게 설명하면 다음과 같다. 가족 내에서 소비는 자신의 욕구뿐만 아니라 다른 가족 구성원의 생활도 고려해 이루어진다. 따라서 가족 중 매우 가난한 사람이 있을 경우, 다른 가족 구성원은 그가 빈곤에서 벗어나도록 금전적인 도움을 준다. 이렇게 빈곤한 가족의 삶을 고려하여 아무 대가 없이 소득을 제공하는 것을 이타적 동기에 의한 것이라 본다.

이러한 동기에 의하여 가족 간 소득이전이 이루어진다고 가정했을 때, 이제까지 어려웠던 가족원이 돈을 벌어 생활 형편이 나아졌다면 가족 간 소득이전을 제공하던 가족원은 어떻게 행동할까? 아마도 가족 간 소득이전의 규모를 줄이려 할 것이다. 경제학적으로 설명하면, 소득이전을 받던 가족원의 소득이 많아졌으므로, 동일한 액수의 소득이전을 제공해도 한계효용체감의 법칙에 의해 제공자의 효용은 그만큼 증가하지 않게 된다. 즉 가난한 가족원의 생활 형편이 나아졌으므로 제공자가 도와주어야 한다는 마음이 작아져서 가족 간 소득이전 규모를 줄이게 된다.

이를 국가복지와의 관계에서 살펴보자. 국가가 복지를 제공하지 않으면 가난한 가족원은 다른 소득 증가의 방법이 없으므로 가족원 중 부유한 사람이 가족 간 소득이전을 제공하게 된다. 만약 국가가 공공부조 등 복지를 확충하면 가난한 가족원의 생활 형편은 나아진다. 이렇게 국가가 복지를 확대하였을 때 가족 간 소득이전 제공자의 행태는 어떻게 변화할까? 가족 간 소득이전이 이타적인 동기에 의하여 이루어질 경우, 가족 간 소득이전을 제공하지 않거나 또는 그 제공 액수를 줄일 것이다. 가난한 가족원의 생활 형편이 국가로부터 복지급여를 받아 나아졌으므로, 예전처럼 그 가족원에 대한 불쌍하다는 마음이 들지 않게 되어, 가족 간 소득이전을 제공해야 할 필요성이 적어졌기 때문이다.

이처럼 가족 간 소득이전의 동기가 이타적일 경우, 국가복지의 성장은 가족 간 소득이전 같은 비공식 복지의 축소를 가져온다. 이를 구축 효과라고 한다. 즉 국가복지의 확대가 가족 간 소득이전 같은 비공식 복지를 밀어냄으로써 비공식 복지가 축소된다는 것이다.

국가복지의 성장이 비공식 복지를 대체한다는 것은 여러 실증연구에 의해 뒷받침되고 있다. 도널드 콕스(Donald Cox)와 에마뉘엘 지메네즈(Emmanuel Jimenez)는 필리핀을 대상으로 실증분석을 하였는데, 퇴직 소득(retirement income)이 사적 소득이전을 축소시키는 것으로 나타났다(Cox & Jimenez, 1989). 미국을 대상으로 한 연구에서도 공공복지는 사적 소득이전을 축소시키는 것으로 분석되었다(Schoeni, 1996; Cox & Raines, 1985). 그뿐 아니라 한국을 대상으로 한 연구에서도 국가복지는 사적 소득이전을 구축하는 결과가 제시되고 있다(진재문, 1999; 박순일 외, 2001; 강성진·전형준, 2005; 김희삼, 2008).

사회복지의 제도 형태에 따라 그 관계의 정도는 상이하다. 대개 공공부조제도에서는 국가복지의 성장이 사적 소득이전 같은 비공식 복지를 구축하는 효과가 더욱 분명하게 나타나지만, 공적 연금의 경우는 그 효과가 불분명하게 나타나는 경우가 많다(진재문, 1999; 손병돈, 2008). 이는 공공부조의 제도적 특성과 관련이 있을 것으로 생각된다. 공공부조는 절대적인 기본 욕구가 미충족된 사람들이 수급 대상이라는 점과 대상자 선정기준으로 소득기준을 갖고 있다는 점에 기인하는 것으로 생각된다.

## 2) 상호보완적인 관계

국가복지의 확대가 반드시 비공식 복지의 축소를 초래하지 않을 수도 있다. 오히려 국가복지의 확대가 가족 간 소득이전 같은 비공식 복지의 확대를 가져올 수도 있다.

이는 가족 간 소득이전 같은 비공식 복지가 경제적 교환 동기에 의해 이루어질 경우 나타날 수 있다. 경제적 교환 동기 이론에 의하면, 가족 간 소득이전 같은 비공식 복지는 서비스에 대한 대가의 성격을 갖는다. 즉 현금 형태의 사적 소득이전은 아기 돌봄이나 집 봐주기 등과 같은 서비스에 대한 대가로 지불된다고 본다. 우리 사회에서 쉽게 볼 수 있는 상황을 예로 들어, 노인인 할머니가 맞벌이 부부 자녀가 출근했을 때, 그 자녀의 집에 가서 손주들을 돌봐준다고 하자. 그 자녀는 이에 대한 대가로 부모에게 소득이전을 제공한다. 이러한 방식의 소득이전이 바로 서비스에 대한 대가로 지불되는 가족 간 소득이전의 대표적인 예이다.

이렇게 사적 소득이전이 경제적 교환 동기에 기반할 때, 사적 소득이전의 제공자와 수혜자의 소득이 변화하면 어떠한 행동 변화가 일어날까? 먼저 사적 소득이전 제공자의 소득이 증가하는 경우를 보자. 사적 소득이전 제공자의 소득 증가는 아기 돌보기와 같은 서비스에 대한 구매력이 증가하므로, 사적 소득이전의 제공 가능성 및 제공액을 증가시킬 수 있다. 반면 제공자의 소득이 감소하는 경우는 반대의 결과를 초래할 수 있다. 이는 사적 소득이전의 동기가 이타적일 경우와 동일하다(진재문, 1999).

다음으로 사적 소득이전 수혜자의 소득이 변화할 때 사적 소득이전은 어떤 영향을 받을지 생각해보자. 사적 소득이전 수혜자, 곧 서비스 제공자의 소득이 증가하면, 이는 서비스의 시간당 가격을 상승시키는 결과를 초래한다. 왜냐하면 시간당 노동의 기회비용이 증가하였기 때문이다. 예를 들어보자. 소득이 전혀 없는 상태에서 손주를 돌봐주고 그 대가로 자녀에게 한 달에 50만 원의 사적 소득이전을 받는 할머니가 있다. 이 할머니는 소득이 없어 생존하기 위해서는 자녀로부터 소득이전을 받는 것이 필요하므로 손주를 돌봐주고 50만 원의 소득이전을 받았다. 그런데 할머니가 국가로부터 공공부조 수급자가 되어 한 달에 50만 원을 받게 되었다면, 이제 할머니는 생존하기 위하여 손주 돌보기를 하지 않아도 된다. 따라서 손주를 돌봐주고 그 대가로 받는 소득이전을 포기할 가능성이 높아졌다. 그러므로 자녀가 부모에게 자신의 아이를 돌봐달라고 하려면 예전보다 아이 돌보기에 대한 비용을 높게 지불하여야만 거래가 성사될 수 있다. 그러므로 할머니가 계속 손주를 돌봐줄 경우, 그 대가로 받는 소득이선액은 예전보다 많아지게 된다.

이처럼 사적 소득이전 수혜자의 소득 증가는 사적 소득이전의 수혜 가능성을 떨어뜨리지만, 사적 소득이전을 수혜할 경우 사적 소득이전의 절대액은 많아지게 된다(Cox, 1987; Cox & Rank, 1992; Cox & Jakubson, 1995).

국가복지와 사적 소득이전의 관계에 대한 실증연구에서 국가복지와 사적 소득이전 간 관계가 상호보완적이라는 결과를 명확하게 제시하는 연구는 거의 없다. 국가복지와 사적 소득이전의 관계가 상호보완적이라는 입장에서 이루어진 연구들은 국가복지가 사적 소득이전을 대체하는 것으로 나타나지 않는다는 소극적인 결과를 제시한다(Schoeni, 1996; 진재문, 1999; 손병돈, 2008). 일부 연구의 경우, 국가복지가 사적 소득이전을 대체한다는 결과를 제시하기도 한다(Cox & Jakubson, 1995).

## 3) 그 밖의 설명들

국가복지와 비공식 복지의 관계에 대한 위의 두 가지 관점, 즉 대체적 관계 및 보완적 관계와 다른 설명도 있다.

첫째는 효 등 문화적 요인을 중심으로 한 설명이다. 비공식 복지의 동기에 대한 설명에서 보았듯이, 효는 부모에 대한 자식의 도리이다. 사적 소득이전이 효의 차원에서 이루어진다면, 그것은 부모의 재산이나 소득이 많고 적음과 무관하게 자식의 도리로서 행해지는 것이다. 부모에 대한 자식의 소득이전은 아기 돌보기, 집 봐주기 등 부모의 서비스에 대한 대가로서 행해지는 것은 더더욱 아니다.

그러므로 국가복지의 확대로 부모가 수급자가 되어 소득이 많아졌다고 하여, 부모에 대한 자식의 도리로서 행해지는 사적 소득이전 같은 비공식 복지가 영향을 받는 것은 아니다(Linda, 1998). 즉 부모가 국가로부터 연금이나 공공부조 등 사회복지제도의 혜택을 받아 생활 형편이 나아지더라도 자식으로서의 도리가 변하는 것은 아니다. 이와 같이 사적 소득이전 같은 비공식 복지가 효라는 문화적 요인에 의해 행해진다면, 국가복지의 확대가 비공식 복지에 어떠한 영향도 미치지 않을 것이다.

두 번째는 국가복지의 확대가 사적 소득이전에 미치는 영향이 일관된 패턴을 보이지 않을 수도 있다는 설명이다. 사적 소득이전 수혜자의 소득이 낮을 때는 국가복지의 확대가 사적 소득이전을 구축하지만(crowding out), 사적 소득이전 수혜자의 소득이 일정 수준을 넘어서면 오히려 사적 소득이전을 증가시키는 방향(crowding in)으로 영향을 미칠 수 있다는 것이다.

콕스와 그의 동료들(Cox et al., 2004: 2196-2199)에 의하면, 동일한 사람에게 이타적인 동기와 교환적인 동기가 공존할 수 있다. 사적 소득이전을 받는 사람의 소득이 극빈 상태일 때는 사적 소득이전을 제공하는 사람의 이전 동기가 이타적이지만, 수혜자의 소득이 일정 수준을 넘어 비교적 여유로운 수준에 이르면 그때부터는 제공자의 사적 소득이전 제공 동기가 교환 동기로 바뀔 수 있으며, 수혜자의 소득이 아주 많아지면 제공자가 사적 소득이전 제공을 완전히 중지할 수 있다.

그들은 사적 소득이전 수혜자가 매우 빈곤한 상황일 때 사적 소득이전 제공자의 이전 동기가 이타적이라는 것을 물에 빠진 사람의 상황에 비유하여 설명한다. 우리가 물에 빠져 죽어가는 사람을 발견했을 때, 우리는 어떤 대가를 바라지 않고 무조건 그를 구하기 위하여 물에 뛰어든다. 이런 이타적인 행동은 사적 소득이전에서도 마찬가지로 나타난다. 가족 중에 누가 매우 빈곤하다면, 우리는 아무것도 바라지 않고 어떤 대가도 없이 그를 돕기 위하여 사적 소득이전을 제공한다. 즉 이타적인 동기로 사적 소득이전을 제공한다.

빈곤하던 사적 소득이전 수혜자가 국가로부터 사회복지급여를 수급하게 되었다고 가정해보자. 처음에는 사적 소득이전의 동기가 이타적이므로, 사적 소득이전 수혜자의 소득이 늘어남에 따라 사적 소득이전 제공액은 줄어들게 된다. 사적 소득이전 수혜자가 빈곤 상태에 벗어나 어느 정도 여유롭게 되면, 사적 소득이전을 제공하는 사람의 소득이전 동기는 교환 동기로 변하게 된다. 사적 소득이전 수혜자의 상황이 빈곤에서 벗어났으므로, 가족이 도와주지 않아도 살아갈 수 있는 형편이 되었기 때문이다. 이제부터는 사적 소득이전이 아기 돌보기, 집안 일 해주기 등과 같은 어떤 서비스에 대한 대가이자 교환으로 제공되게 된다. 그러므로 수혜자의 소득이 증가할수록 사적 소득이전 제공액은 많아지게 된다. 그러다가 사적 소득이전 수혜자가 부유해지면, 아기 돌보기 등과 같은 서비스가 너무 비싸서 교환관계를 유지하기 어렵게 되어 사적 소득이전이 중단된다.

콕스와 그의 동료들은 사적 소득이전 수혜자의 소득 변화에 따른 사적 이전소득액의 크기 변화를 〈그림 2-1〉로 설명한다. 즉 사적 소득이전 수혜자의 소득이 0에서 K까지는 사적 소득이전의 동기가 이타적이어서, 수혜자의 소득이 늘어남에 따라 사적 소득

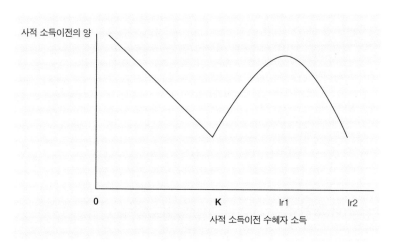

**그림 2-1** 사적 소득이전과 수혜자 소득의 관계
출처: Cox et al(2004).

이전의 양은 줄어들게 된다. 그러므로 K 지점까지는 국가복지와 사적 소득이전의 관계가 상호대체적이다. 사적 소득이전 수혜자의 소득이 K 지점을 넘어서면, 사적 이전 제공자의 이전 동기가 교환 동기로 변화하게 되어 다시 사적 소득이전의 양이 증가하게 된다. 사적 소득이전 수혜자의 소득이 K에서 Ir1까지는 국가복지와 사적 소득이전의 관계가 상호보완적이다. 그러다가 사적 소득이전 수혜자가 충분히 여유롭게 되면(Ir2), 사적 소득이전의 제공이 중지된다.

이렇게 콕스와 그의 동료들은 국가복지와 사적 소득이전의 관계가 비선형적이며, 상호대체적 관계와 상호보완적 관계가 함께 존재할 수 있음을 보여주고 있다.

# 3장

# 한국 사회복지의 특징으로서 비공식 복지

현재 우리 사회의 비공식 복지는 어떤 모습으로 존재하고 있으며, 어떻게 기능하고 있을까? 이 장에서는 우선 한국 비공식 복지의 현재 모습을 개괄적으로 그려봄으로써 한국 사회복지의 전체에서 비공식 복지가 수행하는 역할을 평가하고자 한다. 그리고 한국에서 비공식 복지가 성장할 수 있었던 것은 우리 사회의 어떤 측면과 관계가 있을까? 이런 질문에 대한 답으로서 한국에서 비공식 복지가 성장하게 된 요인을 한국 사회의 특징과 결부시켜 설명하고자 한다.

이 장의 마지막 작업은 한국에서 국가복지가 저성장한 것과 비공식 복지가 발달한 것이 어떤 관계가 있는지를 살펴보는 것이다. 우리나라는 경제 수준에 비해 국가복지가 저성장하였다는 평가를 받는다. 구체적으로 말하면, 우리 사회는 매우 빠른 속도로 산업화가 진행되어 높은 수준에 도달하였고 그 과정에서 많은 사회문제가 발생하였지만, 국가는 사회복지를 통해 이에 대응하려 하지 않았다. 이러한 국가복지의 저성장을 비공식 복지의 발달이라는 측면에서 살펴보고자 한다.

## 1. 한국 사회에서 비공식 복지의 모습

오늘날 한국에서 비공식 복지는 어떤 모습으로 존재하고 있을까? 여기서는 한국에서 비공식 복지가 어떻게 존재하고, 그 크기는 어떠한지와 같은 한국 비공식 복지의 전체적인 모습을 그려볼 것이다. 혈연, 지연, 학연, 직업연 등 연줄망의 종류별로 비공식 복지의 모습을 살펴보고, 이어서 현금, 현물, 서비스, 동거 등 급여형태별로 비공식 복지의 실태를 살펴볼 것이다. 끝으로 비공식 복지의 규모를 국가복지와 비교해봄으로써 한국 사회복지에서 비공식 복지의 비중과 역할을 개괄해보고자 한다.

### 1) 연줄망의 종류별 비공식 복지의 모습

1장에서 살펴보았듯이 비공식 복지를 수행하고 있는 주요한 연줄망으로는 혈연, 지연, 학연, 직장연이 있다. 이 중에서 혈연을 중심으로 한 연줄망이 가장 활발하게 복지활동을 수행하고 있다. 한국복지패널조사에 의하면, 2015년도 우리나라 가구는 연간 평균적으로 약 300만 원의 사적 이전소득이 있는데, 그중 212만 원이 부모와 자녀 간의 소득이전으로 조사되었다(11차 한국복지패널 자료 분석 결과). 이렇게 비공식 복지의 대부분은 혈연을 중심으로 형성된 것이다.

먼저 혈연을 기반으로 하는 연줄망을 크기순으로 살펴보면, 가족, 친족, 종친회 순으로 구분할 수 있다. 비공식 복지를 수행하는 주체로서 가족은 부모와 성인 자녀를 말한다. 부모와 성인 자녀 간에 이루어지는 비공식 복지는 가족 간 소득이전과 동거를 들 수 있다. 가족 간 소득이전은 부모와 따로 떨어져 사는 성인 자녀의 소득이전이 주요한 형태이다. 우리나라의 가족 간 소득이전은 주로 자녀가 제공자이고, 부모가 수혜자이다. 한국복지패널 자료를 분석한 결과에 의하면, 2015년도 우리나라 전체 가구는 따로 사는 부모 가구로부터 소득이전을 받은 가구는 약 29%이고, 평균 연간 수혜액은 약 53만 원이다. 반면 따로 사는 자녀로부터 소득이전을 받은 가구는 약 41%이며, 연간 평균 수혜액은 약 160만 원이다.

가족을 통한 비공식 복지의 또 다른 형태는 동거이다. 비공식 복지로서 동거는 부모와 자녀 가족이 한 가구 내에서 생활을 같이하는 생활공동체를 말한다. 우리 사회에서 산업화 및 도시화가 이루어지기 전인 1960년대까지는 결혼한 자녀가 노인인 부모와 같은 가구 내에서 함께 살면서 부양하는 부모-자녀 동거 가구가 일반적인 모습이었다. 하지만 최근에는 자녀가 부모를 모시고 사는 부모-자녀 동거 가구는 크게 줄었다. 2015년 현재 노인 가구의 약 25.4%가 자녀가 노인 부모를 모시고 사는 동거 가구이다(최현수 외, 2016).

전통사회에서는 부모-자녀 관계 외에 친족에 의한 비공식 복지도 활발하게 이루어졌다. 1960년대 말까지만 해도 농촌 지역의 경우 같은 성씨의 사람들이 한 마을에 모여 사는 동족촌이 많았으며, 이러한 동족촌에서는 친족이 친족 내에 어려운 일이 있을 때 서로 도와주는 복지공동체로서의 역할을 했다. 하지만 오늘날의 경우 부모-자녀 관계를 벗어난 친족들에 의한 비공식 복지는 크게 약화되어 결혼, 사망과 같은 애경사 때 상호부조 활동 외에는 별로 없다. 국민연금공단의 2013년 국민노후보장패널을 가지고 분석한 결과에 의하면, 2012년도 사적 이전소득이 있는 50세 이상 국민 중 부모-자녀 관계를 벗어난 친족(손자녀, 형제자매, 기타 친인척)으로부터 사적 소득이전을 받은 비율은 1.3%에 불과하다(2013년 국민노후보장패널 분석). 이처럼 오늘날 우리 사회에서 친족에 의한 비공식 복지활동은 크게 약화된 상태이다.

혈연에 의한 연줄망의 가장 큰 단위가 종친회이다. 우리 사회에는 각 성씨별로 종친회가 구성되어 활동하고 있다. 종친회는 전국 단위로서의 중앙종친회가 있고, 그 산하에 각 시도별, 주요 도시별로 종친회가 구성되어 있는 경우가 많다(최우영, 2006). 오늘날 비공식 복지의 주체로서 종친회의 활동은 미약하다. 종친회의 비공식 복지활동의 주요한 모습은 애경사 때의 상호부조 활동이다. 종친회에 적극적으로 참여하는 회원들을 중심으로 애경사 때 부의금이나 축의금을 제공하는 상호부조 활동이 종친회에서 이루어지는 비공식 복지활동의 보편적인 모습이다. 장학사업도 종친회에서 흔히 하는 복지활동이다. 하지만 장학사업을 통해 혜택받는 대상자는 몇 명, 몇십 명에 불과할 정도로 그 규모가 크지 않다(홍경준, 1999). 이처럼 혈연에 기초한 가장 큰 연줄망인 종친회에 의한 비공식 복지활동도 미약하다.

다음으로 지연에 기반한 비공식 복지활동을 살펴보자. 지연에 기반한 연줄망은 마을, 이웃사회, 향우회 등을 가리킨다. 조선시대 등 전통사회에서는 향약이나 두레, 마을 단위의 계 등 지연을 기반으로 연줄망 조직에 의한 상부상조 등 비공식 복지활동이 활성화되어 있었다. 하지만 산업화와 도시화의 과정을 거치면서 사실상 우리 사회에서 지연을 기반으로 한 공동체 조직은 거의 붕괴된 상태이다. 실제 명맥을 유지하고 있는 전통적인 비공식 조직으로는 농촌 사회에 일부 남아 있는, 상부상조 활동을 하는 계가 있으며, 이웃 간 애경사 때 부의금이나 축의금 형태로 상부상조하는 활동이 부분적으로 존재할 뿐이나. 명칭상으로 존재하는 지연에 기반한 연줄망 조직으로 향우회가 있다. 우리 사회 주요 도시나 지역마다 향우회가 조직되어 있다. 이러한 향우회의 주요한 활동은 회원 간 친목 도모와 상부상조 활동이다(정병은, 2007). 하지만 향우회는 회원 간 연줄망의 밀도 및 상호작용의 빈도가 약하여 비공식 복지 조직으로서의 기능과 역할은 상당히 미약한 편이다. 열심히 참여하는 회원 간 상부상조 활동 정도가 주요한 복지활동이며, 부분적으로 출신 지역 학생들에 대한 장학사업 정도를 수행하고 있다.

현대 사회에서 그 어떤 연줄망보다도 비중과 역할이 큰 것이 학연에 기반한 연줄망일 것이다. 이 연줄망은 초등학교, 중학교, 고등학교, 대학교 등 출신 학교를 기반으로 한 동기 모임 또는 동창 모임, 크게는 동창회라는 형태로 조직화되어 있다. 이러한 연줄망도 부분적으로 비공식 복지활동을 하는데, 활발하지는 않다. 주로 애경사 때 이루어지는 부의금이나 축의금 전달과 같은 상부상조 활동이 비공식 복지활동의 주요한 형태이다(홍경준, 1999).

오늘날 우리 사회에서 중요한 연줄망 중의 하나가 직장을 기반으로 한 연줄망이다. 직장을 기반으로 한 연줄망도 부분적으로 비공식 복지활동을 한다. 직장을 기반으로 한 연줄망이 수행하는 비공식 복지의 모습도 애경사에 상호부조하는 활동이 주요한 형태이다. 오늘날 애경사 때 상부상조 활동을 하는 가장 중요한 연줄망이 직장을 기반으로 한 연줄망이다. 실제로 많은 사람들이 직장 동료와 관련한 애경사에는 반드시 참석해야 한다는 생각을 갖고 있으며, 최소한 부의금이나 축의금 형태의 금전적 부조는 꼭 해야만 한다고 생각하고 있다. 애경사 시에 받는 부의금이나 축의금의 가장 큰 원천이 직장을 기반으로 한 연줄망이다. 실증 연구 결과를 보면, 부조금의 횟수 및 크기에 직업이 통계적으로 유의미한 영향을 미치는 것으로 나타난다(조은성·변숙은, 2014).

이렇게 우리 사회에서는 연줄망에 기초한 비공식 복지활동이 다양하게 이루어지고 있다. 그런데 사망이나 결혼 같은 특정한 사건 시기의 도움 제공이 아니라 일상적으로 생활에 도움을 주는 비공식 복지활동은 혈연, 그중에서 부모와 자녀 간이라는 가족을 중심으로 한 연줄망만이 작동하고 있다고 해도 과언이 아니다. 다른 연줄망에 의한 비공식 복지활동은 애경사와 같은 특정한 사건이 있을 때 제공되는 상부상조 활동으로서만 유지되고 있다. 이처럼 오늘날 우리 사회 비공식 복지활동의 대부분은 가족에 의한 것이다.

## 2) 급여 형태별 비공식 복지의 모습

비공식 복지를 급여 형태별로 구분해보면, 현금 형태의 비공식 복지, 현물 형태의 비공식 복지, 서비스 형태의 비공식 복지, 동기 등을 들 수 있다.

먼저 현금 형태의 비공식 복지를 살펴보자. 현금 형태 비공식 복지는 가족 간에 생활비나 용돈의 명목으로 제공되는 소득이전이 대표적이다. 2015년 가계금융복지조사 자료*를 이용해서 분석해보면, 우리나라 가구의 16.5%가 현금 형태의 사적 소득이전을 받고 있고, 그 액수는 연평균 약 68만 원으로 나타난다. 노인 가구(노인 가구원이 1명 이상인 가구)만을 대상으로 하면, 사적 이전소득 수혜율은 약 41.1%이고, 연평균 현금 사적 이전소득액은 약 146만 원이다. 2014년 1년간 현금 형태의 사적 소득이전을 받은 가구만 선별해서 보면, 평균 사적 소득이전 수혜액은 상당한 액수에 달한다. 현금 소득이전을 받은 가구의 2014년 1년 평균 사적 소득이전액은 약 411만 원이나 된다. 이는 2014년 현금 사적 소득이전을 받은 가구 평균 가처분소득의 25%가 넘는 액수이다. 다른 한편 2014년 1년간 다른 가구에 현금 형태의 사적 소득이전을 제공한 가구 비율은 28.6%이며, 연평균 약 88만 원을 제공한 것으로 조사되었다. 노인 가구의 경우 현금 형태의 사적 소득이전을 제공한 가구의 비율은 10.1%이고, 연평균 사적 이전소득 제공액은 약 35만 원으로 조사되었다. 2014년 1년간 다른 가구에 현금 형태의 사적 소득이전을 제공한 경험이 있는 가구만을 선별

........

* 가계금융복지조사는 통계청이 우리나라 전체 가구의 소득 및 지출, 자산, 복지 등을 매년 표본 조사하는 대표적인 자료이다. 소득에 대한 조사는 조사 연도의 전년도를 기준 시점으로 하여 조사한다.

해서, 사적 이전소득 지출액을 보면 평균 약 310만 원을 지출한 것으로 나타나 그 규모가 상당한 수준임을 알 수 있다.

이렇게 현금 형태의 사적 소득이전 등 비공식 복지는 우리나라 사람들의 생활에서 여전히 중요한 부분을 차지하고 있다. 특히 노인들의 삶에서 사적 소득이전은 더욱 중요한 역할을 하고 있다.

현물 형태의 비공식 복지를 살펴보면, 2014년 제5차 고령화연구패널을 가지고 분석했을 때 2014년 현재 가구주 연령이 45세 이상인 가구의 약 37.3%가 현물 형태의 사적 소득이전을 그해 동안 자녀로부터 받은 경험이 있는 것으로 조사되었다(필자의 분석 결과). 현물의 종류별로 보면, 여행이나 관광이 0.8%, 건강용품이 9.9%, 생활용품이 8.2%, 전자제품이 1.6%, 외식이나 음식이 31.2%, 옷이나 신발이 1.6%였다. 노인의 경우는 현물 형태의 비공식 복지를 주고받은 경험이 훨씬 많다. 2013년 1년간 동거하지 않는 자녀로부터 현물 형태의 비공식 복지를 받은 경험이 있는 노인의 비율이 무려 89%나 되며, 자녀에게 현물 형태의 비공식 복지를 제공한 경험도 52.5%나 된다(정경희 외, 2014). 이렇게 현물 형태의 비공식 복지를 주고받는 것도 우리 사회의 보편적인 모습이다.

서비스 형태의 비공식 복지는 가족이나 이웃이 아이 돌봄, 아픈 사람 돌봄, 집 봐주기, 청소 등과 같은 서비스 형태로 도움을 제공하는 것이다. 우리 사회에서 이러한 비공식 복지는 아픈 노인 부모를 자녀가 돌보는 깃, 할아버지, 할머니가 손자녀를 돌보는

것 등이 대표적인 서비스 형태이다. 한국보건사회연구원의 2014
년도 노인실태조사 보고서(정경희 외, 2014)에 의하면, 지난 1년간
손자녀를 돌본 경험이 있는 65세 이상 노인 비율이 6.4%이다. 젊
은 노년층일수록 손자녀 돌봄 경험이 많은데, 65~69세 노인의 경
우 10.2%가 지난 1년간 손자녀를 돌본 경험이 있는 것으로 조사
되었다. 일상생활수행능력(ADL)이나 수단적 일상생활수행능력
(IADL)* 중 한 가지 이상의 지표에서 도움을 필요로 하는 65세 이
상 노인을 대상으로 한 2014년도 조사 결과(정경희 외, 2014)에 의
하면, 수발자가 가족이라는 응답이 무려 91.9%나 되며, 노인돌봄
서비스나 장기요양서비스라고 응답한 비율 22%보다 훨씬 많다
(중복응답 가능). 이렇게 현재 우리 사회에서 노인 돌봄은 주로 가
족에 의한 비공식 복지 형태로 제공되고 있다. 그뿐 아니라 많은
노인은 따로 사는 자녀로부터 정서적 서비스 및 도구적 서비스도
많이 받고 있다. 2014년 노인실태조사 보고서에 의하면(정경희 외,
2014), 고민 상담 같은 정서적 지원을 따로 사는 자녀로부터 지난
1년간 받은 경험이 있는 노인의 비율이 64.5%나 되었으며, 청소,

.......

* 일상생활수행능력은 기본적으로 생활에 필요한 동작을 나타내는 지표로 옷 입
  기, 세수, 양치질, 머리감기, 목욕하기 등의 7가지 지표로 구성되어 있다. 수단적
  일상생활수행능력은 사회생활에 필요한 동작을 나타내는 것으로 일상생활수행
  능력보다 고차원적인 기능 상태를 나타내는 지표로서 몸단장하기, 집안일하기,
  빨래하기 등 10개 지표로 개발되어 있다(정경희 외, 2014).

식사 준비, 세탁 등의 도구적 지원을 받은 비율도 43.6%나 되는 것으로 나타났다. 이렇게 오늘날에도 우리나라 노인은 따로 사는 자녀로부터 서비스 형태의 도움도 많이 받고 있다.

동거 형태의 비공식 복지는 예전에 비해 많이 감소하였지만, 오늘날에도 자녀와 동거하는 노인이 꽤 많다. 동거 형태로 자녀로부터 부양받는 노인 인구의 비율이 1996년도에는 44.7%였는데, 2014년도에는 그 비율이 14.4%로 떨어졌다. 반면 노인 가구주로서 자녀와 동거하는 비율은 1996년도에 전체 노인 인구의 24.4%, 2014년도에는 23.9%로 별로 변화가 없다(구인회, 김창오, 2016). 2014년에도 전체 노인 인구의 38.8%가 자녀와 동거하는 가구로 나타났다.

### 3) 국가복지와 비공식 복지의 크기 비교

앞에서 살펴보았듯이 오늘날에도 비공식 복지는 우리나라 사회복지에서 여전히 중요한 역할을 수행하고 있다. 비공식 복지의 규모가 어느 정도 되는지를 살펴본다면, 우리나라 사회복지에서 비공식 복지의 비중 및 역할에 대한 대략적인 그림을 그리기가 보다 쉬울 것이다. 여기서는 우리나라 비공식 복지의 크기를 공공복지와 비교를 통해 살펴보고자 한다.

김진욱(2013)은 우리나라 비공식 복지 중 가족에 의한 부분만을 가지고 그 규모를 추계하였다(〈표 3-1〉 참조). 2010년도 가족에 의한 비공식 복지의 총규모는 약 81조에서 105조 원 정도로 추계된다. 현금, 현물 형태의 사적 소득이전이 약 32조 2,990억 원이고, 가족에 의한 돌봄 노동의 가치가 약 48조 6,940억 원 내지 약 73조 690억 원 정도로 추계된다. 2010년도 가족에 의한 비공식 복지의 총량은 GDP의 6.9% 내지 9.0%에 이르는 것으로 추계되

표 3-1 가족의 사회복지공급 경제적 가치 추계(2000~2010년)

| 주요 항목 | | 금액(10억 원) | | GDP 대비 비율(%) | |
|---|---|---|---|---|---|
| | | 2000년 | 2010년 | 2000년 | 2010년 |
| 1. 가족, 친지의 가구 간 사적이전[1] | | 18,315 | 32,299 | 3.0 | 2.8 |
| 2. 보살핌 노동의 경제적 가치 | 전문가 대체법(A)[2] | 29,912 | 48,694 | 5.0 | 4.2 |
| | 남성 | 4,651 | 11,041 | 0.8 | 0.9 |
| | 여성 | 25,261 | 37,654 | 4.2 | 3.2 |
| | 기회비용법(B)[3] | 32,362 | 73,069 | 5.4 | 6.2 |
| | 남성 | 5,819 | 14,369 | 1.0 | 1.2 |
| | 여성 | 26,543 | 58,701 | 4.4 | 5.0 |
| 합계 | 1+(A) | 48,227 | 80,993 | 8.0 | 6.9 |
| | 1+(B) | 50,676 | 105,368 | 8.4 | 9.0 |

주 1) 2000년 추계는 가구소비실태조사 원자료, 2010년 추계는 가계동향조사 원자료를 활용함. 사적 이전 중 가구 간 사적 이전소득만 포함하고, 민간사회단체로부터의 보조금은 제외함.
2) 보살핌 노동의 성격과 가장 유사한 보육, 간병 등의 직업이 속해 있는 대인 서비스 종사자의 남녀 평균 임금을 추계에 적용.
3) 2000년 및 2010년 임금구조기본통계조사보고서상 15세 이상의 성별, 5세 간격 연령 집단의 평균 임금을 추계에 적용.
자료: 통계청, 1999년 및 2009년 생활시간조사 원자료, 통계청 2000년 가구소비실태조사 원자료 및 2010년 가계동향조사 원자료, 통계청, 2000·2010년 인구주택총조사보고서, 노동부, 2000년 임금구조기본통계조사보고서, 고용노동부, 2010년 임금구조기본통계조사보고서.
출처: 김진욱(2013).

었다. 또한 가족에 의한 비공식 복지의 규모는 2000년도와 비교하여 거의 2배 정도 성장한 것으로 나타났다.

비공식 복지가 우리나라 사회복지에서 어느 정도의 비중을 차지하는지는 국가복지와 비교해보면 보다 쉽게 이해할 수 있다. 〈그림 3-1〉은 우리나라 복지의 주체를 국가, 가족, 기업, 시장, 제3섹터 등 5가지로 구분해서, 각 주체가 제공하는 복지의 양을 GDP 대비 비율로 표시하여 2000년과 2010년을 비교한 것이

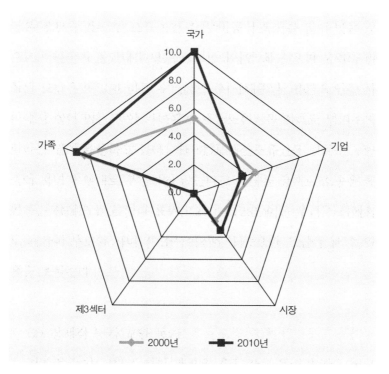

**그림 3-1** 한국의 2000~2010년 복지 혼합의 지출구조 변화(대 GDP 비율)
출처: 김진욱(2013).

다. 〈그림 3-1〉을 보면, 2000년도에는 가족에 의한 비공식 복지가 국가복지보다 크다. 2000년도 가족에 의한 비공식 복지 규모는 GDP의 8.0%에서 8.4%에 이르는 것으로 추정되는 데 반해, 국가복지는 GDP의 5.3%로 비공식 복지가 국가복지보다 GDP의 2.7%p에서 3.1%p 정도 큰 것으로 추정된다(〈표 3-1〉 참조). 하지만 2010년에는 그 순위가 역전된다. 2010년도 국가복지의 규모는 GDP의 10.0%이고, 가족에 의한 비공식 복지의 규모는 GDP의 6.9% 내지 9.0%로 추정된다. 이처럼 2010년도에는 가족에 의한 비공식 복지의 규모가 국가복지의 규모보다 작은 것으로 추정되지만, 여전히 우리나라 전체 사회복지에서 큰 비중을 차지한다. 김진욱의 연구(2013)에서 비공식 복지는 2010년 우리나라 총복지의 약 30%를 차지하여, 총복지에서 국가복지가 차지하는 비중 41.7%보다는 작지만, 비중이 상당하다는 것을 알 수 있다. 더욱이 이 연구에서 비공식 복지는 가족에 의한 비공식 복지만 추계에 포함하였다. 학연, 지연, 직장연 등에 의한 비공식 복지와 동거, 그리고 돌봄 외의 다른 서비스 형태의 비공식 복지들은 비공식 복지에 포함되지 않았다. 이러한 비공식 복지들을 총망라할 경우, 2010년 시점에서도 우리 사회에서 비공식 복지의 규모는 국가복지 못지않게 클 것으로 추론된다. 이러한 크기 비교를 떠나 비공식 복지는 우리나라 사회복지에서 여전히 중요한 역할을 하고 있다는 점은 분명하다.

## 2. 한국 사회의 특징과 비공식 복지의 성장

### 1) 근대화 과정과 비공식 복지

일반적으로 근대화 과정은 봉건제 사회로부터 자본주의 사회로의 이행을 말한다. 이러한 이행 과정은 경제적으로 농업 중심의 경제구조에서 제조업 중심의 경제구조로 전환되는 과정이고, 이러한 과정을 산업화라고 한다. 근대화 과정은 좁게 보면 산업화 과정을 가리키지만, 넓게 보면 정치, 경제, 사회, 문화, 가치 등 모든 측면에서 전근대적인 사회에서 근대적인 사회로의 변화를 가리킨다. 따라서 넓은 의미의 근대화 과정에는 산업화, 도시화, 핵가족화 등이 수반된다.

한국 사회의 근대화 과정은 서구 사회와 다른 특징을 갖고 있다. 서구 사회의 근대화 과정은 중세의 영주 중심의 봉건 국가에서 근대 민족국가로의 이행 과정을 동반하고 있다. 그 과정에서 봉건적 공동체가 파괴되고, 이를 시장과 민족국가의 복지 기능이 대체하였다. 서구 국가에서 비교적 용이하게 봉건적 공동체가 파괴될 수 있었던 것은 대다수의 민족국가가 언어나 종교, 신분상으로 분절된 사회 성원들을 통합한 다민족 국가였으므로, 혈연이나 지연에 기초한 연줄적 기반이 약했기 때문이다(홍경준, 1999).

반면 한국 사회의 근대화 과정은 서구 사회와 같은 봉건제의 붕괴와 민족국가의 형성 과정이 없었다. 한국 사회는 근대화되기 오래전부터 지리적으로, 언어적으로, 종교적으로 통합된 하나의 민족국가를 형성하고 있었다. 조선시대에는 서구처럼 정치적·경제적 기반을 가진 분권세력이 지방에 존재하지 않았으며, 사람들의 삶의 터전인 마을은 가족을 핵으로 한 혈연-촌락 공동체 단위로 편제되어 있었다(홍경준, 1999). 그렇기에 한국은 근대화 과정이 전통적 공동체와 대립하고 그것을 붕괴시켜나가는 과정이 아니었다. 따라서 한국은 서구 사회와 달리 근대화 과정 속에서 혈연을 기반으로 한 전통적 공통체가 온전히 유지되어왔다.

또한 한국의 산업화 과정은 서구 사회와는 상이한 방식으로 이루어졌다. 서구의 산업화 과정은 산업자본의 자생적 성장에 의해 점진적으로 이루어졌다. 그러한 과정에서 봉건적 경제 질서에 조응했던 가족구조도 점진적으로 조응하여 변화하였다. 농업에 기반한 봉건적 경제 질서는 대가족제도를 필요로 하지만, 자본주의적 산업화는 도시를 중심으로 진행되었으며, 근로할 수 있는 젊은 노동력을 필요로 하였다. 그에 따라 가족제도는 도시를 중심으로 한 핵가족제도로 변모하였다. 이렇게 산업화는 기존의 대가족 중심의 혈연 공동체를 파괴하는 과정이었다. 또한 농업에 기반한 봉건적 경제구조는 토지를 기반으로 한다는 점에서 지역사회와 같은 지연 공동체를 자연스럽게 형성, 유지해왔다. 하지만 자본주의적 산업화 과정은 임노동을 기반으로 하여, 공장이 있는 도시로 사람들을 이주시킴으로써 기존의 지연공동체를 파괴하였다.

한국의 산업화 과정은 서구와 상이하다. 한국의 산업화 과정은 정부 주도로 급격하게 이루어졌다. 그에 따라 가족구조의 변화 및 가족의 기능 변화도 서구와는 상이한 과정을 거쳐왔다. 한국에서도 산업화가 이루어짐에 따라 농촌 지역의 사람들이 도시로 이동하는 이농 현상이 나타났지만, 기능적인 측면에서 보면 기존의 대가족제도의 붕괴 내지 대체가 아니라 변형의 방식으로 가족제도의 변화가 이루어졌다. 산업화 이전 좁은 토지에 과잉된 농촌 노동력은 산업화가 이루어짐에 따라 젊은 사람을 중심으로 대가족의 일부가 도시로 이주하는 방식이었다. 이들은 도시 지역에 안정적인 직장이 있었던 것도 아니고, 설사 취업한다 해도 저임금으로 안정된 생활유지가 불가능했다. 도시 이주 노동자들의 삶의 유지 내지 안정성을 지원한 것은 농촌 지역에 남아 있는 기존 가족이었다(신용하·장경섭, 1996). 산업화 과정 시기에는 국가 차원의 사회보장제도가 전무하였고, 기업 차원에서의 복지제도도 거의 없었다.

그뿐만 아니라 서구의 산업화 과정에서는 산업화와 함께 시민적 권리의 성장이 동시에 이루어졌다. 그러나 한국 사회의 경우, 산업화가 권위주의적인 정부에 의해 주도되면서 시민적 권리의 성장은 철저히 억압되었다. 이러한 상황에서 도시로 이주한 노동자들이 질병에 걸리거나 실직당하는 등 사회적 위험에 빠질 경우, 이를 보호해줄 유일한 기제는 농촌 지역에 남아 있는 가족이었다. 이처럼 농촌의 가족으로부터 다양한 지원을 받은 이농 노동자들은 농촌 가족과의 경제적·기능적 분리는 생각할 수 없을 뿐 아니라 경제적 성취를 통해 농촌에 남아 있는 가족에게 보답할 기회를 찾고자 하는 것이 당연하였다(신용하·장경섭, 1996).

이렇게 한국에서의 산업화 과정은 기존의 혈연에 기반한 가족 공동체를 붕괴시키는 것이 아니었다. 거주 지역이라는 측면에서 보면 대가족제도의 붕괴였지만, 기능적인 측면에서 보면 여전히 전통적인 가족 공동체가 유지되고, 오히려 전통적인 가족 공동체가 산업화 과정을 지원하는 관계였다. 다시 말해 한국의 산업화 과정은 비공식 복지를 수행하는 전통적인 공동체를 파괴하는 방식이 아니라 그것과 상호보완하는 방식으로 이루어졌다.

근대화 과정은 가치의 측면에서도 변화가 이루어진다. 서구의 산업화 과정을 가치의 측면에서 보면, 중세 봉건제의 집합주의 가치를 자유주의 및 개인주의 가치로 대체하는 과정이었다. 중세 봉건주의의 지배적인 가치는 봉건 영주가 자기 영지 내에 있는 농노들을 책임지는 가부장주의라고 할 수 있다. 산업화에 의한 자본주의의 확산은 자본가와 노동자의 계약에 기초한 사회질서로의 재편이고, 이는 가치적으로 자유주의, 개인주의의 확산이었다(한국사회복지학연구회, 1991).

한국에서 산업화 과정은 국가가 주도하여 권위주의적으로 진행되면서 자유주의·개인주의의 성장이 억제되고, 대신 가부장적 권위주의가 유지되었다. 따라서 산업화가 진전됨에도 불구하고, 개인의 행복, 자유보다는 가족의 이해가 더 우선시되고, 자신의 이해보다는 가족이라는 집단적 관점에서 생각하고 행동하는 가족적 집합주의가 유지될 수 있었다.

이처럼 서구 사회의 근대화 과정은 비공식 복지의 기반이 되었던 전통적 공통체가 파괴되고 전통적 공동체의 기능을 자선기관이나 민족국가로 대체하는 과정이었다. 반면 한국 사회의 근대화 과정은 오히려 전통적 공동체를 이용하고 활용하는 과정이어서 근대화 과정에서 전통적 공통체가 유지되었다. 이러한 점이 근대화 이후에도 한국 사회에서 비공식 복지가 유지·확대될 수 있었던 하나의 요인이라고 할 수 있다.

## 2) 가족주의와 비공식 복지

한국 사회의 중요한 특징 중 하나는 가족주의가 강하다는 점이다. 비공식 복지는 연줄에 기반한 복지활동이므로 가족과 밀접한 관련이 있다. 그러므로 한국에서 비공식 복지의 성장은 한국 가족주의의 특성과 밀접한 관련이 있다.

한국 가족주의의 특징으로 유교적 가족주의와 도구적 가족주의가 강하고, 정서적 가족주의가 상대적으로 약하다는 점이 지적된다(김유경 외, 2015). 유교적 가족 규범은 조선 중기 이후 오늘날까지 꾸준히 영향력을 미쳐 많은 한국인의 가족 관계를 규정하는 것으로 평가받는다(신용하·장경섭, 1996). 유교적 전통에서 가족의 구성원들은 가족을 중심으로 한 집단 내(in-group)에서 자신의 정체성을 찾는다. 곧 가족과 가족 구성원인 개인이 동일시되는 것이다. 가족의 흥망은 자신의 흥망이었으므로 가족의 이익을 위해서 가족 구성원의 희생을 요구하고 이를 가족 구성원이 수용하는 것을 당연하게 받아들였다. 이렇게 유교적 가족주의에서는 가족과 그 구성원 개인이 이해를 같이하고 공유한다. 이러한 유교적 가족주의가 한국 가족주의 특징 중 하나라는 점이 한국에서 가족에 기반한 혈연 공동체가 강하게 유지될 수 있는 주요한 요건으로 작용해왔다.

특히 유교적 질서의 핵심 중 하나인 효 윤리에 기초한 가족 이념은 노인 부모에 대한 자녀의 사적 소득이전 같은 형태의 사적 부양을 자녀의 도리로서 내면화시켰다. 이러한 유교적 가족주의의 강한 영향력이 한국 비공식 복지의 주요 형태인 가족 간 소득이전을 활성화시킨 주요 요인 중 하나라고 할 수 있다(김유경 외, 2015).

한국 가족주의의 또 다른 특성 중 하나는 도구적 가족주의가 강하다는 점이다. 도구적 가족주의는 가족을 정서적 공동체라기보다는 생존이나 경제적 이해를 위한 도구로서 활용하는 것을 말한다. 이러한 도구적 가족주의는 한국의 산업화 과정에서 강화되었다. 앞에서 살펴보았듯이 한국의 산업화 과정은 서구와 다르게 산업화 과정에서 경험하는 여러 가지 사회문제나 사회적 위험에 대한 대응 기제를 국가나 사회가 갖춰나가며 이루어지지 않았다. 산업화 과정에서 발생하는 각 개개인의 문제에 집단적으로 대처하는 거의 유일한 기제가 가족 공동체였다. 사회 구성원들은 산업화와 사회적 경쟁에서 살아남기 위해 가족 및 친족 간 서로 도와야 한다는 도구적 가족주의 의식이 강화되고 내면화되었다. 도구적 가족주의의 관점에서 보면, 가족은 하나의 경제 공동체이며 운명 공동체라고 할 수 있다(황정미, 2014). 이렇게 도구적 가족주의는 개인과 가족이 분리되지 않고 서로의 이해를 공동으로 도모하는 관계이다. 그러므로 가족 구성원 중 누가 어려움에 처하면 가족 공동체가 돕는 것은 당연하다고 할 수 있다. 이러한 도구적 가족주의가 강했다는 점도 한국 사회에서 비공식 복지가 발전할 수 있는 하나의 기반이라고 할 수 있다.

반면 한국 사회에서 정서적 가족주의는 약했다. 정서적 가족주의는 가족을 경쟁사회의 압력으로부터 벗어난 자율적 공간으로 바라보고, 부부 관계와 세대 관계에서 개인의 개별성에 대한 존중과 애정을 기초로 한 정서적 유대와 결속을 중시하는 가족주의 이념이다(김혜경, 2013; 박통희, 2004). 정시적 가족주의는 서구 사회에서 근대화의 산물이자 낭만적 사랑에 기초하여 형성된 핵가족의 이념이다(김유경 외, 2015). 정서적 가족주의가 강화되면 대가족 또는 친족 같은 집단적 가족주의보다 핵가족 및 가족 구성원 개개인의 자율성이 존중된다. 한국 사회의 경우 이제까지 이러한 정서적 가족주의가 약했다. 이러한 측면이 비공식 복지가 발달할 수 있었던 요인이라고 할 수 있다.

하지만 최근 들어 한국 사회에서도 유교적 가족주의 및 도구적 가족주의가 점차 약화되고 정서적 가족주의 또는 개인주의가 강화되는 추세이다. 이러한 점들은 앞으로 한국에서 비공식 복지가 예전처럼 확대되고 유지되는 것이 쉽지 않을 수 있음을 시사해준다고 하겠다.

### 3) 사회적 격변과 비공식 복지

한국의 근대화 진행 과정은 국가 전체가 경험하는 여러 가지 큰 사회적 사건들의 연속이었다고 할 수 있다. 1900년 이후 최근까지 100여 년간 한국 사회는 일본 식민지 경험, 한국 전쟁, 급속한 산업화 과정, 끝없는 남북 간 긴장관계 등을 경험하였다. 그러한 사회적 사건은 국민 개개인의 삶을 송두리째 위험에 빠뜨릴 수 있는 것이었다. 그렇지만 그 당시 한국 사회는 저개발국가로서 그러한 위험에 대응할 수 있는 사회제도나 체계가 갖춰져 있지 않았다. 따라서 사람들은 사회적 불안과 위험을 겪어야 했으며, 그러한 위험과 불안에 대처하는 것은 오로지 개인과 가족의 몫이었다. 우리나라 국민은 자신의 삶을 보호해주는 국가라는 존재에 대한 경험이 없다. 따라서 삶의 책임자로서의 국가에 대한 신뢰를 형성할 수 있는 기회를 갖지 못하였다.

또한 일제 식민지 경험과 미군정, 한국전쟁 등 예측이 불가능한 시대를 살아오는 동안 "믿을 수 없는 존재"로서의 남(외집단)과 "유일하게 믿을 수 있는 존재"로서의 우리를 확연하게 구분하는 정서가 강화되었다(이여봉, 2006). 곧 아는 사람끼리만 서로 신뢰하고 돕는 경험을 하였을 뿐, 알지 못하는 타인이나 국가에 대한 신뢰나 연대의 경험이 없었다.

이처럼 우리 사회가 지난 100여 년간 경험한 사회적 격변도 가족을 중심으로 한 비공식 복지의 성장을 가져온 요인이라 하겠다.


## 3. 비공식 복지의 발달과 국가복지의 저성장

한국 사회는 상대적으로 국가복지가 저성장하고 비공식 복지가 발달했다는 평가를 받는다. 그럼 국가복지의 저성장과 비공식 복지는 어떤 관련이 있는가? 이러한 질문과 관련하여 두 가지 설명이 존재한다. 하나는 가족을 중심으로 한 한국식 복지모델이라는 설명이고, 다른 하나는 비공식 복지를 중심으로 한 제도적 제약이 국가복지의 저성장을 가져왔다는 것이다. 이 두 가지 설명을 중심으로 국가복지의 저성장과 비공식 복지의 관계를 살펴보자.

## 1) 가족 중심주의적 한국식 복지모델의 관점

한국식 복지모델은 혈연적 신뢰와 유교적 가족주의에 기반하여 가족 중심의 복지활동을 활발히 하는 것을 특징으로 하는 한국형 복지를 의미한다. 이것은 서구 사회가 경험했던 시장 및 국가 실패의 대안이라는 것이다. 이러한 관점은 류석춘과 왕혜숙(2007)의 글에서 보인다.

이들은 한국 가족의 복지 기능을 우리 사회의 뿌리깊은 가족주의와 함께 역사적으로 축적된 하나의 복지모델로 본다. 이들에 의하면 한국의 가족은 서구 다른 나라에서는 볼 수 없는 중요한 복지 제공의 기능을 수행해왔다. 서구의 경우 가족은 복지의 수혜자일 뿐 제공자로서의 역할을 수행한 적이 없다고 한다. 그런 점에서 한국 사회에서 가족이 복지 제공에서 중요한 역할을 수행하는 것은 한국만의 독특한 특성이고, 따라서 발전시켜나가야 할 한국적 복지모델이라는 것이다. 이러한 한국 가족의 복지 특성을 살펴보기 위해서는 복지 제공 주체를 국가와 시장만이 아니라 가족을 포함하는 3분 모델이 되어야 한다(류석춘·왕혜숙, 2007). 이렇게 이들은 한국 가족의 복지 기능을 우리 사회의 중요한 특징으로 본다.

더 나아가 한국 가족의 복지 기능은 자체로서 경제적 효율성과 도덕적 공동체성을 담지하는 대안이라고 이들은 설명한다. 한국의 급속한 경제발전의 원동력도 한국 가족 공동체의 독특한 특성에서 비롯되었다고 한다. 다시 말해, 한국은 서구와 같은 개인주의가 아니라 유교적 가족주의에 기반하여 가족 구성원이 하나의 공동 운명체로서 행위하였고, 이것이 가족 내 도덕적 연대감으로 작용하여 가족 간 상호원조 행위가 가족 구성원의 행위 및 의식에 내재화되었다는 것이다. 이러한 가족 중심주의가 한국의 급속한 경제발전을 지원하는 데 효과적이었으므로 한국의 가족 중심주의가 경제적으로 효율적이라는 것이다.

이와 같이 이들은 한국 가족의 활발한 복지 기능을 단순한 우리 사회의 특징이라기보다는 한국의 독특한 발전모델이자, 서구 사회와 경쟁할 수 있는 복지모형으로 바라본다.

그러면 가족 중심주의적 한국적 복지모형이라는 관점은 국가복지의 저성장과 비공식 복지의 관계를 어떻게 바라보는지 살펴보자. 이 관점은 한국 가족의 복지 기능과 국가복지 저성장의 관계를 원인과 결과로서 바라보지 않는다. 다시 말해, 가족 같은 비공식 복지의 성장이 국가복지의 저성장을 가져온 원인으로 보지 않는다. 오히려 가족 중심의 비공식 복지가 발달하고 복지에서 국가의 역할이 적은 것을 한국적 복지모형의 특성으로 본다. 이러한 한국식 복지모형이 서구의 국가 중심적 복지국가의 실패에 대한 대안으로 제시되고 있다.

## 2) 비공식 복지를 중심으로 한 제도적 제약의 관점

이 관점은 제도 중심적 접근의 논리이다. 제도 중심적 접근은 인간이 행위를 통해 제도를 형성하고 제도가 다시 인간의 행위를 제약한다는 것이다(홍경준, 1999). 이러한 관점에서 한국의 비공식 복지와 국가복지의 저성장 간 관계를 보면, 비공식 복지라는 제도적 제약과 그에 따른 행위자의 선택이 한국 국가복지의 저성장을 가져왔다. 다시 말해, 한국에서 국가복지의 저성장은 연줄을 기반으로 한 비공식 복지의 활성화가 수행하는 상징적 원조 기능과 그에 제약된 시민과 정책결정자의 선택의 결과이다(홍경준, 1999).

그러면 비공식 복지가 국가복지의 성장을 어떻게 제약하였는지 보다 구체적으로 살펴보자. 먼저 비공식 복지의 활성화는 국가에 대한 국민들의 복지 욕구를 제약하는 역할을 수행하였다. 국가복지가 미약한 상태이고 국가가 국민들에게 복지를 제공할 수 있는 능력도 없는 상태에서 국민들이 삶의 위기에서 의존할 수 있는 유일한 기제는 전통적으로 강하게 작동해온 가족을 중심으로 한 비공식 복지였다. 앞에서도 살펴보았듯이, 산업화 과정에서도 비공식 복지를 제공하는 가족을 중심으로 한 연줄망은 한국 사회에서 붕괴되지 않고 오히려 산업화를 지원하는 역할을 수행하였다. 근대화 이후에도 사람들은 사회적 위험에 직면했을 때 일차적으로 부모, 형제 등 가족을 중심으로 한 비공식 복지에 의지하고 도움을 받았다. 이렇게 사람들이 복지 욕구를 비공식 복지를 통해 충족하다 보니 복지는 개인이나 가족이 해결하는 것이라는 상징이 작동하였고, 그 결과 국가에 대한 국민들의 복지 요구를 억제하는 결과를 초래하였다.

특히 가족을 중심으로 한 연줄망에 의한 비공식 복지 제공은 한국 가족주의의 특징인 유교적 가족주의와 잘 연결되어 이념적으로 쉽게 수용되고 강화되었다. 장경섭에 의하면 유교적 가족주의 이념이 사회적으로 노인, 아동 및 장애인에 대한 부양에 있어선 가정보호 후 사회복지정책으로 이어지는 이념적 배경을 제공한다(장경섭, 2009). 실제로 우리 사회에서 가족 내에서 부양을 감당하지 못하는 경우, 가족 부양 체제를 보완할 수 있는 사회적 장치의 부재를 비판하기보다 해당 가족을 질책하는 경향이 강하다(김유경 외, 2015).

가족을 중심으로 한 비공식 연줄망이 복지 제공의 일차적 주체라는 상징은 오랫동안 국민들의 의식 속에서도 자연스럽게 수용되어왔다. 〈표 3-2〉를 보면, 한국 사회에서 노인에 대한 부양 책임이 정부나 사회보다는 가족에 있다는 의견이 2000년대 초반

**표 3-2** 노부모 부양에 대한 견해

(단위: %)

| 구분 | 1998년 | 2002년 | 2006년 | 2008년 | 2010년 | 2012년 | 2016년 |
|------|--------|--------|--------|--------|--------|--------|--------|
| 노부모 스스로 | 8.1 | 9.6 | 7.8 | 11.9 | 12.7 | 13.9 | 18.6 |
| 가족 | 89.9 | 70.7 | 63.4 | 40.7 | 36.0 | 33.2 | 30.8 |
| 가족과 정부·사회 | – | 18.2 | 26.4 | 43.6 | 48.7 | 48.7 | 45.5 |
| 정부·사회 | – | 1.3 | 2.3 | 3.8 | 3.9 | 4.2 | 5.1 |

자료: 통계청, 사회조사보고서(2002-2016); 여유진 외(2003).

까지 압도적으로 높았다는 사실을 알 수 있다. 2006년까지도 노인 부양 문제를 노인 스스로나 가족이 해결해야 한다고 생각하는 사람이 70%가 넘는 것으로 조사되었다. 이처럼 우리 사회는 국가보다는 가족 같은 비공식 연줄망이 복지 제공의 일차적 주체라는 의식이 2000년대 이후까지도 아주 강하게 받아들여졌다.

가족 같은 비공식 연줄망이 일차적인 복지의 주체라는 이러한 상징의 작동은 다른 한편으로 국가복지가 성장할 수 있는 사회적 기반을 약화시킬 수 있다는 점에서 국가복지의 저성장을 가져온 요인이라고 할 수 있다. 비공식 복지는 연줄망에 기초한 복지이므로, 연고가 있는 아는 사람의 복지에는 관심이 높아지지만, 연고가 없는 사람의 복지에는 관심이 줄어들 수밖에 없다(김태성, 2017). 따라서 연고가 없는 사람을 위한 복지, 곧 국가복지의 확대에 대한 사회적 지지가 약해질 수 있다. 즉 비공식 복지를 통해 아는 사람끼리의 복지가 충족되는데, 연고가 없는 알지 못하는 사람을 위해 세금을 내려 하지 않는다는 것이다.

다음으로 비공식 복지의 활성화가 행위자들의 선택을 제약함으로써 국가복지의 저성장을 가져온 측면을 살펴보자. 이는 두 가지 측면에서 설명될 수 있다. 하나는 정책결정자의 행위 결정에 비공식 복지의 활성화가 영향을 미쳐서 국가복지의 저성장을 가져왔다는 것이고, 다른 하나는 비공식 복지의 기반인 강한 연줄망이 복지 정치의 발달을 저해함으로써 국가복지의 저성장을 가져왔다는 것이다.

전자의 측면에서 보면, 비공식 복지가 활성화됨으로써 복지에 대한 사회적 요구가 약해져서 복지의 사회적 이슈화가 이루어지지 못하고, 그 결과 정책결정에서 복지 논리가 배제되었다. 이로 인해 정부의 정책결정의 권력에서 복지를 담당하는 부처가 경제를 담당하는 부처보다 항상 낮은 위치에 있었고, 복지를 담당하는 부처의 장관은 복지와 관계없는, 전문성을 고려하지 않는 사람들로 임명되었다. 복지와 관련한 정책결정에서도 복지에 대한 국가 책임보다 가족 책임을 우선하는 논리가 강하게 반영되었다. 이는 공공부조 관련 제도에서 국가 책임보다 사적 부양을 우선하고 있다는 점, 항상 경제 논리에 의해 복지 성장이 제약되었다는 점에서 확인된다.

후자의 측면에서 보면, 연줄망에 기반한 연고주의가 이념정당의 출현을 제약함으로써 국가복지의 저성장을 가져왔다. 서구의 사회복지 역사를 보면, 계급에 기반한 정당정치가 서구 복지국가의 사회복지 확대를 추동한 주요한 요인이었다. 그러나 한국의 경우 계급에 기반한 정당정치가 거의 이루어지지 못했다. 물론 그렇게 된 데는 남북 분단이라는 우리 사회의 특수성이 중요한 요인일 수도 있다. 하지만 연줄망에 기반한 연고주의가 강하다는 점도 계급정당의 출현 및 이념에 기반한 계급 정치의 발달을 제약하였다는 것 또한 분명하다. 이제까지 우리 사회의 주요 정당들은 특정 지역을 기반으로 하였으며, 선거 과정에서도 오랫동안 이념이나 계급보다는 지연, 혈연 등 연줄망과 관련 있는 요소들이 강하게 영향력을 발휘하였다(홍경준, 1999; 김태성, 2017). 이렇게 연줄망에 기반한 연고주의가 복지 정치의 작동을 제약하고, 그 결과 국가복지의 성장을 제약하였다고 평가할 수 있다.

제2부

# 한국 비공식 복지의
# 실태와 변화

**4장**

# 비공식 복지활동은 어떻게 변화하였는가

우리나라의 사회지출은 1990년 GDP의 3% 수준이었는데, 2015년 GDP의 10%를 넘어섰을 정도로 국가복지가 빠르게 성장하였다(신화연·이윤복·손지훈, 2015: 9). 국가복지의 성장은 비공식 복지의 위축을 가져온다고 한다(Cox & Jimenez, 1989; Schoeni, 1996; Cox & Raines, 1985). 이러한 국가복지의 성장 속에서 우리 사회의 비공식 복지활동은 어떤 변화가 있었을까?

비공식 복지는 사람들의 살아가는 생활 양태의 일부로서 문화의 산물이라고 한다. 그런 점에서 비공식 복지는 사회 변화에 크게 영향을 받는다. 지난 30년간 우리 사회는 모든 부분에서 빠르게 변화하여왔다. 급속도로 경제성장을 이룩하였으며, 대가족제도에서 핵가족제도로 가족구조가 변화하였고, 최근에는 가치관에서도 개인주의가 빠르게 확산되고 있다. 그 결과 국민들의 삶의 행태도 빠른 변화를 보이고 있다. 이러한 사회변화 속에서 한국의 비공식 복지는 지난 30여 년 사이 어떤 변화가 있었을까?

이 장에서는 그간 우리 사회에서 비공식 복지활동이 어떻게 변화해왔는지를 다양한 측면에서 살펴보고 그 특징을 정리하려 한다. 가장 대표적인 비공식 복지활동이라고 할 수 있는 사적 소득이전, 서비스 형태의 비공식 복지활동, 그리고 동거를 중심으로 살펴볼 것이다. 1절에서는 현금 형태의 비공식 복지활동인 사적 소득이전의 변화와 그 특징을 살펴볼 것이고, 2절에서는 서비스 형태의 비공식 복지활동의 변화와 그 특징을 살펴볼 것이다. 3절은 동거 형태의 비공식 복지활동의 변화와 그 특징을 정리할 것이다.


## 1. 현금 형태 비공식 복지의 변화와 특징

### 1) 사적 소득이전 총량의 변화

여기서는 1996년에서 2016년까지 사적 이전소득의 규모가 어떻게 변화하여왔는지를 살펴볼 것이다. 사적 이전소득의 규모를 공적 이전소득의 규모와 비교하고, 외국과 비교하여 살펴보려 한다.

(1) 사적 이전소득의 규모 변화 추이

〈표 4-1〉은 사적 이전소득의 수혜율 및 월평균 사적 이전소
득의 변화를 1996년에서 2016년까지 살펴본 것이다. 분석 자료
는 1996년 및 2000년 통계청의 가구소비실태조사를 이용하였고,
2006년, 2011년 및 2016년은 통계청의 가계동향조사를 활용하였
으며, 분석 단위는 가구이다.*

1996년부터 2016년까지의 사적 이전소득 수혜율 변화를 살펴
보면, 1996년 28%에서 2000년 23%대로 떨어진 이후 비슷한 수
준을 계속 유지하고 있다.** 월평균 사적 이전소득의 변화를 보아
도 1996년에서 2016년 기간 동안 사적 이전소득은 감소하지 않
았다. 실질소득 값으로 보면 1996년 월평균 사적 이전소득은 약
15만 원이었는데, 2000년에는 약 16만 원, 2011년에는 약 18만
원, 2016년에는 약 19만 원으로 적은 수준이나마 증가 경향을 보
여왔다. 가구 경상소득에서 사적 이전소득이 차지하는 비율을 검
토해도, 1996년 이후 적지만 증가 경향을 보인다. 1996년에는 사

……

* 1996년, 2000년은 가구소비실태조사 자료 분석 결과이며, 2006, 2011, 2016년은
  가계동향조사 자료 분석 결과로 분석 자료가 상이하다. 분석 자료에 따라 모집
  단, 조사방식 등이 상이하므로 분석 값도 그런 점이 반영될 수 있다. 따라서 결과
  해석은 이런 자료의 문제들을 고려하고 이루어져야 한다.
** 2006년도의 통계치는 자료의 문제로 예외적인 것으로 해석된다. 가계동향조사
  는 매년 조사가 이루어지는데, 2006년도부터 1인 가구를 조사 대상 가구로 새로
  이 포함하였으며 조사 항목의 분류도 바꾸는 등 조사방식에서도 변화가 있었다.

**표 4-1** 사적 이전소득의 규모 변화: 1996~2016년

(단위: %, 원)

| 연도 | 사적 이전소득 수혜율 | 월평균 사적 이전 명목소득 | 월평균 사적 이전 실질소득 |
|---|---|---|---|
| 1996 | 28.0 | 83,783(4.2) | 145,684 |
| 2000 | 23.4 | 106,758(4.9) | 160,365 |
| 2006 | 56.8 | 161,222(6.1) | 201,020 |
| 2011 | 23.7 | 169,684(5.2) | 179,148 |
| 2016 | 23.3 | 189,391(5.2) | 187,572 |

주 1) 1996년 자료는 비농가 전체 가구 대상이며, 이후 연도 자료는 전체 가구 대상임.
　 2) 명목소득의 ( )는 (사적 이전소득/가구 경상소득)×100임.
　 3) 실질소득 계산은 통계청의 소비자물가지수(2015년 기준 100)를 이용하였음.
　 4) 월평균 사적 이전소득은 사적 이전소득이 없는 가구를 포함한 전체 가구를 대상으로 산출한 값임.
자료: 가구소비실태조사(1996, 2000), 가계동향조사(2006, 2011, 2016, 신분류)를 활용하여 분석한 값.

적 이전소득이 가구 경상소득의 4.2%를 차지했는데, 이후 조금씩 높아져왔으며, 2016년에는 5.2%로 1996년보다 1%p 높아졌다. 〈표 4-1〉에서 평균 사적 이전소득은 사적 이전소득을 수혜하지 않은 가구를 포함하여 우리나라 전체 가구를 대상으로 하여 산출한 값이다.

다음으로 사적 이전소득을 수혜한 가구만을 대상으로 했을 때 1996년에서 2016년 기간 동안 사적 이전소득의 규모가 어떻게 변화하였는지 살펴보자(〈표 4-2〉 참조).

사적 소득이전을 받은 가구만을 대상으로 할 때 사적 이전소득은 1996년 이후 증가하는 경향을 보여왔다. 명목소득으로 볼 때 1996년 가구당 월평균 사적 이전소득은 약 30만 원이었는데,

**표 4-2** 사적 이전소득의 평균, 중위값 변화(수혜 가구 대상): 1996~2016년

(단위: %, 원)

| 연도 | 명목가치 | | 실질가치 | |
| --- | --- | --- | --- | --- |
| | 월평균 사적 이전소득 | 월 사적 이전소득 중위값 | 월평균 사적 이전소득 | 월 사적 이전소득 중위값 |
| 1996 | 299,556(19.0) | 105,000(7.6) | 520,876 | 182,576 |
| 2000 | 455,467(28.4) | 250,000(20.8) | 684,172 | 375,533 |
| 2006 | 283,794(12.2) | 70,856(3.6) | 353,849 | 113,284 |
| 2011 | 715,911(32.4) | 380,057(22.2) | 755,842 | 401,255 |
| 2016 | 814,219(33.7) | 423,628(23.5) | 806,397 | 419,558 |

주 1) 1996년 자료는 비농가 전체 가구 대상이며, 이후 연도 자료는 전체 가구 대상임.
  2) 명목가치의 ( )는 (사적 이전소득/가구 경상소득)×100임.
  3) 실질소득 계산은 통계청의 소비자물가지수(2015년 기준 100)를 이용하였음.
자료: 가구소비실태조사(1996, 2000), 가계동향조사(2006, 2011, 2016, 신분류)를 활용하여 분석한 값.

2000년에는 약 46만 원, 2011년에는 약 72만 원, 2016년에는 약 81만 원이다. 실질소득으로 보아도 사적 이전소득을 받은 가구만을 대상으로 할 때 사적 이전소득 규모가 증가해온 것으로 나타난다. 1996년 약 52만 원, 2000년 약 68만 원, 2011년 약 76만 원, 2016년은 약 81만 원이다. 가구소득에서 사적 이전소득이 차지하는 비중도 1996년 이후 증가해왔다. 1996년 평균 사적 이전소득은 가구소득의 19.0%였는데, 그 비율은 점점 증가해 2016년에는 33.7%로 사적 이전소득을 받은 가구는 가구소득의 약 3분의 1이 사적 이전소득일 정도로 가구소득에서 큰 비중을 차지하였다.

1996년에서 2016년 기간 동안 사적 소득이전을 중심으로 현

금 형태 비공식 복지활동의 총량 변화를 보면, 우리나라에서 사적 소득이전은 감소하지 않았으며 미약하나마 증가 경향을 보이고 있다.


(2) 공적 이전소득과의 비교

여기서는 사적 이전소득의 총량 변화를 공적 이전소득과 비교하여 살펴보려 한다. 〈표 4-3〉은 1996년부터 2016년까지 전체 가구 대상으로 공적 이전소득 및 사적 이전소득 수혜율과 명목가치, 실질가치로 월평균값의 변화를 비교한 것이다.

1996년도 사적 이전소득과 공적 이전소득을 비교하면, 이 시

**표 4-3** 공적 이전소득 및 사적 이전소득의 규모 변화: 1996~2016년

(단위: %, 원)

| 연도 | 사적 이전소득 | | | 공적 이전소득 | | |
|---|---|---|---|---|---|---|
| | 수혜율 | 월평균값 | | 수혜율 | 월평균값 | |
| | | 명목가치 | 실질가치 | | 명목가치 | 실질가치 |
| 1996 | 28.0 | 83,783 | 145,684 | 4.6 | 15,514 | 26,976 |
| 2000 | 23.4 | 106,758 | 160,365 | 22.4 | 39,810 | 59,800 |
| 2006 | 56.8 | 161,222 | 201,020 | 38.9 | 77,056 | 96,077 |
| 2011 | 23.7 | 169,684 | 179,148 | 37.1 | 141,626 | 149,525 |
| 2016 | 23.3 | 189,391 | 187,572 | 44.4 | 234,737 | 232,482 |

주 1) 1996년 자료는 비농가 전체 가구 대상이며, 이후 연도 자료는 전체 가구 대상임.
　 2) 1996년 자료의 공적 이전소득은 연간소득의 '사회보장수혜' 변수 이용.
　 2) 실질소득 계산은 통계청의 소비자물가지수(2015년 기준 100)를 이용하였음.
자료: 가구소비실태조사(1996, 2000), 가계동향조사(2006, 2011, 2016, 신분류)를 활용하여 분석한 값.

기에 사적 이전소득은 공적 이전소득과 비교할 수 없을 정도로 컸다. 사적 이전소득의 수혜율은 28%로 공적 이전소득 수혜율 4.6%보다 5배 이상 높다. 평균값 비교도 비슷한 경향을 보인다. 1996년 사적 이전소득의 월평균값은 약 8만 4천 원인 데 반해, 공적 이전소득의 월평균값은 약 1만 6천 원으로 사적 이전소득이 약 4배나 높다.

이러한 사적 이전소득과 공적 이전 소득의 격차는 1996년 이후 빠르게 좁혀져왔다. 수혜율로 보면, 2011년에 공적 이전소득이 사적 이전소득을 추월하였고, 2016년에는 평균값, 중위값에서도 공적 이전소득이 사적 이전소득을 앞섰다. 2016년 사적 이전소득 수혜율은 23.3%, 가구당 월평균값은 약 19만 원인데, 공적 이전소득은 수혜율이 44.4%, 월평균값은 약 23만 원이다. 수혜율에서는 공적 이전소득이 21.1%p 높고, 월평균 소득도 가구당 약 4만 원 정도 공적 이전소득이 많다.

〈표 4-4〉는 사적 이전소득 및 공적 이전소득을 받은 가구만을 대상으로 사적 이전소득 및 공적 이전소득의 평균, 중위값의 크기를 1996년부터 2016년까지 비교한 것이다. 수혜 가구만을 대상으로 할 때, 아직도 사적 이전소득이 공적 이전소득보다 많다. 중위값으로 비교하면, 모든 연도에서 사적 이전소득이 공적 이전소득보다 많다. 평균소득으로 비교해도 1996년을 제외한 모든 연도에서 사적 이전소득이 공적 이전소득보다 많으며, 그 격차도

**표 4-4** 공적 이전소득과 사적 이전소득의 평균, 중위값 비교(수혜 가구 대상): 1996~2016년

(단위: 원)

| 연도 | 사적 이전소득 | | 공적 이전소득 | |
|------|------|------|------|------|
| | 월평균값 | 월중위값 | 월평균값 | 월중위값 |
| 1996 | 299,556 | 105,000 | 334,133 | 83,333 |
| 2000 | 455,467 | 250,000 | 178,073 | 15,000 |
| 2006 | 283,794 | 90,856 | 197,935 | 46,097 |
| 2011 | 715,911 | 380,057 | 381,857 | 191,641 |
| 2016 | 814,219 | 423,628 | 528,800 | 325,868 |

주 1) 1996년 자료는 비농가 전체 가구 대상이며, 이후 연도 자료는 전체 가구 대상임.
자료: 가구소비실태조사(1996, 2000), 가계동향조사(2006, 2011, 2016, 신분류)를 활용하여 분석한 값.

상당하다. 가장 최근인 2016년을 비교해보면, 수혜 가구당 사적 이전소득의 평균은 약 81만 원으로 공적 이전소득의 평균 53만 원보다 약 28만 원이나 많다.

종합해보면, 사적 이전소득은 1996년 이후 정체 상태이지만, 공적 이전소득은 빠른 속도로 증가하여, 2016년 현재 공적 이전소득이 사적 이전소득보다 많다. 사적 이전소득 수혜 가구만을 대상으로 할 때, 사적 이전소득이 공적 이전소득보다 더 많다.

이처럼 우리나라 사회복지의 규모에서 공적 소득이전이 사적 소득이전을 추월하였지만, 사적 소득이전은 여전히 큰 비중을 차지하고 있다.

(3) 외국과의 비교

다음으로 사적 이전소득의 크기를 외국과 비교해보자. 〈표 4-5〉는 노인 가구를 대상으로 사적 이전소득이 가구소득에서 차지하는 비중을 여러 국가와 비교하여 정리해놓은 것이다. 비교 대상 국가 중 우리나라는 타이완 다음으로 노인 가구의 시장소득에서 사적 이전소득이 차지하는 비중이 높다. 타이완의 노인 가구는 시장소득 기준 가구소득에서 사적 이전소득이 평균 약 32%를 차지하고, 우리나라 노인 가구는 사적 이전소득이 가구소득의 약 24%를 차지하고 있다. 가처분소득을 기준으로 할 때도 우리나라 노인 가구들은 가구소득에서 사적 이전소득이 차지하는 비중이 약 14%로, 타이완, 콜롬비아, 페루 다음으로 높다.

복지 선진국 노인 가구에서 사적 이전소득은 시장소득 기준 가구소득의 2% 미만이고, 가처분소득 기준으로는 1%가 채 안된다. 핀란드를 보면, 사적 이전소득은 노인 가구 가처분소득의 0.04%에 불과하다. 선진국 중 민간복지의 비중이 높은 미국의 경우도, 사적 이전소득은 노인 가구 가처분소득의 0.41%에 불과하다. 이렇게 서구 선진 복지국가들의 경우 사적 소득이전 같은 비공식 복지의 역할은 극히 미미하다.

우리나라의 경우 사적 소득이전 등 비공식 복지의 비중은 예전보다 크게 줄었지만, 여전히 비공식 복지는 일정 이상 수준을

**표 4-5** 노인 가구 소득의 종류별 대비 사적 이전소득 비중, 국가 간 비교

(단위: %)

| 국가 | 연도 | 사적 이전소득 /시장소득 | 사적 이전소득 /총소득 | 사적 이전소득 /가처분소득 |
|---|---|---|---|---|
| 타이완 | 2013 | 32.34 | 22.43 | 24.85 |
| 한국 | 2014 | 23.73 | 13.10 | 13.57 |
| 콜롬비아 | 2013 | 16.95 | 13.27 | 16.51 |
| 페루 | 2013 | 19.99 | 16.16 | 16.21 |
| 파나마 | 2013 | 19.73 | 10.60 | 10.70 |
| 폴란드 | 2013 | 17.83 | 2.25 | 2.32 |
| 남아공 | 2012 | 5.47 | 1.68 | 1.72 |
| 이스라엘 | 2012 | 3.59 | 1.25 | 1.33 |
| 그리스 | 2010 | 3.82 | 0.83 | 0.93 |
| 스페인 | 2013 | 2.32 | 0.86 | 0.88 |
| 룩셈부르크 | 2013 | 2.16 | 0.77 | 0.83 |
| 에스토니아 | 2010 | 2.75 | 0.44 | 0.46 |
| 호주 | 2010 | 2.22 | 0.44 | 0.44 |
| 덴마크 | 2010 | 2.72 | 0.29 | 0.42 |
| 미국 | 2013 | 0.99 | 0.39 | 0.41 |
| 독일 | 2010 | 0.88 | 0.39 | 0.40 |
| 브라질 | 2013 | 0.62 | 0.25 | 0.25 |
| 네덜란드 | 2010 | 1.34 | 0.20 | 0.23 |
| 슬로바키아 | 2010 | 1.15 | 0.19 | 0.20 |
| 캐나다 | 2010 | 0.62 | 0.17 | 0.18 |
| 영국 | 2013 | 0.66 | 0.17 | 0.17 |
| 아일랜드 | 2010 | 1.44 | 0.13 | 0.13 |
| 아이슬란드 | 2010 | 0.39 | 0.10 | 0.11 |
| 일본 | 2008 | 0.11 | 0.05 | 0.06 |
| 핀란드 | 2013 | 0.96 | 0.04 | 0.04 |

주 1) LIS 데이터 분석 결과임. 한국은 2015 가계금융복지조사 자료임.
자료: 최현수 외(2016).

유지하며 중요한 역할을 수행하고 있다.

## 2) 집단별 사적 이전소득의 변화 추이

여기서는 가구주의 연령과 가구의 소득수준으로 가구를 구분하여, 1996년부터 2016년까지 하위 집단별 사적 이전소득의 규모 변화를 살펴보고 특징을 찾고자 한다.

### (1) 가구주의 연령별 사적 이전소득 규모의 변화

〈표 4-6〉은 1996년부터 2016년까지 가구주의 연령별 가구 분포를 살펴본 것이다. 〈표 4-6〉을 보면, 가구주의 연령이 49세 이하인 가구의 비율은 점점 감소하고, 반면 50세 이상인 가구의 비율은 점점 증가하는 경향이 확인된다. 2016년 현재 가구주의 연

표 4-6 가구주 연령대별 가구 분포의 변화: 1996~2016년

(단위: %)

| 연도 \ 가구주 연령대 | ~29세 | 30~49세 | 50~64세 | 65세 이상 |
|---|---|---|---|---|
| 1996 | 15.0 | 58.0 | 20.8 | 6.2 |
| 2000 | 10.1 | 55.7 | 24.3 | 9.9 |
| 2006 | 5.2 | 53.7 | 26.8 | 14.3 |
| 2011 | 3.2 | 49.4 | 29.4 | 18.0 |
| 2016 | 2.9 | 42.0 | 31.0 | 24.1 |

자료: 가구소비실태조사(1996, 2000), 가계동향조사(2006, 2011, 2016, 신분류)를 활용하여 분석한 값.

령별 가구 분포는 가구주의 연령이 29세 이하인 가구가 2.9%, 30~49세 가구는 42.0%, 50~64세 가구는 31.0%, 65세 이상 노인 가구는 24.1%이다.

〈표 4-7〉은 1996년부터 2016년까지 사적 이전소득 수혜율, 평균값을 중심으로 가구주의 연령별 사적 이전소득의 규모 변화를 비교하여 정리한 것이다.

가구주의 연령대별로 사적 이전소득 규모 변화가 상이하게 나타나고 있음을 볼 수 있다. 수혜율로 보면, 가구주의 연령이 29세 이하인 가구는 사적 이전소득 수혜율이 현상 유지 내지 증가 경향을 보이고, 30~49세 가구는 감소 후 현상 유지인 반면, 가구주의 연령이 50세 이상인 가구에서는 감소하는 경향이 뚜렷하다. 가구주의 연령이 29세 이하인 가구를 보면, 1996년

**표 4-7** 가구주 연령별 가구 사적 이전소득(명목가치)의 규모 변화: 1996~ 2016년

(단위: %, 원)

| 구분 가구주 연도 | 사적 이전소득 수혜율 | | | | 월간 평균 사적 이전소득 | | | |
|---|---|---|---|---|---|---|---|---|
| | ~29세 | 30~49세 | 50~64세 | 65세 이상 | ~29세 | 30~49세 | 50~64세 | 65세 이상 |
| 1996 | 34.0 | 21.6 | 28.3 | 72.1 | 90,894 | 64,418 | 92,553 | 217,794 |
| 2000 | 33.1 | 15.5 | 22.1 | 61.6 | 197,567 | 83,825 | 77,367 | 215,408 |
| 2006 | 65.5 | 51.7 | 51.0 | 83.8 | 225,560 | 136,571 | 128,155 | 292,193 |
| 2011 | 29.2 | 15.1 | 20.2 | 52.2 | 191,141 | 169,824 | 137,578 | 217,901 |
| 2016 | 38.3 | 15.2 | 16.5 | 44.2 | 268,545 | 210,212 | 145,072 | 200,376 |

주 1) 1996년 자료는 비농가 전체 가구 대상이며, 이후 연도 자료는 전체 가구 대상임.
자료. 가구소비실태조사(1996, 2000), 가계동향조사(2006, 2011, 2016, 신분류)를 활용하여 분석한 값.

사적 이전소득 수혜율이 34.0%였는데, 2016년에는 그 비율이 38.3%로 20년 사이 4.3%p 증가한 데 반해, 65세 이상 노인 가구주 가구는 1996년 72.1%에서 2016년에는 44.2%로 무려 27.9%p나 감소하였다. 우리나라에서 사적 이전소득을 주고받는 교환의 대부분이 부모와 자녀 간에 이루어진다는 점을 고려하면, 가구주의 연령이 29세 이하인 가구의 사적 이전소득은 주로 부모로부터 받는 것으로 추론되며, 65세 이상 가구주 가구는 주로 자녀로부터 받는 것으로 여겨진다. 이러한 가구주의 연령대별 사적 이전소득 수혜율의 증감 차이를 통해서 우리 사회도 노인 부모가 자녀에게 주는 사적 소득이전의 양이 증가하고 있는 반면 자녀로부터 부모로의 사적 소득이전은 감소하고 있음을 추론할 수 있다. 월평균 사적 이전소득의 변화를 실질가치 기준으로 가구주의 연령대별로 비교해보아도 그런 경향이 발견된다.

〈표 4-8〉은 가구주의 연령대별로 실질소득 기준으로 월평균 사적 이전소득의 변화를 살펴본 것이다. 가구주의 연령이 49세 이하인 가구는 실질가치상으로 월평균 사적 이전소득이 1996년에 비해 2016년에 일정 정도 증가한 것을 알 수 있다. 반면 50~64세 가구는 조금 감소하였고, 65세 이상 가구는 거의 절반 수준으로 감소하였다.

사적 소득이전의 주 수혜자가 노인 가구라는 점을 고려하여,

**표 4-8** 가구주 연령대별 가구 사적 이전소득(실질가치)의 규모 변화: 1996~2016년

(단위: %, 원)

| 구분<br>연도 | 사적 이전소득 수혜율 | | | | 월평균 사적 이전소득(실질가치) | | | |
|---|---|---|---|---|---|---|---|---|
| 가구주 | ~29세 | 30~49세 | 50~64세 | 65세 이상 | ~29세 | 30~49세 | 50~64세 | 65세 이상 |
| 1996 | 34.0 | 21.6 | 28.3 | 72.1 | 158,049 | 112,012 | 160,934 | 378,706 |
| 2000 | 33.1 | 15.5 | 22.1 | 61.6 | 296,772 | 125,916 | 116,216 | 323,571 |
| 2006 | 65.5 | 51.7 | 51.0 | 83.8 | 281,240 | 170,284 | 159,790 | 364,321 |
| 2011 | 29.2 | 15.1 | 20.2 | 52.2 | 201,802 | 179,296 | 145,252 | 230,055 |
| 2016 | 38.3 | 15.2 | 16.5 | 44.2 | 265,965 | 208,193 | 143,678 | 198,451 |

주 1) 1996년 자료는 비농가 전체 가구 대상이며, 이후 연도 자료는 전체 가구 대상임.
　　2) 실질소득 계산은 통계청의 소비자물가지수(2015년 기준 100)를 이용하였음.
자료: 가구소비실태조사(1996, 2000), 가계동향조사(2006, 2011, 2016, 신분류)를 활용하여 분석한 값.

노인 가구주의 연령*을 보다 세분화하여 가구주의 연령별 사적
이전소득의 변화를 살펴보자.

　〈표 4-10〉을 보면, 1996~2016년 기간 중 노인 가구주 가구에
서 사적 이전소득이 감소하는 변화는 노인 가구주의 연령이 낮은

.......

\* **표 4-9** 노인 가구주 연령대별 가구 분포

(단위: %)

| 연도 | 가구주 연령대<br>65~74세 | 75~84세 | 85세 이상 |
|---|---|---|---|
| 1996 | 83.7 | 16.3 | 0.0 |
| 2000 | 72.9 | 24.9 | 2.2 |
| 2006 | 70.0 | 27.1 | 2.9 |
| 2011 | 69.2 | 29.2 | 1.6 |
| 2016 | 60.3 | 34.9 | 4.7 |

자료: 가구소비실태조사(1996, 2000), 가계동향조사(2006, 2011, 2016, 신분류)를 활용하여 분석한 값.

**표 4-10** 노인 가구주 연령별 가구 사적 이전소득의 규모 변화: 1996~2016년

(단위: %, 원)

| 구분<br>가구주<br>연도 | 사적 이전소득 수혜율 | | | 월평균 사적 이전소득 | | | | | |
|---|---|---|---|---|---|---|---|---|---|
| | | | | 명목소득 | | | 실질소득 | | |
| | 65~<br>74세 | 75~<br>84세 | 85세<br>이상 | 65~<br>74세 | 75~<br>84세 | 85세<br>이상 | 65~<br>74세 | 75~<br>84세 | 85세<br>이상 |
| 1996 | 68.3 | 67.2 | N.A. | 242,445 | 203,467 | N.A. | 421,570 | 353,794 | N.A. |
| 2000 | 58.2 | 71.6 | 61.2 | 204,050 | 254,967 | 142,433 | 306,510 | 382,994 | 213,953 |
| 2006 | 80.1 | 91.0 | 85.0 | 283,241 | 318,938 | 258,090 | 353,160 | 397,668 | 321,800 |
| 2011 | 47.4 | 62.3 | 77.3 | 197,636 | 260,449 | 319,981 | 208,659 | 274,976 | 337,828 |
| 2016 | 36.9 | 53.7 | 66.6 | 177,818 | 236,460 | 221,708 | 176,110 | 234,188 | 219,578 |

주 1) 1996년 자료는 비농가 전체 가구 대상이며, 이후 연도 자료는 전체 가구 대상임.
   2) 실질소득 계산은 통계청의 소비자물가지수(2015년 기준 100)를 이용하였음.
   3) 1996년 자료에는 가구주의 연령이 85세 이상인 사례가 없었음.
자료: 가구소비실태조사(1996, 2000), 가계동향조사(2006, 2011, 2016, 신분류)를 활용하여 분석한 값.

가구일수록 크게 나타났다는 것을 알 수 있다. 수혜율로 보면 가구주의 연령이 65~74세 가구는 1996년 사적 이전소득 수혜율이 68.3%였는데, 2016년에는 36.9%로 떨어졌고, 75~84세 가구는 1996년 67.2%에서 2016년 53.7%로 감소한 반면, 가구주의 연령이 85세 이상인 가구는 2000년 사적 이전소득 수혜율이 61.2%에서 2016년 66.6%로 오히려 증가하였다. 실질가치상 평균 사적 이전소득을 살펴보아도 동일한 경향이 나타난다. 가구주의 연령이 65~74세 가구와 75~84세 가구의 월평균 사적 이전소득은 1996년보다 2016년에 크게 감소하였으나, 85세 이상 가구주 가구들은 감소하지 않았다.

(2) 소득수준별 사적 이전소득의 규모 변화

1996~2016년간 가구의 소득수준별 분포를 정리한 것이 〈표 4-11〉이다. 〈표 4-11〉을 보면 1996년에서 2016년에 이르는 기간 동안 빈곤층(중위소득 50% 이하) 가구는 15.3%에서 25%로 크게 증가하고, 중하계층(중위소득 50~150%) 가구는 63.1%에서 48.7%로 크게 감소하고, 중상계층(중위소득 150~250%) 가구는 17.5%에서 20.7%로, 상류층(중위소득 250% 이상) 가구는 4.1%에서 5.5%로 조금 증가한 것을 알 수 있다

〈표 4-12〉는 1996~2016년 기간 동안 소득수준별 가구 사적 이전소득의 규모 변화를 살펴본 것이다. 〈표 4-12〉를 보면, 모든 소득 계층에서 사적 이전소득의 수혜율이 감소해온 경향이 있음을 알 수 있다. 그런데 감소폭이 빈곤계층인 중위소득 50% 이하 가구에서 가장 크게 나타나고 있다. 1996년 대비 2016년 사적 이

**표 4-11** 가구 소득수준별 가구 분포 변화: 1996~2016년

(단위: %)

| 연도＼가구소득 | 경상소득의 중위값 50% 이하 | 경상소득의 중위값 50~150% | 경상소득의 중위값 150~250% | 경상소득의 중위값 250% 이상 |
|---|---|---|---|---|
| 1996 | 15.3 | 63.1 | 17.5 | 4.1 |
| 2000 | 19.6 | 55.0 | 19.1 | 6.2 |
| 2006 | 21.3 | 52.2 | 21.4 | 5.2 |
| 2011 | 23.6 | 51.3 | 20.3 | 4.8 |
| 2016 | 25.0 | 48.7 | 20.7 | 5.5 |

자료: 가구소비실태조사(1996, 2000), 가계동향조사(2006, 2011, 2016, 신분류)를 활용하여 분석한 값.

**표 4-12** 소득수준별 가구 사적 이전소득의 규모 변화: 1996~2016년

(단위: %, 원)

| 구분<br><br>소득<sup>2)</sup><br>연도 | 사적 이전소득 수혜율 | | | | 월평균 사적 이전소득 (명목소득) | | | |
|---|---|---|---|---|---|---|---|---|
| | 50%<br>이하 | 50~<br>150% | 150~<br>250% | 250%<br>이상 | 50%<br>이하 | 50~<br>150% | 150~<br>250% | 250%<br>이상 |
| 1996 | 57.3 | 24.5 | 18.1 | 14.7 | 146,498 | 65,399 | 75,439 | 169,642 |
| 2000 | 45.6 | 19.8 | 14.1 | 14.4 | 127,625 | 99,367 | 92,067 | 151,483 |
| 2006 | 75.1 | 54.6 | 47.7 | 41.3 | 181,902 | 147,682 | 170,804 | 173,179 |
| 2011 | 45.2 | 20.2 | 11.1 | 8.9 | 164,979 | 169,065 | 159,558 | 242,466 |
| 2016 | 43.0 | 19.9 | 11.3 | 8.2 | 166,321 | 182,679 | 207,230 | 285,869 |

주 1) 1996년 자료는 비농가 전체 가구 대상이며, 이후 연도 자료는 전체 가구 대상임.
    2) 경상소득의 중위값 대비 비율임.
자료: 가구소비실태조사(1996, 2000), 가계동향조사(2006, 2011, 2016, 신분류)를 활용하여 분석한 값.

전소득 수혜율은 다른 계층의 경우 5~7%p 정도 감소하였으나, 빈곤계층은 14.3%p나 감소하였다.

〈표 4-13〉을 보면, 실질소득 기준으로 볼 때 빈곤계층을 제외한 다른 소득 계층은 월평균 사적 이전소득이 1996년 이후 크게 감소하지 않았다. 빈곤계층은 1996년 월평균 사적 이전소득이 약 25만 원이었는데 그 이후 점차 감소하여, 2016년에는 약 16만 원으로 1996년보다 월 9만 원이나 감소하였다.

이처럼 1996~2016년 기간 동안 사적 이전소득의 규모는 소득 계층에 따라 상이한 변화가 있었는데, 특히 빈곤계층은 수혜율 및 실질 가치가 크게 감소하였다. 요컨대 현금 형태 비공식 복지활동이 가장 크게 감소한 집단은 빈곤계층이었다.

**표 4-13** 소득수준별 가구 사적 이전소득의 규모 변화: 1996~2016년

(단위: %, 원)

| 구분 | 사적 이전소득 수혜율 | | | | 월평균 사적 이전소득 (실질소득) | | | |
|---|---|---|---|---|---|---|---|---|
| 소득[2) 연도 | 50% 이하 | 50~ 150% | 150~ 250% | 250% 이상 | 50% 이하 | 50~ 150% | 150~ 250% | 250% 이상 |
| 1996 | 57.3 | 24.5 | 18.1 | 14.7 | 254,735 | 113,718 | 131,175 | 294,978 |
| 2000 | 45.6 | 19.8 | 14.1 | 14.4 | 191,710 | 149,262 | 138,297 | 227,548 |
| 2006 | 75.1 | 54.6 | 47.7 | 41.3 | 226,805 | 184,138 | 212,967 | 215,929 |
| 2011 | 45.2 | 20.2 | 11.1 | 8.9 | 174,181 | 178,495 | 168,458 | 255,990 |
| 2016 | 43.0 | 19.9 | 11.3 | 8.2 | 164,723 | 180,924 | 205,239 | 283,123 |

주 1) 1996년 자료는 비농가 전체 가구 대상이며, 이후 연도 자료는 전체 가구 대상임.
　　2) 경상소득의 중위값 대비 비율임.
자료: 가구소비실태조사(1996, 2000), 가계동향조사(2006, 2011, 2016, 신분류)를 활용하여 분석한 값.

## 2. 서비스 형태 비공식 복지의 변화와 특징

서비스 형태의 비공식 복지라 하면, 집안 청소, 세탁, 시장보기 등과 같은 일상생활에서 서비스 형태로 도움을 주고받는 것, 몸이 불편한 사람에게 간병 수발을 제공하는 것, 고민 상담 등과 같은 정서적 도움의 주고받기 등을 말한다. 서비스 형태로 도움을 주고받는 활동이 가장 많이 이루어지는 관계가 노인 부모와 자녀의 관계이다. 그런 점에서 노인 부모와 자녀의 관계에서 주고받는 서비스 형태 비공식 복지활동의 변화를 중심으로 살펴보고 그 특징을 찾으려 한다.

서비스 형태의 비공식 복지는 도구적 도움, 수발 도움, 정서적 도움으로 구분할 수 있다. 도구적 도움이라 하면, 집안 청소, 세탁, 식사 준비, 시장보기 등 일상생활과 관련된 도움을 말하고, 수발 도움은 몸이 불편하여 스스로 자신의 신체를 돌볼 수 없어 목욕, 식사, 화장실 이용, 외출 등에서 다른 사람으로부터 신체적 도움을 받는 것을 말하며, 정서적 도움은 걱정거리나 곤란한 문제 등 고민을 들어주고 함께 이야기를 나누는 것 등의 형태로 도움을 주고받는 것을 말한다.

1994년에서 2017년 기간 동안 이러한 서비스 형태의 비공식 복지활동에서 어떤 변화가 있었으며 그 특징이 무엇인지를 한국보건사회연구원의 '노인실태조사' 자료를 중심으로 살펴보겠다.

## 1) 도구적 도움

1994년에서 2017년까지 우리 사회에서 노인들이 식사 준비, 집안 청소, 세탁 등 도구적 도움을 주고받는 활동에서 어떤 변화가 있었는지 살펴보자.

〈표 4-14〉는 노인의 도구적 도움 수혜율 및 제공률을 중심으로 1994년과 2004년을 비교하여 살펴본 것이다. 여기서 노인에게 도구적 도움을 제공하거나 노인으로부터 도구적 도움을 수혜하는 사람은 배우자, 자녀 등 다양하다. 어떤 특성을 언급하기는

**표 4-14** 노인의 도구적 도움 수혜율 및 제공률: 1994, 2004년

(단위: %)

| 구분 | 1994년 | 2004년 | |
| --- | --- | --- | --- |
| | | 수혜율 | 제공률 |
| 전체 | 74.5 | 75.7 | 51.7 |
| 가구 형태 | | | |
| 노인 독신 | 48.9 | 40.5 | 12.2 |
| 노인 부부 | 67.4 | 82.0 | 64.8 |
| 자녀 동거 노인 | 82.7 | 87.6 | 59.1 |
| 기타 | 76.2 | 79.4 | 64.4 |

주 1) 1994년은 60세 이상 노인이고, 2004년은 65세 이상 노인임.
  2) 2004년 도구적 도움은 집안 청소/세탁/식사 준비 항목에 대한 비율임.
자료: 이가옥 외(1994); 정경희 외(2004).

어렵다. 단지 도구적 도움 형태의 서비스를 노인이 주는 비율보다 받는 비율이 많다는 점이 특징이다.

〈표 4-15〉는 노인에게 도구적 도움을 주로 제공하는 사람을 1994년과 2004년 비교한 것이다. 두 연도를 비교할 때, 노인에게 도구적 도움을 제공하는 주 제공자에서 배우자의 비율이 증가하고, 자녀가 아닌 친척이나 이웃의 비율이 감소하였다는 점을 발견할 수 있다.

1994년 노인에 대한 도구적 도움의 주 제공자 중 배우자의 비율이 23.0%였는데, 2004년에는 48.6%로 25.6%p가 증가하였다. 1994년에는 노인에 대한 도구적 도움의 주 제공자로 자녀가 아닌 친척(손자녀 및 그 배우자 포함)의 비율이 17.3%였는데, 2004년

**표 4-15** 노인에 대한 도구적 도움 주 제공자: 1994, 2004년

(단위: %)

| 구분 | 1994년 | 2004년 |
|---|---|---|
| 배우자 | 23.0 | 48.6 |
| 장남, 며느리 | 27.8 | 23.8 |
| 그 외 아들, 며느리 | 11.6 | 11.0 |
| 딸, 사위 | 7.0 | 11.5 |
| 미혼 자녀 | 2.6 | - |
| 손자녀 및 그 배우자 | 14.8 | 1.6 |
| 기타 친척 | 2.5 | 1.4 |
| 친구, 이웃 | 8.3 | 1.0 |
| 기타 | 2.4 | 1.1 |
| 전체 | 100.0 | 100.0 |

자료: 이가옥 외(1994); 정경희 외(2004).

에는 그 비율이 3.0%로 크게 감소하였다. 노인에게 도구적 도움을 제공하는 주 제공자가 친구, 이웃인 비율도 1994년에는 8.3%였는데, 2004년에는 1.0%로 감소하였다.

1994년과 2004년의 노인의 도구적 도움 교환 실태를 살펴볼 때, 우리 사회의 비공식 복지활동의 주체가 예전에는 배우자, 자녀, 형제자매, 손자녀 등뿐만 아니라 더 먼 친척 그리고 이웃으로 매우 넓게 존재하였는데, 점차 배우자와 자녀로 좁혀지는 경향이 나타난다.

〈표 4-16〉은 2014년과 2017년 노인이 자녀로부터 받는 도구

**표 4-16** 노인의 도구적 도움 수혜율 및 제공률: 2014, 2017년

(단위: %)

| 구분 | | 2014년 | | 2017년 | |
|---|---|---|---|---|---|
| | | 수혜율 | 제공률 | 수혜율 | 제공률 |
| 동거 자녀 | 전체 | 63.6 | 68.0 | 62.8 | 70.4 |
| 비동거 자녀 | 전체 | 43.6 | 12.6 | 34.5 | 7.1 |
| | 노인 독신 | 49.0 | 11.6 | 41.7 | 5.9 |
| | 노인 부부 | 46.5 | 13.7 | 33.5 | 7.2 |
| | 자녀 동거 노인 | 34.0 | 11.4 | 29.1 | 8.1 |
| | 기타 | 41.6 | 13.3 | 35.1 | 6.6 |

주 1) 수혜율, 제공률은 4점 척도에서 '매우 그렇다.' '그런 편이다' 두 범주에 응답한 비율임.
자료: 정경희 외(2014, 2017).

적 도움의 수혜율 및 자녀에게 제공하는 제공률을 동거 자녀와 비동거 자녀로 구분하여 살펴본 것이다. 이 표에서 두 가지 특징을 발견할 수 있다. 우선 노인과 동거 자녀 간 도구적 도움 형태의 교환에서 노인이 동거 자녀로부터 받는 비율보다 제공 비율이 더 높다는 점이다. 뒤의 3절에서 살펴보듯이 자녀와 동거하는 노인의 비율이 지난 30여 년 사이 크게 줄었으며, 특히 동거 자녀의 구성에서 지난 20여 년간 큰 변화가 나타나고 있다. 동거 자녀 중 기혼 자녀의 비율은 급속하게 감소하고 있는 데 반해, 미혼 동거 자녀의 비율은 감소하지 않고 있다. 미혼 동거 자녀는 노인 부모를 부양하는 것이 아니라 반대로 노인이 미혼 자녀를 부양할 가능성이 높다. 최근 캥거루족 또는 부모의 도움을 받기 위해 부모

와 동거하는 자녀가 증가하고 있다는 언론 보도도 많다(『헤럴드경제』, 2019. 2. 3).

다른 하나는 비동거 자녀의 경우 노인 부모에게 도구적 도움을 주는 비율이 받는 비율보다 높지만, 주는 비율 및 받는 비율 모두 2014년에 비해 2017년에 떨어졌다는 점이다. 〈표 4-16〉을 보면, 2014년도에 비동거 자녀로부터 노인 부모가 도구적 도움을 받은 비율은 43.6%였고, 제공한 비율은 12.6%였는데, 2017년에는 각각 34.5%, 5.9%로 떨어졌다.

이렇게 1994년에서 2017년까지 비공식 복지활동에서 서비스 형태 중 도구적 도움 활동의 변화 추이를 보면, 비공식 복지의 주체가 1990년대 초반까지만 해도 친척, 이웃 등 비교적 넓게 존재하였는데, 2000년대 들어 배우자 및 자녀로 좁혀지는 경향이 뚜렷해지고, 노인 부모와 자녀 간 도구적 도움의 교환도 감소하는 경향이 나타나고 있다. 더욱이 노인 부모와 동거 자녀 간 도구적 도움 활동에서는 자녀가 노인에게 도움을 주는 것보다 반대로 노인이 자녀에게 도움을 주는 경우가 더 많은 것으로 나타나고 있다는 점도 새로운 점이다.

## 2) 수발 도움

앞에서 설명한 바와 같이 수발 도움은 몸이 불편하여 목욕, 식사, 화장실 이용, 외출 등의 활동에서 신체적인 도움을 받는 것을 말한다. 따라서 몸이 불편한 사람이 주로 도움을 받게 된다. 여기서는 노인을 중심으로 수발 도움의 수혜 및 제공 활동을 살펴볼 것이다.

〈표 4-17〉은 1994년, 2004년 노인의 수발 도움 수혜율 및 제공률을 거주 형태별로 비교하여 정리한 것이다. 〈표 4-17〉을 보면, 1994년과 비교하여 2004년에 노인이 수발 도움을 수혜한 비율은 줄어들었고, 제공한 비율은 증가하였다. 아무래도 노인이니까 몸이 불편할 가능성이 높고, 반면 자녀들은 그럴 가능성이 적다는 점에서 노인과 자녀 간 수발 도움 교환은 자녀로부터 노인 부모로 향하는 것이 일반적일 것이다. 그런 점에서 노인이 수발을 제공한 것보다 받은 것이 많은 것은 당연하다. 그런

**표 4-17** 노인의 수발 도움 수혜율 및 제공률: 1994, 2004년

(단위: %)

| 구분 | 1994년 | | 2004년 | |
|---|---|---|---|---|
| | 수혜율 | 제공률 | 수혜율 | 제공률 |
| 전체 | 53.5 | 7.4 | 25.1 | 11.2 |
| 가구 형태 | | | | |
| 노인 독신 | 25.0 | 0.5 | 18.7 | 4.3 |
| 노인 부부 | 48.7 | 9.1 | 23.7 | 16.7 |
| 자녀 동거 노인 | 61.4 | 7.0 | 28.7 | 9.1 |
| 기타 | 53.5 | 20.8 | 31.0 | 16.4 |

자료: 이가옥 외(1994); 정경희 외(2004).

데 노인의 수발 도움 수혜율이 1994년에는 53.5%였는데, 2004년에는 25.1%로 거의 절반가량 줄었다는 점은 큰 변화이다. 반면 노인이 자녀 등 다른 사람에게 수발을 제공한 비율은 1994년 7.4%에서 2004년 11.2%로 일정 정도 증가하였다. 특히 노인 부부 가구에 속한 노인이나 자녀 동거 노인의 수발 도움 수혜율이 현저하게 줄었다. 노인 부부 가구 노인의 1994년 수발 도움 수혜율은 48.7%에서 2004년 23.7%로, 자녀 동거 노인은 1994년 수발 도움 수혜율이 61.4%에서 2004년 28.7%로 절반가량 감소하였다.

수발 도움 주 제공자의 구성에서도 1994년에서 2004년에 이르는 기간 동안 큰 변화가 발견된다(〈표 4-18〉 참조). 배우자 및 직계 자녀의 비율은 증가하고, 다른 주체의 비율은 감소하였다. 1994년 수발 도움 주 제공자가 배우자인 비율은 29.5%였는데, 2004년에는 36.1%로 증가하였고, 장남, 그 외 아들, 딸 등 직계 자녀의 비율도 1994년 49.8%에서 2004년 54.9%로 증가하였다. 반면 직계 자녀가 아닌 다른 친척(손자녀 및 그 배우자 포함)의 비율은 1994년 11.2%에서 2004년 4.2%로, 친구 및 이웃은 1994년 5.4%에서 2004년 1.6%로 감소하였다.

도구적 도움 활동과 마찬가지로 수발 도움 활동에서도 주체가 배우자 및 직계 자녀로 좁혀져 이들로 집중되는 경향이 나타난다. 수발 도움 형태의 비공식 복지활동에서 자녀가 아닌 다른 먼

**표 4-18** 노인에게 수발 도움 주 제공자: 1994, 2004년

(단위: %)

| 구분 | 1994년 | 2004년 |
|---|---|---|
| 배우자 | 29.5 | 36.1 |
| 장남, 며느리 | 23.8 | 28.6 |
| 그 외 아들, 며느리 | 13.3 | 12.0 |
| 딸, 사위 | 11.2 | 14.3 |
| 미혼 자녀 | 1.5 | - |
| 손자녀, 그 배우자 | 8.9 | 2.4 |
| 기타 친척 | 2.3 | 1.8 |
| 친구, 이웃 | 5.4 | 1.6 |
| 기타 | 4.0 | 3.2 |
| 계 | 100.0 | 100.0 |

자료: 이가옥 외(1994); 정경희 외(2004).

친척과 친구, 이웃은 제외되는 경향이 나타나고 있다.

〈표 4-19〉는 2014년과 2017년 노인 부모와 동거 자녀 간 및 비동거 자녀 간 수발 도움 활동의 변화를 정리한 것이다. 동거 자녀 및 비동거 자녀 모두 노인 부모에게 수발 도움을 받는 비율보다 주는 비율이 높다. 앞에서도 언급했듯이 수발은 몸이 불편한 사람이 주로 받는다는 점에서 노인 부모가 젊은 자녀보다 받을 가능성이 높다.

1994년과 2004년 비교와 마찬가지로 2014년보다 2017년에 노인이 동거하는 자녀로부터 수발을 받는 비율은 감소하고, 수발

**표 4-19** 노인의 수발 도움 수혜율 및 제공률: 2014, 2017년

(단위: %)

| 구분 | | 2014년 | | 2017년 | |
|---|---|---|---|---|---|
| | | 수혜율 | 제공률 | 수혜율 | 제공률 |
| 동거 자녀 | 전체 | 59.4 | 5.8 | 50.6 | 21.1 |
| 비동거 자녀 | 전체 | 43.0 | 12.6 | 31.1 | 3.2 |
| | 노인 독신 | 53.1 | 4.4 | 39.1 | 2.7 |
| | 노인 부부 | 43.3 | 6.6 | 29.6 | 3.4 |
| | 자녀 동거 노인 | 35.3 | 5.4 | 26.7 | 3.5 |
| | 기타 | 30.6 | 5.8 | 26.1 | 2.3 |

주 1) 수혜율, 제공률은 4점 척도에서 '매우 그렇다', '그런 편이다' 두 범주에 응답한 비율임.
자료: 정경희 외(2014, 2017).

을 제공하는 비율은 증가하였다. 뒤의 3절 동거의 변화에서 살펴보듯이 최근 노인이 자녀와 동거하는 것이 노인의 필요보다는 자녀의 필요에 의한 비율이 증가하는 경향이 나타나는 것과 비슷한 맥락으로 보인다.

반면 비동거 자녀와의 수발 도움 교환은 노인이 비동거 자녀로부터 받는 비율이 주는 비율보다 훨씬 높지만, 2014년과 비교하여 2017년에 그 비율이 감소하는 경향이 두드러진다. 비동거 자녀로부터 수발 도움을 받는 노인의 비율은 2014년에 43.0%였는데 2017년에는 그 비율이 31.1%로 떨어졌고, 수발 도움을 주는 노인의 비율도 2014년 12.6%에서 2017년 3.2%로 떨어졌다.

이렇게 수발 도움 형태의 비공식 복지활동의 변화를 1994년

에서 2017년까지 살펴본 결과를 요약하면, 비공식 복지활동의 주체 범위가 먼 친척, 이웃을 포함한 넓은 범위에서 배우자와 직계 자녀로 좁혀지는 경향이 나타나고, 비공식 복지활동이 이루어지는 비율도 감소하는 경향이 보인다. 또한 기존 우리 사회의 비공식 복지는 자녀가 노인 부모에게 주는 경향이 뚜렷했지만, 최근에는 노인 부모가 자녀에게 주는 경향도 늘어나고 있다는 점도 특징이다.

## 3) 정서적 도움

여기서는 노인을 중심으로 한 정서적 도움 형태의 비공식 복지활동을 1994년에서 2017년까지 비교하여 살펴볼 것이다. 정서적 도움 형태의 비공식 복지활동은 고민이나 걱정거리를 들어주고 의견을 나누는 활동이므로, 도구적 도움이나 수발 도움과 같은 물리적 행위가 수반되지 않는다. 그러므로 비공식 복지활동의 강도(강한 정도) 측면에서 보면, 정서적 도움은 서비스 형태의 비공식 복지활동 중 가장 약하다.

〈표 4-20〉은 1994년과 2004년의 노인의 정서적 도움 수혜율 및 제공률을 비교한 것이다. 1994년과 2004년을 비교할 때, 두 연도 간 특별한 차이는 발견되지 않는다. 두 연도의 수혜율이나 제공률 모두 비슷하다. 노인 부부 가구 노인이 가정 활발하고, 다음

**표 4-20** 노인의 정서적 도움 수혜율 및 제공률: 1994, 2004년

(단위: %)

| 구분 | 1994년 | | 2004년 | |
|---|---|---|---|---|
| | 수혜율 | 제공률 | 수혜율 | 제공률 |
| 전체 | 76.5 | 59.9 | 76.1 | 59.2 |
| 가구 형태 | | | | |
| 노인 독신 | 62.0 | 42.7 | 67.3 | 42.3 |
| 노인 부부 | 83.7 | 71.9 | 81.7 | 72.5 |
| 자녀 동거 노인 | 75.8 | 57.3 | 76.4 | 57.1 |
| 기타 | 82.4 | 58.9 | 72.3 | 55.0 |

자료: 이가옥 외(1994); 정경희 외(2004).

이 자녀 동거 노인이며, 독신 노인이 가장 약하다.

〈표 4-21〉은 노인에게 정서적 도움을 주로 제공하는 사람을 1994년과 2004년으로 나누어 비교한 것인데, 두 연도 간 큰 차이가 발견되지 않는다. 노인에게 정서적 도움을 가장 많이 제공하는 사람은 배우자이며, 다음이 장남과 며느리이고, 세 번째가 딸과 사위이다.

도구적 도움이나 수발 도움의 주 제공자는 1994년과 비교하여 2004년에 친척이나 친구, 이웃의 비율이 크게 줄었으나 정서적 도움의 경우는 큰 변화가 없다.

〈표 4-22〉는 2014년과 2017년 노인의 정서적 도움 수혜율 및 제공률을 동거 자녀와 비동거 자녀로 구분하여 살펴본 것이다.

**표 4-21** 노인에게 정서적 도움 주 제공자: 1994, 2004년

(단위: %)

| 구분 | 1994년 | 2004년 |
|---|---|---|
| 배우자 | 48.7 | 46.5 |
| 장남, 며느리 | 19.9 | 20.7 |
| 그 외 아들, 며느리 | 4.8 | 7.1 |
| 딸, 사위 | 11.4 | 14.8 |
| 미혼 자녀 | 1.9 | – |
| 손자녀, 그 배우자 | 1.1 | 0.5 |
| 기타 친척 | 2.7 | 2.5 |
| 친구, 이웃 | 9.1 | 7.2 |
| 기타 | 0.4 | 0.7 |
| 계 | 100.0 | 100.0 |

자료: 이가옥 외(1994); 정경희 외(2004).

**표 4-22** 노인의 정서적 도움 수혜율 및 제공률: 2014, 2017년

(단위: %)

| 구분 | | 2014년 | | 2017년 | |
|---|---|---|---|---|---|
| | | 수혜율 | 제공률 | 수혜율 | 제공률 |
| 동거 자녀 | 전체 | 61.1 | 55.9 | 50.6 | 21.1 |
| 비동거 자녀 | 전체 | 64.5 | 55.2 | 70.2 | 59.1 |
| | 노인 독신 | 64.2 | 51.3 | 69.1 | 52.2 |
| | 노인 부부 | 66.9 | 59.9 | 71.7 | 63.3 |
| | 자녀 동거 노인 | 61.5 | 51.2 | 68.5 | 57.1 |
| | 기타 | 58.4 | 52.0 | 67.2 | 58.8 |

주 1) 수혜율, 제공률은 4점 척도에서 '매우 그렇다', '그런 편이다' 두 범주에 응답한 비율임.
자료: 정경희 외(2014, 2017).

동거 자녀와 정서적 도움의 교환에서는 동거 자녀로부터 노인 부모가 수혜하는 정서적 도움이 조금 감소한 데 반해, 노인 부모가 동거 자녀에게 제공하는 정서적 도움은 크게 감소한 것으로 나타난다. 이는 앞에서 살펴본 현금 형태 및 다른 서비스 형태 비공식 복지의 변화 추이와 다른 양상이다.

노인과 비동거 자녀 간 정서적 도움 교환도 앞의 도구적 도움이나 수발 도움과는 다른 경향을 보인다. 비동거 자녀와의 도구적 도움이나 수발 도움의 교환은 2014년에 비해 2017년에 현저히 줄어드는 경향을 보였으나, 정서적 도움은 오히려 증가한 것으로 나타난다. 이러한 경향은 우리나라에서 가족주의의 내용이 변화하고 있음을 시사하는 것으로 생각된다. 유교적 가족주의나 도구적 가족주의가 약화되고, 정서적 가족주의로 변모하고 있다는 점을 시사하는 것으로 보인다.

이 절에서 살펴본 1994년부터 2017년까지 서비스 형태 비공식 복지활동의 변화 추이의 특징을 요약하면, 도구적 도움이나 수발 도움같이 물리적 지원을 필요로 하는 비공식 복지활동은 그 주체가 배우자와 자녀로 한정되는 경향이 나타났으며, 노인 부모가 동거 자녀에게 제공하는 서비스 형태 비공식 복지활동이 증가하는 경향이 새로운 현상이다. 노인과 비동거 자녀 간 도구적 도움이나 수발 도움 활동의 교환은 점차 줄어드는 경향이 나타난다. 하지만 정서적 도움에서는 앞의 변화와 같은 경향이 두드러

지지 않는다. 정서적 도움은 물리적 지원을 수반하지 않고, 정서적 교류의 성격이 강하다는 점에 기인한 것으로 생각된다.


## 3. 동거 형태 비공식 복지의 변화 추이와 특징


동거는 비공식 복지활동 중 현금 형태의 도움 및 서비스 형태의 도움이 망라된 총체적인 부양이자 전통적으로 가장 전형적인 비공식 복지활동이다. 여기서는 지난 30여 년간 동거 형태의 비공식 복지활동에서 어떤 변화가 있었으며 그 특징이 무엇인지 살펴보고자 한다.

〈표 4-23〉은 1994년부터 2017년까지 동거를 포함하여 노인 가구 형태의 변화를 살펴본 것이다. 1994년에서 2017년까지 노인 가구 형태는 드라마틱한 변화가 있었다. 1994년 독신 가구 형태로 사는 노인 가구는 11.9%, 노인 부부만 사는 노인 가구는 29.1%였고, 자녀와 동거하는 노인 가구는 53.8%로 절반 이상의 노인 가구가 자녀와 동거하는 가구 형태였다. 그 이후 독신으로 사는 노인과 부부만 사는 노인 가구의 비율은 매년 급속히 증가하여, 2017년에는 독신으로 사는 노인 가구의 비율이 23.6%, 노인 부부만 사는 노인 가구의 비율은 48.4%로 독신 및 부부 가구 형태 노인 가구의 비율이 72%나 된다. 지난 23년 동안 이 비율

**표 4-23** 노인 가구 형태의 변화 추이: 1994~2017년

(단위: %)

| 가구 형태 | 1994년 | 1998년 | 2004년 | 2011년 | 2014년 | 2017년 |
|---|---|---|---|---|---|---|
| 노인 독신 | 11.9 | 20.1 | 24.6 | 19.6 | 23.0 | 23.6 |
| 노인 부부 | 29.1 | 21.6 | 26.6 | 48.5 | 44.5 | 48.4 |
| 자녀 동거 | 53.8 | 53.2 | 43.5 | 27.3 | 28.4 | 23.7 |
| 　　노인+기혼 자녀 | 34.8 | 39.0 | 29.1 | 14.6 | 13.9 | 10.2 |
| 　노인+기혼, 미혼 자녀 | 4.3 | 2.1 | 2.7 | – | – | – |
| 　　노인+미혼 자녀 | 14.7 | 12.1 | 11.7 | 12.7 | 14.5 | 13.5 |
| 기타 가구 | 5.2 | 5.1 | 5.4 | 4.6 | 4.0 | 4.4 |

주 1) 1994년은 60세 이상이고 다른 연도는 65세 이상임.
　　2) 2011, 2014, 2017년은 동거 가구에 기혼 자녀가 있으면 모두 기혼 자녀와 동거 가구로 분류.
자료: 이가옥 외(1994)의 38쪽 〈표 2-2-6〉, 정경희 외(1998)의 68쪽 〈표 1-3-3〉, 정경희 외(2004)의 112쪽
　　　〈표 2-1-2〉, 정경희 외(2011)의 99쪽 〈표 2-1-1〉, 170쪽 〈표 2-3-2〉, 정경희 외(2014)의 110쪽
　　　〈표 3-5〉, 174쪽 〈표 5-7〉, 정경희 외(2017)의 168쪽 〈표 4-2〉, 265쪽 〈표 6-7〉을 수정하여 작성.

은 무려 31%p나 증가한 것이다. 반면 자녀와 동거하는 노인 가구의 비율은 2017년에 23.7%로 23년 사이에 30.1%p나 감소하였다.

이렇게 자녀와 동거하는 노인 가구의 비율은 지난 23년간 크게 감소하였다. 그뿐 아니라 동거하는 자녀의 구성에서도 큰 변화가 있었다. 1994년 자녀와 동거하는 노인 중 기혼 자녀와 동거하는 비율이 72.7%(전체 노인 중 39.1%)*였고, 미혼 자녀와 동

.......

\* 　동거하는 자녀가 기혼 자녀, 미혼 자녀도 둘 다 있는 경우는 기혼 자녀와 동거하는 것으로 간주함.

거하는 비율은 27.3%(전체 노인 중 14.7%)였는데, 기혼 자녀와 동거하는 비율은 급속도로 감소하였으나 미혼 자녀와 동거하는 비율은 큰 변화가 없었다. 2017년에는 두 유형 간의 비율이 역전되어 자녀와 동거하는 노인 가구 중 기혼 자녀와 동거하는 비율은 43.0%(전체 노인 가구 중 10.2%)이고, 미혼 자녀와 동거하는 비율은 57.0%(전체 노인 가구 중 13.5%)나 된다.

이렇게 지난 23년 사이 자녀가 부모와 동거하는 형태의 비공식 복지가 크게 감소하였다. 2015년도 중위 50% 가처분소득 기준으로 노인 가구 유형별 빈곤율을 비교해보면, 노인 독신 가구의 빈곤율은 82.9%, 노인 부부 가구의 빈곤율은 57.4%로 매우 높지만, 자녀와 동거하는 노인 가구의 빈곤율은 17.4%로 상대적으로 크게 낮다(최현수 외, 2016). 즉 빈곤율이 낮은 자녀동거 노인 가구의 감소가 노인 빈곤을 심화시킨 주요한 요인으로 작용한 것이다.

한편 〈표 4-24〉는 노인 부모와 동거하는 자녀의 구성 변화를 1998년에서 2017년까지 살펴본 것이다. 1998년에는 부모와 동거하는 자녀 중 78.9%가 기혼 자녀였으며, 기혼 아들인 경우가 69.7%, 특히 장남인 경우가 46.6%로, 노인 부모와 동거하는 자녀의 거의 절반에 달하였고, 미혼 자녀와 동거하는 비율은 21.1%로 상대적으로 적었다. 그런데 점차 기혼 자녀와 동거하는 비율, 특히 기혼 장남이나 아들과 동거하는 비율은 급속하게 감소하였다. 반면 기혼 딸과 동거하는 비율은 줄지 않았고, 동거하는 자녀가

**표 4-24** 자녀 동거 가구의 구성 변화 추이: 1998~2017년

(단위: %)

| 동거 형태 | 1998년 | 2011년 | 2014년 | 2017년 |
|---|---|---|---|---|
| 기혼 장남과 동거 | 46.6 | 34.5 | 28.6 | 22.0 |
| 기혼 차남 이하와 동거 | 23.1 | 10.6 | 9.2 | 9.0 |
| 기혼 딸과 동거 | 9.2 | 8.4 | 12.8 | 10.3 |
| 미혼 자녀와 동거 | 21.1 | 46.5 | 49.4 | 58.7 |
| 계 | 100.0 | 100.0 | 100.0 | 100.0 |

자료: 정경희 외(1998, 2011, 2014, 2017).

미혼인 비율은 크게 증가했다. 그리하여 2017년 노인 부모와 동거하는 자녀 중 기혼 자녀인 비율은 41.3%, 기혼 장남인 비율은 22.0%, 기혼 차남 이하인 비율은 9.0%로 떨어졌고, 기혼 딸과 동거하는 비율은 10.3%로 약간 증가하였으며, 반면 미혼 자녀와 동거하는 비율은 58.7%로 크게 늘었다. 아직 노인 부모와 동거하는 기혼 자녀 중 장남의 비율이 가장 높지만, 그 비율은 지난 20여 년 사이에 큰 폭으로 줄었으며, 노인 부모와 동거하는 자녀가 기혼 아들인 비율도 크게 감소하였다. 이러한 변화는 우리나라 사회복지에서 가족 역할이 예전에 비해 크게 축소되고 있다는 점을 보여주는 것이고, 이는 사회복지에서 가족 책임주의의 약화와 개인주의의 성장으로 해석할 수 있다. 그와 함께 장자 우선주의, 아들 우선주의 등 전통적인 유교적 가치의 약화로 볼 수 있다.

〈표 4-24〉는 우리 사회에서 노인 부모와 자녀의 동거에서 동

거 성격의 변화, 즉 부양 주체의 변화, 부양 방향의 변화가 나타나고 있음을 시사해준다. 이제껏 우리 사회에서 노인 부모와 자녀의 동거는 자녀가 늙은 부모를 부양하는 것으로서 전통적인 사적 부양의 대표적인 형태로 간주되었다. 그런데 〈표 4-24〉를 보면, 노인 부모와 동거하는 자녀의 절반 이상이 미혼 자녀이다. 최근 늦게 결혼하는 만혼(晚婚) 추세가 현저하고 결혼을 포기하는 젊은이도 증가하고 있는 우리의 현실을 고려할 때, 미혼 자녀가 부모와 함께 살며 늙은 부모를 부양하는 경우도 있지만, 반대로 늙은 부모가 자녀를 부양하는 경우도 많다. 한 언론 보도에 의하면, 우리 사회 성인 남녀 1,046명을 조사한 결과 성인 남녀의 60%가 스스로 본인이 부모에게 경제적으로 의존하여 사는 '캥거루족'이라고 응답하였다고 한다(『헤럴드경제』, 2019. 2. 3). 즉 부모와 자녀의 동거가 자녀가 늙은 부모를 부양하는 것이 아니라 반대로 늙은 부모가 자녀를 부양하는 형태로 변모하고 있는 점도 동거 형태 비공식 복지에서 새로운 흐름이라는 것을 알 수 있다.

이런 해석을 뒷받침하는 또 다른 근거가 있다. 〈표 4-25〉는 부모가 기혼 자녀와 동거하는 이유의 변화를 2004년에서 2017년까지 정리한 것이다. 2004년 노인이 기혼 자녀와 동거하는 이유를 보면, 전통적인 가치 또는 노인의 필요 측면*이 73.5%였는데, 이

.......

* 노인이 기혼 자녀외 동기하는 이유 중 '기혼 사녀와 농서하는 것이 당연하므로'

**표 4-25** 기혼 자녀와 동거 이유: 2004~2017년

(단위: %)

| 동거 이유 | 2004년 | 2011년 | 2014년 | 2017년 |
|---|---|---|---|---|
| 기혼 자녀와 동거가 당연하므로 | 30.2 | 28.4 | 15.6 | 14.8 |
| 단독 가구는 외로워서 | 4.3[1] | 3.9 | 6.4 | 6.9 |
| 본인/배우자의 수발 필요 | 7.4[2] | 9.2[4] | 15.4 | 15.9 |
| 경제적 능력 부족 | 31.6[3] | 20.9 | 24.4 | 19.5 |
| 자녀에게 가사 지원/손자녀 양육 도움 제공 | 20.4 | 24.2[5] | 21.8 | 27.3 |
| 자녀의 경제적 능력 부족 | 9.0 | 12.8 | 16.0 | 14.8 |
| 기타 | 1.1 | 0.6 | 0.3 | 0.7 |
| 계 | 100.0 | 100.0 | 100.0 | 100.0 |

주 1) 2004년 설문 문항은 '배우자 사망'.
　　2) 2004년 설문 문항은 '건강문제'.
　　3) '따로 살 집이 없어서'(4.7%)와 '생활비 절약'(2.5%) 포함.
　　4) '가사 노동이 부담되어서'(1.8%) 포함.
　　5) '장애, 질병이 있는 자녀 보호 위해'(2.5%) 포함.
자료: 정경희 외(2004, 2011, 2014, 2017).

비율은 점점 감소하여 2017년에는 57.1%로 떨어졌다. 반면 자녀의 필요 때문에 기혼 자녀와 동거하는 노인의 비율은 2004년 29.4%에서 점점 증가하여 2017년에는 42.1%나 된다. 이렇게 현재 기혼 자녀와 동거하는 경우도 노인들이 자녀로부터 부양받으려는 목적은 감소하며, 노인들이 기혼 자녀를 부양하려는 목적은 증가하고 있다.

········

　　는 전통적인 가치로, '단독 가구는 외로워서', '본인/배우자의 수발 필요', '경제적 능력 부족'은 노인의 필요로, '자녀에게 가사 지원/손자녀 양육 도움 제공', '자녀의 경제적 능력 부족'은 자녀의 필요로 분류하였다.

지난 30여 년간 동거 형태 비공식 복지의 변화를 보면, 노인 부모가 자녀와 동거하는 비율이 큰 폭으로 감소하였으며, 자녀와의 동거가 감소한 구체적인 내용은 기혼 자녀와의 동거 형태가 감소한 것이다. 반면 노인 부모와 미혼 자녀의 동거는 줄지 않았다. 또한 기혼 자녀와 동거하는 이유에서도 늙은 부모가 기혼 자녀를 부양하기 위한 동기가 2017년도에 42.1%로 아주 높다. 이렇게 우리 사회는 오늘날 동거 형태로 자녀가 노인을 부양하는 경우는 크게 감소하였으며, 자녀와 동거하는 노인들의 상당수는 자녀로부터 부양받기 위한 것이 아니라 반대로 노인이 자녀를 부양하기 위한 것으로 보인다.

노인과 자녀 간 동거 형태의 전체적인 변화 추이와 그 특징에 대한 검토를 기초로 하여, 자녀와 노인 부모 간 동거의 변화 추이를 성별, 연령별, 소득수준별로 조금 더 구체적으로 살펴보자.

〈표 4-26〉은 1994~2017년간 가구 형태별 노인의 분포를 성별, 연령별, 소득 분위별로 정리한 것이다.

1994년부터 2017년까지 성별 노인 가구 형태 분포 변화를 보면, 남녀 노인 모두 자녀 동거 노인의 비율이 감소하였다. 1994년부터 2017년까지 연령별 노인 가구 형태 분포는 모든 연령대에서 동일하게 자녀와 동거하는 노인의 비율이 크게 감소하였다. 75~79세, 80~84세 연령대 노인은 비교적 고연령대 노인으로서 몸이 불편할 가능성이 높은데도 다른 연령대 노인과 비슷하게 자

**표 4-26 성별, 연령별, 소득수준별 가구 형태별 노인 분포 변화: 1994~2017년**

(단위: %)

| 구분 | | 1994년 | | | | 2004년 | | | | 2011년 | | | | 2017년 | | | | 계 |
|---|---|---|---|---|---|---|---|---|---|---|---|---|---|---|---|---|---|---|
| | | 독신 | 부부 | 자녀동거 | 기타 | 독신 | 부부 | 자녀동거 | 기타 | 독신 | 부부 | 자녀동거 | 기타 | 독신 | 부부 | 자녀동거 | 기타 | |
| 성 | 남자 | 4.6 | 44.6 | 46.5 | 4.0 | 6.6 | 54.6 | 33.3 | 5.5 | 6.6 | 64.6 | 23.8 | 5.0 | 10.8 | 64.5 | 20.3 | 4.4 | 100.0 |
| | 여자 | 16.7 | 18.8 | 58.6 | 5.9 | 29.3 | 22.0 | 41.8 | 6.9 | 29.5 | 36.3 | 29.9 | 4.3 | 33.0 | 36.4 | 26.3 | 4.3 | 100.0 |
| 연령 (세) | 60~64 | 8.6 | 33.7 | 52.0 | 5.7 | – | – | – | – | – | – | – | – | – | – | – | – | 100.0 |
| | 65~69 | 11.6 | 36.4 | 47.6 | 4.4 | 16.3 | 42.7 | 35.3 | 5.7 | 10.5 | 54.5 | 28.5 | 6.5 | 16.9 | 53.4 | 24.2 | 5.5 | 100.0 |
| | 70~74 | 16.9 | 24.7 | 53.0 | 5.4 | 20.8 | 36.7 | 35.3 | 7.2 | 17.5 | 53.4 | 24.6 | 4.5 | 22.1 | 53.8 | 20.6 | 3.5 | 100.0 |
| | 75~79 (75+)[2] | 13.1 | 15.2 | 66.5 | 5.2 | 20.0 | 39.3 | 35.6 | 5.1 | 24.7 | 48.7 | 23.5 | 3.1 | 25.5 | 48.4 | 23.0 | 3.1 | 100.0 |
| | 80~84 | – | – | – | – | – | – | – | – | 34.5 | 33.3 | 29.0 | 3.2 | 33.6 | 40.8 | 22.0 | 3.6 | 100.0 |
| | 85+ | – | – | – | – | – | – | – | – | 28.5 | 22.1 | 45.3 | 4.1 | 32.9 | 25.0 | 35.5 | 6.6 | 100.0 |
| 소득 분위 | 1분위 | – | – | – | – | – | – | – | – | 62.1 | 31.1 | 4.9 | 1.9 | 67.5 | 28.2 | 3.0 | 1.3 | 100.0 |
| | 2분위 | – | – | – | – | – | – | – | – | 20.6 | 66.2 | 8.2 | 5.0 | 28.5 | 61.7 | 6.5 | 3.3 | 100.0 |
| | 3분위 | – | – | – | – | – | – | – | – | 9.5 | 68.4 | 15.3 | 6.8 | 13.7 | 66.5 | 14.6 | 5.2 | 100.0 |
| | 4분위 | – | – | – | – | – | – | – | – | 5.3 | 50.7 | 38.9 | 5.1 | 5.6 | 53.4 | 34.3 | 6.7 | 100.0 |
| | 5분위 | – | – | – | – | – | – | – | – | 0.7 | 25.9 | 69.2 | 4.2 | 2.4 | 32.1 | 60.2 | 5.3 | 100.0 |

주 1) 1994년은 60세 이상이며, 다른 연도는 65세 이상임.
　 2) 1994년, 2004년은 75세 이상임.
자료: 이가옥 외(1994); 정경희 외(2004, 2011, 2017)를 수정한 것임.

녀와 동거하는 비율이 2017년 현재 20% 초반에 불과하다. 반면 85세 이상 노인들은 2017년 현재 자녀와 동거하는 비율이 35.5%로 상대적으로 높다.

소득 분위별 자녀와 동거하는 노인의 비율을 비교해보면, 소득이 낮은 노인일수록 자녀와 동거하는 비율이 낮다. 특히 소득이 가장 낮은 1분위 노인은 2017년 현재 자녀와 동거하는 비율이 3.0%에 불과하고, 다음으로 소득이 낮은 2분위 노인도 자녀와 동거하는 비율이 6.5%로 아주 낮다. 반면 소득이 가장 높은 5분위 노인은 자녀와 동거하는 비율이 60.2%로 노인 독신이나 노인 부부 가구 형태에 속한 노인의 비율보다도 훨씬 높다. 소득이 다음으로 높은 4분위 노인도 자녀와 동거하는 비율이 34.3%로 비교적 높다. 요컨대 소득수준과 자녀 동거 노인 간 상관관계가 아주 높다. 하지만 소득이 높은 노인이 자녀와 동거하는 비율이 높다는 것이 소득수준이 높은 노인이 자녀로부터 부양을 많이 받는 것으로 단정적으로 해석하기에는 무리가 있다. 앞에서 보았듯이 우리 사회는 최근 미혼 자녀와 동거하며, 노인이 자녀를 부양하는 경우도 많고, 기혼 자녀와 동거하는 노인의 동거 이유도 노인의 필요보다는 자녀의 필요에 의한 경우도 많다. 이런 점들을 고려할 때, 오늘날 자녀와 노인의 동거를 자녀에 의한 노인의 부양으로 해석하는 것은 위험이 따른다.

# 5장

# 비공식 복지는 누가 주고, 누가 받는가

비공식 복지는 주고받는 상부상조 활동이다. 대부분의 비공식 복지에서 누군가는 일방적으로 주기만 하고 누군가는 일방적으로 받기만 하는 경우는 별로 없다. 그런 점에서 비공식 복지를 받는 사람뿐만 아니라 주는 사람이 누구인지도 알 필요가 있다.

비공식 복지는 아는 사람과의 관계에서 이루어진다. 그러므로 가난하거나 어려움이 있는 사람이 꼭 많이 받는 것도 아니다. 아무리 가난하다고 하더라도 그 가난한 사람 주변에 비공식 복지를 제공할 수 있는 여력이 있는 사람이 없다면, 그는 비공식 복지를 받지 못한다. 이런 점 때문에 비공식 복지를 어떤 사람이 많이 받고 어떤 사람이 적게 받는지는 예상하기가 쉽지 않다.

비공식 복지는 민간복지로서 주체가 가족, 친척, 이웃 등 비공식 조직 형태이다. 비공식 복지의 주체가 비공식 조직이므로, 비공식 복지활동이 어떻게 이루어지는지를 파악하는 것은 쉽지 않다. 비공식 복지를 누가 주고 누가 받는지에 관한 충분한 정보를 얻는 것은 더욱 어렵다.

비공식 복지가 전체 사회복지에서 어떤 역할을 하고 어떻게 기여하며, 다른 주체들의 사회복지활동과 어떤 관계인지 파악하기 위해서는 비공식 복지를 누가 제공하고 누가 받는지를 파악하는 것이 필요하며, 중요하다.

이 장에서는 우리나라 비공식 복지를 누가 제공하고, 누가 받는지를 실증자료를 통해 살펴보려고 한다. 우리나라 비공식 복지는 여러 비공식 복지활동 중 현금 형태인 사적 소득이전을 중심으로 이루어진다. 구체적으로 1절에서는 비공식 복지를 누가 받는지 살펴보고, 2절에서는 비공식 복지를 누가 제공하는지 알아볼 것이다. 분석 자료는 한국고용정보원의 2016년 고령화연구패널 자료이다. 2016년 고령화연구패널 자료의 소득은 2015년도의 소득을 조사한 것이다. 따라서 이 장에서의 사적 이전소득을 포함한 모든 소득 정보는 2015년도 정보이다.

여기서 분석 대상은 만 55세 이상인 국민이다. 고령화 패널은 2006년 현재 만 45세 이상인 사람을 대상으로 출발하였으므로, 10년이 지난 2016년 현재 응답자의 나이는 만 55세 이상이 된다.

이 장에서 다루는 사적 이전소득은 응답자와 동거하지 않는 사람으로부터 받은 금전으로 한정한다. 일반적으로 가구 구성원

은 가구의 소득을 공유한다. 그런 점에서 가구가 지출의 단위가
된다. 그러기에 동거 자녀와 같이 가구 내 구성원으로부터 받은
사적 이전소득은 이 장의 사적 이전소득의 범주에 포함되지 않는
다. 또한 여기서 사적 이전소득은 정기적 사적 이전소득과 비정
기적 사적 이전소득으로 구분한다. 정기적 사적 이전소득은 매월
또는 격월 등 정기적으로 받는 사적 이전소득을 말하며, 이는 소
득 획득을 예측할 수 있다는 점에서 가구의 생활 안정화에 기여
하는 바가 크고, 소득의 안정성도 높다. 비정기적 사적 소득이전
은 생일, 자녀의 방문 또는 질병 등 어떤 사건이 있을 때 받는 사
적 이전소득을 말한다. 비정기적 사적 이전소득은 예측성과 안정
성이 떨어지며, 삶의 안정화에 기여하는 정도도 정기적 사적 이
전소득에 비해 떨어진다.


## 1. 비공식 복지는 누가 받는가

### 1) 친족과 비공식 복지의 수혜

여기서는 사적 소득이전을 누구로부터 어느 정도 받는지를 중
심으로 살펴보려 한다. 현재 우리나라에서 사적 소득이전은 주로
가족 등 친족으로부터 받는다. 그렇다면 친족 구성원 중 누구로

부터 얼마나 받을까? 정기적인 사적 소득이전과 비정기적인 사적 소득이전으로 구분하여 살펴보자.

〈표 5-1〉은 비동거 친족 구성원으로부터 받은 사적 이전소득의 규모를 친족 구성원별로 구분하여 살펴본 것이다. 여기서 정기적 사적 이전소득은 비동거 친족으로부터 2015년 1년간 정기적으로 받은 금전 형태를 말한다. 〈표 5-1〉에서 정기적 사적 이전소득의 수혜율은 각 범주별 자녀가 있는 사람들 중 그 자녀로부터 사적 소득이전을 받은 비율을 말한다.

**표 5-1** 비동거 가족으로부터 받은 정기적 사적 이전소득의 규모

(단위: %, 만 원)

| 사적 이전소득 제공자 | | 정기적 사적 이전소득 수혜율 | 월평균 수혜액 | 월 중위 수혜액 |
|---|---|---|---|---|
| 장남 | 기혼 | 17.0 | 34.1 | 20 |
| | 미혼 | 6.4 | 34.2 | 30 |
| | 계 | 14.3 | 34.1 | 20 |
| 기혼 자녀 | 차남 이하 | 12.1 | 26.0 | 20 |
| | 딸 | 10.9 | 30.1 | 20 |
| 미혼 자녀 | | 8.1 | 32.8 | 29.5 |
| 부모 | | 1.1 | 23.9 | 20 |
| 기타 친족 | | 0.1 | 23.0 | 20 |

주 1) 정기적 사적 이전소득은 월 단위임.
　2) 모든 사적 이전소득은 개인 단위이고, 평균 및 중위값은 사적 이전소득이 있는 사람만을 대상으로 산출한 것임.
　3) 기혼 자녀 중 차남 이하 아들과 딸, 미혼 자녀의 월평균 수혜액과 월 중위 수혜액은 총액이 아닌 1인당 금액임.
　4) 부모, 기타 친족 등의 경우 사적 이전이 발생한 사례가 극히 적어 월평균 수혜액 및 월 중위 수혜액 수준을 다른 제공자와 비교하는 것이 적절하지 않음(사적 이전 발생 부모 사례 수: 14, 기타 친족 사례 수: 7).
　5) 모든 값은 2016년 고령화연구패널조사 원자료를 이용하여 필자가 산출함.

〈표 5-1〉을 보면, 우리나라 사적 소득이전은 거의 부모와 자녀 간에 이루어지며, 주로 자녀가 부모에게 제공한다는 것을 알 수 있다. 응답자가 받은 사적 이전소득의 대부분은 자녀로부터 받은 것이다. 자녀가 아닌 부모나 손자녀, 또는 형제, 자매와 같은 기타 친족으로부터 받은 비율은 극히 일부에 불과하다. 자녀 중에서 여전히 장남으로부터 사적 이전소득을 받는 비율이 높고, 미혼 자녀보다 기혼 자녀로부터 받는 비율이 높다는 점도 발견된다. 차남 이하의 아들로부터 받는 사적 이전소득 수혜율과 딸로부터 받는 사적 이전소득 수혜율 간 격차는 그리 크지 않다.

〈표 5-2〉는 비동거 친족으로부터 받은 비정기적 사적 이전소득의 규모를 정리한 것이다. 정기적 사적 이전소득을 보여주는 〈표 5-1〉과 비교해보면, 비정기적 사적 이전소득의 수혜율이 훨씬 높다. 정기적 사적 이전소득의 수혜율은 10% 내외에 불과하지만, 비정기적 사적 이전소득의 수혜율은 40%, 50%대에 이른다.

비정기적 사적 이전소득의 경우, 아들로부터 받는 비율과 딸로부터 받는 비율 간 차이가 없다. 오히려 딸로부터 수혜한 비율이 아들로부터 수혜한 비율보다 더 높다. 연평균 사적 이전 수혜액은 딸보다 아들로부터 수혜한 금액이 더 높다. 아들 중에서는 장남으로부터 수혜한 비율 및 평균액이 다른 아들로부터 받은 것보다 더 높다. 미혼 자녀보다 기혼 자녀로부터 수혜한 비율이 더 높다.

비정기적 사적 이전소득의 수혜도 자녀가 아닌 다른 친족으로

**표 5-2** 비동거 가족으로부터 받은 비정기적 사적 이전소득 규모

(단위: %, 만 원)

| 사적 이전소득 제공자 | | 비정기 사적 이전소득(금전) 수혜율 | 연평균 수혜액 | 연 중위 수혜액 |
|---|---|---|---|---|
| 장남 | 기혼 | 56.1 | 105.2 | 50 |
| | 미혼 | 32.9 | 95.3 | 50 |
| | 계 | 50.2 | 103.5 | 50 |
| 기혼 자녀 | 차남 이하 | 46.6 | 80.7 | 50 |
| | 딸 | 62.3 | 71.2 | 50 |
| 미혼 자녀 | | 40.4 | 80.6 | 50 |
| 부모 | | 3.0 | 189.1 | 50 |
| 기타 친족 | | 0.6 | 2,079.0 | 90 |

주 1) 비정기적 사적 이전소득은 연 단위임.
　2) 모든 사적 이전소득은 개인 단위이고, 평균 및 중위값은 사적 이전소득이 있는 사람만을 대상으로 산출한 것임.
　3) 기혼 자녀 중 차남 이하 아들과 딸, 미혼 자녀의 연평균 수혜액과 연 중위 수혜액은 총액이 아닌 1인당 금액임.
　4) 부모, 기타 친족 등의 경우 사적 이전이 발생한 사례가 극히 적어 연평균 수혜액 및 연 중위 수혜액 수준을 다른 제공자와 비교하는 것이 적절하지 않음(사적 이전 발생 기타 친족 사례 수: 38).
　5) 모든 값은 2016년 고령화연구패널조사 원자료를 이용하여 필자가 산출함.

부터 받은 비율은 매우 낮다. 부모로부터 받은 비율이 3.0%, 자녀 아닌 다른 친족으로부터 받은 비율은 0.6%에 불과하다.

〈표 5-3〉은 정기적 사적 이전소득 및 비정기적 사적 이전소득을 포함한 전체 사적 이전소득의 수혜 규모를 정리한 것이다. 전체 사적 이전소득은 다른 자녀보다 장남으로부터 수혜한 비율 및 평균액이 가장 많다. 차남 이하의 아들로부터 수혜한 것과 딸로부터 수혜한 사적 이전소득의 규모는 큰 차이가 나지 않는다. 수혜율의 측면에서 보면 딸로부터 받은 비율이 더 높고, 평균 수혜

**표 5-3** 비동거 가족으로부터 받은 전체 사적 이전소득의 규모

(단위: %, 만 원)

| 사적 이전소득 제공자 | | 사적 이전소득(금전) 수혜율 | 연평균 수혜액 | 연 중위 수혜액 |
|---|---|---|---|---|
| | 기혼 | 68.3 | 186.8 | 100 |
| 장남 | 미혼 | 37.0 | 155.5 | 100 |
| | 계 | 60.4 | 181.9 | 100 |
| 기혼 자녀 | 차남 이하 | 59.5 | 144.5 | 70 |
| | 딸 | 68.7 | 111.8 | 50 |
| 미혼 자녀 | | 45.3 | 140.5 | 60 |
| 부모 | | 3.9 | 215.1 | 100 |
| 기타 친족 | | 0.7 | 1,865.6 | 100 |

주 1) 비정기적 사적 이전소득은 연 단위임.
 2) 모든 사적 이전소득은 개인 단위이고, 평균 및 중위값은 사적 이전소득이 있는 사람만을 대상으로 산출한
   것임.
 3) 기혼 자녀 중 차남 이하 아들과 딸, 미혼 자녀의 연평균 수혜액과 연 중위 수혜액은 총액이 아닌 1인당 금
   액임.
 4) 부모, 기타 친족 등의 경우 사적 이전이 발생한 사례가 극히 적어 연평균 수혜액 및 연 중위 수혜액 수준을
   다른 제공자와 비교하는 것이 적절하지 않음(사적 이전 발생 기타 친족 사례 수: 44).
 5) 모든 값은 2016년 고령화연구패널조사 원자료를 이용하여 필자가 산출함.

액의 측면에서 보면 차남 이하의 아들로부터 받은 액수가 딸로부터 받은 액수보다 많다.

미혼 자녀보다 기혼 자녀로부터 사적 이전소득을 더 많이 받는다. 전체 사적 이전소득으로 보아도 자녀가 아닌 다른 가족이나 친족으로부터 받는 비율은 대단히 낮다.

결론적으로 사적 이전소득은 주로 자녀로부터 부모가 받고 있으며, 자녀가 아닌 다른 친족으로부터 받는 사적 이전소득은 극히 미미하다. 소득의 안정성 및 생활의 안정성을 높이는 정기적

사적 이전소득은 다른 자녀보다 장남으로부터 받는 비율이 높다.

## 2) 연령별 비공식 복지의 수혜

우리나라에서 사적 소득이전은 부모와 자녀 간 소득을 주고받는 활동이 중심이다. 사적 소득이전은 부모의 욕구 미충족에 대한 대응 기제로서의 기능을 많이 수행한다. 그런 점에서 사적 소득이전을 받는 사람의 특성에서 연령은 중요하다. 그럼 우리나라의 사적 소득이전의 수혜가 연령에 따라 어떻게 차이가 있는지 살펴보자.

분석 자료인 2016년 고령화연구패널조사에서 응답자의 연령별 분포는 〈표 5-4〉와 같다. 50~64세인 사람이 38.8%로 가장 많고, 65~69세인 사람이 14.8%, 70~74세가 13.6%. 75~79세가 14.3%, 80세 이상이 18.5%이다.

〈표 5-5〉는 응답자의 연령대별 사적 이전소득의 수혜 규모를 비교하여 정리한 것이다. 〈표 5-5〉를 보면, 응답자의 연령대에 따라 사적 이전소득의 수혜율 및 평균, 중위값이 확연히 다르다. 연령이 높을수록 사적 소득이전 수혜와 관련한 모든 지표가 높다. 가장 연령이 높은 80세 이상인 사람은 사적 이전소득 수혜율이 무려 81.5%에 이르고, 연간 평균 약 442만 원의 사적 이전소득을 받고 있다. 소득의 안정성 및 소비를 계획하는 데 있어서 훨씬 유

**표 5-4 응답자의 연령대별 비중**

(단위: %)

| 연령대 | 50~64세 | 65~69세 | 70~74세 | 75~79세 | 80세 이상 |
|---|---|---|---|---|---|
| 비중 | 38.8 | 14.8 | 13.6 | 14.3 | 18.5 |

주 1) 2016년 고령화연구패널조사 원자료를 이용하여 필자가 산출함.

**표 5-5 응답자의 연령대별 사적 이전소득 규모**

(단위: %, 만 원)

| 연령 | 구분 | 사적 이전소득 수혜율 | 평균액 | 중위액 |
|---|---|---|---|---|
| 50~64세 | 전체 사적 이전소득 | 38.5 | 261.4 | 100 |
| | 정기적 사적 이전소득 | 5.5 | 48.8 | 30 |
| | 비정기적 사적 이전소득 | 35.8 | 194.0 | 100 |
| 65~69세 | 전체 사적 이전소득 | 63.2 | 236.9 | 120 |
| | 정기적 사적 이전소득 | 12.8 | 45.5 | 30 |
| | 비정기적 사적 이전소득 | 57.3 | 141.2 | 100 |
| 70~74세 | 전체 사적 이전소득 | 76.8 | 359.6 | 190 |
| | 정기적 사적 이전소득 | 21.0 | 56.7 | 30 |
| | 비정기적 사적 이전소득 | 68.8 | 195.6 | 120 |
| 75~79세 | 전체 사적 이전소득 | 78.6 | 408.8 | 250 |
| | 정기적 사적 이전소득 | 30.0 | 52.7 | 30 |
| | 비정기적 사적 이전소득 | 70.5 | 190.6 | 150 |
| 80세 이상 | 전체 사적 이전소득 | 81.5 | 442.1 | 240 |
| | 정기적 사적 이전소득 | 33.6 | 44.8 | 30 |
| | 비정기적 사적 이전소득 | 71.7 | 257.3 | 150 |

주 1) 정기적 사적 이전소득은 월 단위이며, 비정기적 및 전체 사적 이전소득은 연 단위임.
  2) 모든 사적 이전소득은 개인 단위이고, 평균 및 중위값은 사적 이전소득이 있는 사람만을 대상으로 산출한 것임.
  3) 모든 값은 2016년 고령화연구패널조사 원자료를 이용하여 필자가 산출함.

리한 정기적 사적 이전소득의 수혜율도 33.6%나 되며, 월평균액도 약 45만 원에 이른다. 이처럼 80세 이상 노인의 소득 안정화에 사적 이전소득은 큰 기여를 하고 있다.

다음으로 사적 이전소득을 많이 받는 연령은 75~79세로 전체 사적 이전소득 수혜율은 78.6%, 연평균 약 409만 원이고 정기적 사적 이전소득 수혜율도 30.0%이며 월평균 정기적 사적 이전소득액은 약 53만 원에 이른다. 70~74세 노인도 비교적 사적 이전소득을 많이 받는다. 전체 사적 이전소득 수혜율은 약 77%, 연평균 약 360만 원, 정기적 사적 이전소득 수혜율은 21%이고 월평균 약 57만 원을 받고 있다.

반면 아직 노인이 아닌 50~64세 준고령자들의 사적 이전소득 수혜율은 38.5%, 연평균액은 261만 원, 정기적 사적 이전소득 수혜율은 5.5%에 지나지 않으며, 월평균 약 49만 원을 받는다. 이렇게 노인이 아닌 사람의 사적 이전소득 수혜율 및 평균 사적 이전소득액은 노인에 비해서 크게 작다. 반면 노인은 사적 이전소득을 많이 받고 있으며, 특히 75세 이상 노인 중 무려 약 3분의 1은 매달 정기적으로 사적 이전소득을 약 45만 원 이상 받고 있다. 이렇게 고연령층 노인의 소득 안정화에 사적 소득이전은 오늘날에도 중요한 역할을 하고 있는 것으로 평가된다.

### 3) 소득 및 자산 수준별 비공식 복지의 수혜

사적 이전소득은 공공복지가 미발달하여 부족한 소득을 보충
해주는 역할을 수행한다는 점에서 사적 이전소득의 수혜는 대상
자의 소득수준에 크게 영향을 받을 수 있다. 자산도 경제적 능력
을 나타내는 지표라는 점에서 사적 이전소득의 수혜에 영향을 미
칠 수 있다. 여기서는 사적 이전소득을 받는 사람의 소득수준 및
재산 수준에 따라 사적 이전소득의 규모가 어떻게 상이한지 살펴
보고자 한다.

〈표 5-6〉은 응답자의 소득 계층을 빈곤층(중위소득의 50% 이
하), 중하층(중위소득의 50~150%), 중상층(중위소득의 150~ 250%),
고소득층(중위소득의 250% 이상)으로 구분하여, 응답자의 소득 계
층 분포를 살펴본 것이다. 빈곤층의 비율이 25.7%, 중하계층이
49.6%, 중상계층이 18.7%, 고소득층이 5.9%를 구성하고 있다.

**표 5-6** 응답자의 소득 계층별 분포

(단위: %, 만 원)

| 소득구간 | 빈곤층<br>(중위소득의<br>50% 이하) | 중하계층<br>(중위소득의<br>50~150%) | 중상계층<br>(중위소득의<br>150~250%) | 고소득층<br>(중위소득의<br>250% 이상) |
|---|---|---|---|---|
| 비중 | 25.7 | 49.6 | 18.7 | 5.9 |
| 평균소득(년) | 502.9 | 1,662.7 | 3,324.4 | 6,147.7 |

주 1) 중위소득 및 계층 구분은 연간 가구총소득을 가구원 수의 제곱근으로 균등화한 가구균등화총소득을 이용
하여 산출함.
2) 모든 값은 2016년 고령화연구패널조사 원자료를 이용하여 필자가 산출함.

**표 5-7** 소득 계층별 사적 이전소득 규모

(단위: %, 만 원)

| 소득 계층 | 구분 | 사적 이전소득 수혜율 | 평균액 | 중위액 |
|---|---|---|---|---|
| 빈곤층 | 전체 사적 이전소득 | 74.9 | 379.4 | 240 |
| | 정기적 사적 이전소득 | 29.8 | 44.3 | 30 |
| | 비정기적 사적 이전소득 | 66.8 | 193.0 | 130 |
| 중하계층 | 전체 사적 이전소득 | 55.8 | 328.0 | 130 |
| | 정기적 사적 이전소득 | 11.6 | 54.4 | 30 |
| | 비정기적 사적 이전소득 | 50.5 | 215.9 | 100 |
| 중상계층 | 전체 사적 이전소득 | 42.6 | 237.0 | 100 |
| | 정기적 사적 이전소득 | 6.6 | 53.5 | 30 |
| | 비정기적 사적 이전소득 | 39.8 | 148.7 | 90 |
| 고소득층 | 전체 사적 이전소득 | 43.6 | 218.2 | 100 |
| | 정기적 사적 이전소득 | 6.2 | 67.4 | 40 |
| | 비정기적 사적 이전소득 | 40.9 | 121.4 | 80 |

주 1) 정기적 사적 이전소득은 월 단위이며, 비정기적 및 전체 사적 이전소득은 연 단위임.
  2) 모든 사적 이전소득은 개인 단위이고, 평균 및 중위값은 사적 이전소득이 있는 사람만을 대상으로 산출한 것임.
  3) 모든 값은 2016년 고령화연구패널조사 원자료를 이용하여 필자가 산출함.

〈표 5-7〉은 소득 계층별 사적 이전소득의 수혜 규모의 차이를 비교하여 살펴본 것이다. 〈표 5-7〉을 보면, 낮은 소득 계층일수록 수혜한 사적 이전소득의 규모가 크다는 것을 알 수 있다. 그리고 빈곤계층의 사적 이전소득 수혜율은 74.9%이고, 중하계층은 66.8%이며, 중상계층은 42.6%, 고소득층은 43.6%로 소득이 가장 낮은 빈곤계층과 다음으로 낮은 중하계층의 사적 이전소득 수

혜율은 50%가 넘는다. 전체 사적 이전소득의 평균값도 소득수준이 낮을수록 큰 것으로 분석되었다.

특히 소득의 안정화라는 측면에서 중요한 정기적 사적 이전 수혜율을 보면, 빈곤층은 약 30%로 상당히 높으나, 중상류층이나 고소득층은 그 비율이 6% 남짓에 불과하다. 정기적 사적 이전소득의 평균값은 오히려 소득수준이 높은 사람일수록 높다. 고소득층은 월 약 67만 원, 중상류층은 약 54만 원, 중하층은 약 54만 원, 빈곤층은 월 약 44만 원을 평균적으로 받는다. 소득수준이 높은 사람은 정기적 사적 이전소득을 받는 비율은 낮지만, 받는 절대액이 높다.

요컨대 소득 계층별 사적 이전소득의 수혜 상황을 보면, 사적 소득이전은 소득이 낮은 계층이 많이 받고 그들의 소득 안정화에도 크게 기여하고 있는 것으로 추론된다.

다음으로 자산 수준별로 사적 소득이전의 수혜가 어떻게 상이한지 살펴보자. 자산 수준은 자산의 많고 적음을 기준으로 5분위*로 구분하였다. 〈표 5-8〉을 보면, 소득 계층과 달리 응답자의 자산 수준과 사적 이전소득의 규모 간에는 뚜렷한 경향성이 발견되지 않는다. 자산 수준이 낮다고 하여 사적 이전소득의 수혜율

........

* 1분위의 평균 자산액은 767만 원, 2분위는 5,011만 원, 3분위는 1억 2,698만 원, 4분위는 2억 4,247만 원, 5분위는 6억 8,674만 원이다.

**표 5-8** 자산 수준별 사적 이전소득 규모

(단위: %, 만 원)

| 분위 | 구분 | 사적 이전소득 수혜율 | 평균액 | 중위액 |
|---|---|---|---|---|
| 1 | 전체 사적 이전소득 | 59.9 | 265.1 | 150 |
| | 정기적 사적 이전소득 | 15.5 | 41.1 | 30 |
| | 비정기적 사적 이전소득 | 55.0 | 154.6 | 100 |
| 2 | 전체 사적 이전소득 | 60.1 | 288.3 | 170 |
| | 정기적 사적 이전소득 | 17.3 | 40.4 | 30 |
| | 비정기적 사적 이전소득 | 53.4 | 169.4 | 100 |
| 3 | 전체 사적 이전소득 | 58.1 | 308.4 | 180 |
| | 정기적 사적 이전소득 | 16.2 | 46.0 | 30 |
| | 비정기적 사적 이전소득 | 51.9 | 176.3 | 110 |
| 4 | 전체 사적 이전소득 | 52.9 | 293.2 | 150 |
| | 정기적 사적 이전소득 | 10.6 | 63.7 | 40 |
| | 비정기적 사적 이전소득 | 48.6 | 156.9 | 100 |
| 5 | 전체 사적 이전소득 | 54.4 | 436.7 | 150 |
| | 정기적 사적 이전소득 | 13.2 | 56.5 | 40 |
| | 비정기적 사적 이전소득 | 49.9 | 301.3 | 100 |

주 1) 정기적 사적 이전소득은 월 단위이며, 비정기적 및 전체 사적 이전소득은 연 단위임.
　2) 모든 사적 이전소득은 개인 단위이고, 평균 및 중위값은 사적 이전소득이 있는 사람만을 대상으로 산출한 것임.
　3) 모든 값은 2016년 고령화연구패널조사 원자료를 이용하여 필자가 산출함.

이나 평균액이 현저하게 크지는 않다. 단지 자산 수준이 가장 높은 5분위 사람들이 전체 사적 이전소득의 평균값이 현저하게 높다는 점이 이채롭다. 다른 자산계층의 전체 평균 사적 이전소득액은 200만 원대인데, 자산 5분위계층은 400만 원대이다. 전체 사적 이전소득의 구성요소별로 비교해보면, 자산 5분위계층의 비정기적 사적 이전소득액 평균값이 다른 계층보다 크게 높다는 것을 알 수 있다. 5분위 자산계층은 생일이나 특별한 날에 받는 사적 이전소득액이 다른 계층보다 많다는 것을 말해주는 것이다.

## 4) 거주 지역별 비공식 복지의 수혜

사적 이전소득의 수혜는 거주 지역에 따라 상이할 수 있다. 농촌 지역에 거주하느냐 도시 지역에 거주하느냐에 따라 욕구 수준이 다르며, 안정적인 삶을 영위하는 데 필요한 소득수준도 상이하다. 또한 거주 지역에 따라 부모들의 자녀 집 방문 빈도에서 차이가 있을 수 있다. 사적 소득이전을 제공하는 사람이 수혜자와 멀리 떨어져 살면 방문 자체가 하나의 사건(event)일 수 있으며, 방문할 때 비정기적 사적 소득이전을 제공할 가능성이 높다.

〈표 5-9〉는 응답자의 거주 지역별 분포를 보여준다. 대도시 지역에 43.0%, 중소도시에 32.5%, 농어촌에 24.5%가 거주하는 것으로 나타난다.

〈표 5-10〉을 보면, 거주 지역에 따라 사적 이전소득의 수혜에서 차이가 있음을 알 수 있다. 사적 이전소득 수혜율은 농어촌 지역에 거주하는 사람이 높고, 사적 소득이전을 받을 때 받는 평균

**표 5-9** 응답자의 거주 지역별 분포

(단위: %)

| 거주지 | 대도시 | 중소도시 | 농어촌(읍·면부) |
|---|---|---|---|
| 비중 | 43.0 | 32.5 | 24.5 |

주 1) 모든 값은 2016년 고령화연구패널조사 원자료를 이용하여 필자가 산출함.


**표 5-10** 거주 지역별 사적 이전소득 규모

(단위: %, 만 원)

| 지역 | 구분 | 사적 이전소득 수혜율 | 평균액 | 중위액 |
|---|---|---|---|---|
| 대도시 | 전체 사적 이전소득 | 52.6 | 365.5 | 150 |
| | 정기적 사적 이전소득 | 15.8 | 51.5 | 30 |
| | 비정기적 사적 이전소득 | 46.4 | 211.5 | 100 |
| 중소도시 | 전체 사적 이전소득 | 56.3 | 329.7 | 150 |
| | 정기적 사적 이전소득 | 14.4 | 50.3 | 40 |
| | 비정기적 사적 이전소득 | 51.0 | 196.4 | 100 |
| 농어촌 | 전체 사적 이전소득 | 69.5 | 266.9 | 150 |
| | 정기적 사적 이전소득 | 14.5 | 43.8 | 30 |
| | 비정기적 사적 이전소득 | 65.6 | 167.3 | 130 |

주 1) 정기적 사적 이전소득은 월 단위이며, 비정기적 및 전체 사적 이전소득은 연 단위임.
 2) 모든 사적 이전소득은 개인 단위이고, 평균 및 중위값은 사적 이전소득이 있는 사람만을 대상으로 산출한 것임.
 3) 모든 값은 2016년 고령화연구패널조사 원자료를 이용하여 필자가 산출함.


액수는 대도시 지역 거주자가 높다. 농어촌 지역 거주자의 사적 이전소득 수혜율은 69.5%, 중소도시 거주자는 56.3%, 대도시 지역 거주자는 52.6%이다. 평균 사적 이전소득액은 대도시 지역 거주자가 연간 약 366만 원, 중소도시 거주자가 약 330만 원, 농이촌 지역 거주자는 약 267만 원이다. 농어촌 지역 거주자는 비정기적인 사적 이전소득을 받는 비율이 도시 지역 거주자보다 높지만, 받을 때 그 규모는 작은 것으로 나타난다.

## 2. 비공식 복지는 누가 주는가

2절에서는 사적 소득이전 형태의 비공식 복지를 누가 제공하는지를 살펴볼 것이다. 이러한 분석에 사용되는 자료는 2016년 고령화연구패널조사 자료이다. 사적 소득이전을 제공하는 사람 입장에서 볼 때, 사적 소득이전은 사적 이전지출이 된다. 그러므로 이 절에서 사적 소득이전은 사적 이전지출로 표현할 것이다. 1절에서 사적 소득이전을 정기적 사적 소득이전과 비정기적 사적 소득이전으로 구분했듯이, 사적 이전지출도 정기적 사적 이전지출과 비정기적 사적 이전지출로 구분하며, 전체 사적 이전지출은 이 둘의 합이다.

### 1) 친족과 비공식 복지의 제공

〈표 5-11〉은 비동거 가족에게 응답자가 제공하는 정기적 사적 이전지출의 대상자별 규모를 정리한 것이다. 1절의 분석에서도

**표 5-11** 비동거 가족에게 주는 정기적 사적 이전지출의 규모

(단위: %, 만 원)

| 사적 이전지출 대상자 | | 정기적 사적 이전지출률 | 월평균 지출액 | 월 중위 지출액 |
|---|---|---|---|---|
| 장남 | 기혼 | 0.5 | 39.3 | 38 |
| | 미혼 | 5.6 | 77.5 | 70 |
| | 계 | 1.8 | 69.5 | 70 |
| 기혼 자녀 | 차남 이하 | 0.1 | 30.0 | 30 |
| | 딸 | 0.2 | 52.4 | 30 |
| 미혼 자녀 | | 6.7 | 70.0 | 60 |
| 부모 | | 15.4 | 32.9 | 20 |
| 기타 친족 | | 0.09 | 202.8 | 10 |

주 1) 위 분석에서 정기적 사적 이전지출은 2015년 1년간 비동거 가족에게 정기적으로 지원한 금전 액수(용돈, 생활비, 학비 등)를 의미함.
2) 월평균 지출액 및 월 중위 지출액은 정기적 사적 이전지출이 이루어진 비동거 가족만을 대상으로 계산되었음.
3) 기혼 자녀 중 차남 이하 아들과 딸, 미혼 자녀에게 주는 월평균 지출액과 월 중위 지출액은 총액이 아닌 1인당 금액임.
4) 기혼 자녀, 기타 친족 등의 경우 이들에 대해 사적 이전지출이 발생한 사례가 극히 적어 월평균 수혜액 및 월 중위 수혜액 수준을 다른 대상자 집단과 비교하는 것이 적절하지 않음(사적 이전 발생 기타 친족 사례 수: 4).
5) 모든 값은 2016년 고령화연구패널조사 원자료를 이용하여 필자가 산출함.

보았듯이 우리나라에서 사적 소득이전은 주로 부모와 자녀 간에 이루어지며, 방향은 주로 자녀로부터 부모로 향한다. 〈표 5-11〉에서도 우리나라 사적 소득이전의 이러한 특성이 확인된다. 응답자가 부모인 경우, 그들의 자녀에게 정기적으로 사적 소득이전을 제공하는 비율은 극히 낮다. 하지만 준고령자 내지 노인이지만 부모가 살아 있는 경우 부모에게는 사적 소득이전을 정기적으로 제공하는 비율이 15.4%나 될 정도로 상당하다. 부모가 자녀에게 사적 이전지출을 하는 경우두 결혼하여 독립된 가정을 꾸린 기혼

자녀에게 정기적으로 사적 소득이전을 제공하는 비율은 극히 일부에 불과하지만, 미혼 자녀에게는 그 비율이 6.7%나 된다.

부모나 자녀가 아닌 형제, 자매 또는 손자녀 등과 같은 기타 친족에게 정기적으로 사적 소득이전을 제공하는 비율은 0.1%도 안 될 정도로 극히 미미하다.

〈표 5-12〉는 비동거 가족에게 제공하는 비정기적 사적 이전지출의 대상자와 그 규모를 정리한 것이다. 정기적 사적 소득이전과 비정기적인 사적 소득이전은 그 성격이 조금 다르다. 정기

**표 5-12** 비동거 가족에게 주는 비정기적 사적 이전지출의 규모

(단위: %, 만 원)

| 사적 이전지출 대상자 | | 비정기 사적 이전지출률 | 연평균 지출액 | 연 중위 지출액 |
|---|---|---|---|---|
| 장남 | 기혼 | 6.4 | 2,907.7 | 500 |
| | 미혼 | 11.3 | 880.7 | 700 |
| | 계 | 6.5 | 2,397.9 | 600 |
| 기혼 자녀 | 차남 이하 | 2.4 | 2,628.7 | 50 |
| | 딸 | 4.6 | 1,170.6 | 100 |
| 미혼 자녀 | | 5.7 | 911.6 | 600 |
| 부모 | | 40.7 | 82.0 | 50 |
| 기타 친족 | | 0.9 | 39.2 | 30 |

주 1) 위 분석에서 비정기적 사적 이전지출은 2015년 1년 간 비동거 가족에게 비정기적으로 지원한 금전 액수 (용돈, 생활비, 학비 등)를 의미함.
 2) 연평균 지출액 및 연 중위 지출액은 비정기적 사적 이전지출이 이루어진 비동거 가족만을 대상으로 계산 되었음.
 3) 기혼 자녀 중 차남 이하 아들과 딸, 미혼 자녀에게 주는 연평균 지출액과 연 중위 지출액은 총액이 아닌 1인 당 금액임.
 4) 기혼 자녀, 기타 친족 등의 경우 이들에 대해 사적 이전지출이 발생한 사례가 극히 적어 월평균 지출액 및 월 중위 지출액 수준을 다른 대상자 집단과 비교하는 것이 적절하지 않음.
 5) 모든 값은 2016년 고령화연구패널조사 원자료를 이용하여 필자가 산출함.

적인 사적 소득이전은 수혜자의 안정적인 소득 확보와 그를 통한 생활의 계획과 안정화의 기능이 강하다면, 비정기적 사적 소득이전은 수혜자에게 안정적인 소득보장 및 지출 계획 수립에 기여하는 정도가 정기적인 사적 소득이전보다 훨씬 약하다. 대신에 비정기적인 소득이전은 정서적인 기능 및 선물로서의 역할을 일정 정도 갖는다.

〈표 5-11〉의 정기적 사적 이전지출과 비교하여, 〈표 5-12〉의 비정기적인 사적 이전지출은 우리나라에서 사적 소득이전이 주로 자녀로부터 부모로 향한다는 특성을 기본적으로 갖지만, 정기적 사적 소득이전과 비정기적 소득이전의 특성 차이를 또한 반영하고 있다. 비정기적 사적 이전지출은 주로 자녀로부터 부모로 향하는 비율이 높고, 부모로부터 자녀에게로 향하는 비율은 낮다. 하지만 정기적 사적 이전지출과 비교하여, 비정기적 사적 이전지출은 부모가 자녀에게 제공하는 비율도 어느 정도 높게 나타난다. 또한 부모가 자녀에게 제공하는 비정기적 사적 이전지출은 비율은 높지 않지만, 제공하는 평균액은 매우 크다. 부모가 장남 기혼 자녀에게 제공한 1년간 사적 이전지출의 평균은 무려 3,000만 원에 육박하고, 기혼 차남 이하 아들에게 제공한 비정기적 사적 이전 지출의 연평균액도 2,600만 원이 넘는다. 아마도 이러한 비정기적 사적 이전지출은 부모가 자녀에게 주는 증여로서의 성격을 갖는 것으로 생각된다. 비정기적 사적 이전지출도 부모와

자녀 간이 아닌 다른 친족에게 제공하는 경우는 1%도 안 될 정도로 적은 수준이다.

〈표 5-13〉은 비동거 가족에게 제공하는 전체 사적 이전지출의 규모를 정리한 것이다. 여기서 전체 사적 이전지출은 정기적 사적 이전지출과 비정기적 사적 이전지출을 합한 것이다. 전체 사적 이전지출도 자식이 부모에게 주는 것이 보편적이고, 부모가 자녀에게 주는 것은 상대적으로 크게 적다. 부모와 자녀의 관계가 아닌 다른 친족에게 사적 이전지출을 하는 경우는 매우 적다.

**표 5-13** 비동거 가족에게 주는 전체 사적 이전지출의 규모

(단위: %, 만 원)

| 사적 이전지출 대상자 | | 사적 이전지출률 | 연평균 지출액 | 연 중위 지출액 |
|---|---|---|---|---|
| 장남 | 기혼 | 6.9 | 2,762.2 | 500 |
| | 미혼 | 10.1 | 1,099.1 | 960 |
| | 계 | 7.7 | 2,204.8 | 800 |
| 기혼 자녀 | 차남 이하 | 2.6 | 1,677.3 | 50 |
| | 딸 | 4.9 | 1,146.4 | 100 |
| 미혼 자녀 | | 10.2 | 1,003.3 | 750 |
| 부모 | | 51.9 | 159.0 | 100 |
| 기타 친족 | | 1.0 | 54.6 | 30 |

주 1) 위 분석에서 사적 이전지출은 2015년 1년 간 비동거 가족에게 지원한 정기적 혹은 비정기적 금전 액수(용돈, 생활비, 학비 등)를 의미함.
   2) 연평균 지출액 및 연 중위 지출액은 사적 이전지출이 이루어진 비동거 가족만을 대상으로 계산되었음.
   3) 기혼 자녀 중 차남 이하 아들과 딸, 미혼 자녀에게 주는 연평균 지출액과 연 중위 지출액은 총액이 아닌 1인당 금액임.
   4) 월평균으로 조사된 정기적 사적 이전지출의 연간액 환산은 월평균 정기적 사적 이전지출 금액에 2015년 동안 정기적 사적 이전지출이 이루어진 개월 수를 곱하여 도출하였음.
   5) 기혼 자녀, 기타 친족 등의 경우 이들에 대해 사적 이전지출이 발생한 사례가 극히 적어 월평균 지출액 및 월 중위 지출액 수준을 다른 대상자 집단과 비교하는 것이 적절하지 않음.
   6) 모든 값은 2016년 고령화연구패널조사 원자료를 이용하여 필자가 산출함.

## 2) 연령별 비공식 복지 제공

〈표 5-14〉는 연령별로 사적 이전지출의 규모를 비교하여 정리한 것이다. 표를 보면, 사적 소득이전의 제공은 연령과 상관관계

**표 5-14** 응답자의 연령대별 사적 이전지출 규모

(단위: %, 만 원)

| 연령 | 구분 | 사적 이전지출률 | 평균액 | 중위액 |
|---|---|---|---|---|
| 50~64세 | 전체 사적 이전지출 | 35.1 | 885.2 | 100 |
| | 정기적 사적 이전지출 | 11.6 | 58.6 | 40 |
| | 비정기적 사적 이전지출 | 28.1 | 885.9 | 100 |
| 65~69세 | 전체 사적 이전지출 | 16.8 | 1290.5 | 100 |
| | 정기적 사적 이전지출 | 3.3 | 32.2 | 30 |
| | 비정기적 사적 이전지출 | 14.9 | 1408.0 | 100 |
| 70~74세 | 전체 사적 이전지출 | 12.5 | 942.5 | 100 |
| | 정기적 사적 이전지출 | 3.5 | 50.9 | 30 |
| | 비정기적 사적 이전지출 | 10.5 | 991.4 | 100 |
| 75~79세 | 전체 사적 이전지출 | 5.3 | 942.2 | 110 |
| | 정기적 사적 이전지출 | 1.0 | 56.2 | 20 |
| | 비정기적 사적 이전지출 | 4.6 | 958.9 | 100 |
| 80세 이상 | 전체 사적 이전지출 | 1.6 | 4130.4 | 200 |
| | 정기적 사적 이전지출 | 0.4 | 52.2 | 50 |
| | 비정기적 사적 이전지출 | 1.3 | 4781.9 | 100 |

주 1) 정기적 사적 이전지출은 월 단위이며, 비정기적 및 전체 사적 이전지출은 연 단위임.
  2) 모든 사적 이전소득은 개인 단위이고, 평균 및 중위값은 사적 이전소득이 있는 사람만을 대상으로 산출한 것임.
  3) 모든 값은 2016년 고령화연구패널조사 원자료를 이용하여 필자가 산출함.

가 높다는 것을 알 수 있다. 준고령자인 50~64세 집단이 노인 집단보다 사적 이전지출률이 크게 높다. 앞에서 살펴보았듯이 우리나라 사적 소득이전은 자녀로부터 부모에게 제공되는 것이 대부분이다. 50~64세 연령대는 부모가 생존해 있을 가능성이 높다. 그런 점에서 우리나라 사적 소득이전의 일반적인 형태인 자녀로부터 부모로의 사적 소득이전의 가능성이 높다.

노인 중에서 연령과 사적 소득이전 제공의 관계를 보면, 연령대가 높아질수록 사적 소득이전을 제공하는 비율이 낮아짐을 볼 수 있다. 65~69세 연령 집단의 사적 이전지출 비율은 16.8%, 70~74세 집단은 12.5%, 75~79세 집단은 5.3%, 80세 이상 집단은 1.6%이다. 사적 이전지출과 연령의 상관관계는 전체 사적 이전지출뿐만 아니라 정기적 사적 이전지출 및 비정기적 사적 이전지출 모두에서 나타난다. 이처럼 노인 중에서 연령이 높을수록 사적 소득이전의 제공 비율이 낮아지는 것은 연령이 높을수록 부모가 생존해 있는 비율이 낮다는 점과 사적 소득이전을 제공할 경제적 능력이 떨어진다는 점에 연유한다. 뒤에서 살펴보듯이 사적 소득이전의 제공은 사적 소득이전을 제공할 수 있는 경제적 능력이 뒷받침될 때 가능한 것이다. 본인의 삶을 영위하지 못하면서 부모에게 사적 소득이전을 제공하기는 힘들다.

사적 소득이전을 제공하는 사람들 중에서 제공한 평균 사적 이전지출액*은 연령과 상관관계가 떨어진다. 50~64세 연령대의 연평균 사적 이전지출액은 약 885만 원, 65~69세 연령대는 약 1,291만 원, 70~74세는 약 942만 원, 75~79세도 약 942만 원, 80세 이상은 4,130만 원이다. 연령이 높은 사람 중에서 사적 소득이전을 제공하는 사람은 경제적 능력도 있고 사적 소득이전을 받는 사람의 욕구가 크기 때문으로 생각된다. 사적 이전지출의 평균값과 중위값을 비교해보면, 그 격차가 매우 크다. 이는 사적 소득이선을 제공하는 사람 간에 제공하는 사적 소득이전액에서 큰 격차가 존재한다는 것을 의미한다.

### 3) 소득 및 자산 수준별 비공식 복지 제공

여기서는 사적 소득이전 제공자의 경제적 능력과 사적 소득이전 제공의 관계를 살펴본다.

소득수준별 사적 이전지출의 규모를 정리한 〈표 5-15〉를 보면 소득 계층과 사적 소득이전 제공 간 상관관계가 높음을 알 수 있다.

소득수준이 높을수록 정기적 사적 이전지출률, 비정기적 사적 이전지출률, 전체 사적 이전지출률이 모두 높다. 소득이 중위소

.......

* 여기서 평균 사적 이전지출액은 사적 이전지출이 있는 사람만을 대상으로 하여 산출한 것임.

**표 5-15** 소득수준별 사적 이전지출 규모

(단위: %, 만 원)

| 소득 | 구분 | 사적 이전지출률 | 평균액 | 중위액 |
|---|---|---|---|---|
| 중위 50% 이하 | 전체 사적 이전지출 | 6.2 | 687.9 | 50 |
| | 정기적 사적 이전지출 | 1.0 | 67.4 | 50 |
| | 비정기적 사적 이전지출 | 5.7 | 621.2 | 50 |
| 중위 50~150% | 전체 사적 이전지출 | 20.6 | 696.0 | 100 |
| | 정기적 사적 이전지출 | 5.7 | 41.1 | 30 |
| | 비정기적 사적 이전지출 | 16.8 | 739.6 | 60 |
| 중위 150~250% | 전체 사적 이전지출 | 34.9 | 1,138.6 | 100 |
| | 정기적 사적 이전지출 | 10.6 | 47.5 | 30 |
| | 비정기적 사적 이전지출 | 28.2 | 1,269.1 | 100 |
| 중위 250% 초과 | 전체 사적 이전지출 | 53.4 | 1,685.1 | 460 |
| | 정기적 사적 이전지출 | 24.4 | 93.4 | 70 |
| | 비정기적 사적 이전지출 | 42.4 | 1,584.8 | 200 |

주 1) 정기적 사적 이전지출은 월 단위이며, 비정기적 및 전체 사적 이전지출은 연 단위임.
　2) 모든 사적 이전소득은 개인 단위이고, 평균 및 중위값은 사적 이전소득이 있는 사람만을 대상으로 산출한 것임.
　3) 모든 값은 2016년 고령화연구패널조사 원자료를 이용하여 필자가 산출함.

득의 50% 이하인 빈곤층의 전체 사적 이전지출률은 6.2%, 중하계층(소득이 중위소득의 50~150%)은 20.6%, 중상계층(소득이 중위소득의 150~250%)은 34.9%, 고소득층(소득이 중위소득의 250% 초과)은 53.4%로 소득 계층이 높아짐에 따라 이전지출률이 크게 높아진다. 이런 경향은 정기적 사적 이전지출 및 비정기적 사적 이전지출에서도 동일하게 나타난다.

그뿐만 아니라 사적 소득이전을 제공하는 사람들의 평균 사적 이전지출액 및 중위 사적 이전지출액에서도 동일한 경향이 나타난다. 빈곤층의 평균 사적 이전지출액은 연간 평균 약 688만 원, 중하계층은 696만 원, 중상계층은 약 1,139만 원, 고소득층은 약 1,685만 원이다. 사적 이전지출 중위값도 비슷한 경향을 보인다. 이러한 분석 결과는 사적 소득이전의 제공은 경제적 능력이 뒷받침될 때 가능하다는 점을 확인해주는 것이다. 우리나라의 사적 소득이전은 자녀가 부모에게 주는 것이 대부분인데, 자녀가 경제적으로 여유가 없으면 마음은 있다 할지라도 부모에게 사적 소득이전을 제공하는 것이 쉽지 않다. 오늘날 본인의 삶을 유지하지 못하면서, 부모 부양하기를 기대하기는 어렵다.

자산 수준별 사적 이전지출의 규모를 정리한 〈표 5-16〉은 자산 수준과 사적 소득이전 제공의 관계를 보여준다. 소득과 달리 자산은 사적 소득이전과 일관된 상관관계가 나타나지 않는다. 자산이 가장 낮은 1분위 사람의 사적 소득이전 제공률은 약 22%로 자산 2, 3분위에 있는 사람보다 더 높다. 하지만 자산이 많은 4, 5분위에 있는 사람의 사적 소득이전 제공률은 자산 1분위에 있는 사람보다 높다. 자산 4분위에 있는 사람의 사적 소득이전 제공률은 24.3%, 자산 5분위에 있는 사람의 사적 소득이전 제공률은 34.7%이다. 평균 사적 이전지출액에서도 1분위보다 크게 많은 자산 계층은 5분위뿐이다. 사적 소득이전의 제공은 현재의 소득

**표 5-16** 자산 수준별 사적 이전지출 규모

(단위: %, 만 원)

| 분위 | 구분 | 사적 이전지출률 | 평균액 | 중위액 |
|---|---|---|---|---|
| 1 | 전체 사적 이전지출 | 21.8 | 618.8 | 60 |
| | 정기적 사적 이전지출 | 5.9 | 49.9 | 30 |
| | 비정기적 사적 이전지출 | 18.6 | 577.3 | 50 |
| 2 | 전체 사적 이전지출 | 18.0 | 591.3 | 50 |
| | 정기적 사적 이전지출 | 5.1 | 31.9 | 20 |
| | 비정기적 사적 이전지출 | 14.8 | 620.4 | 50 |
| 3 | 전체 사적 이전지출 | 17.2 | 597.9 | 100 |
| | 정기적 사적 이전지출 | 4.6 | 62.1 | 50 |
| | 비정기적 사적 이전지출 | 14.0 | 569.2 | 80 |
| 4 | 전체 사적 이전지출 | 24.3 | 639.5 | 120 |
| | 정기적 사적 이전지출 | 10.0 | 43.5 | 30 |
| | 비정기적 사적 이전지출 | 17.2 | 686.3 | 100 |
| 5 | 전체 사적 이전지출 | 34.7 | 1,601.9 | 150 |
| | 정기적 사적 이전지출 | 10.3 | 80.7 | 50 |
| | 비정기적 사적 이전지출 | 29.5 | 1,611.6 | 100 |

주 1) 정기적 사적 이전지출은 월 단위이며, 비정기적 및 전체 사적 이전지출은 연 단위임.
　2) 모든 사적 이전소득은 개인 단위이고, 평균 및 중위값은 사적 이전소득이 있는 사람만을 대상으로 산출한 것임.
　3) 모든 값은 2016년 고령화연구패널조사 원자료를 이용하여 필자가 산출함.

을 제공하는 것이다. 자산이 많다 할지라도 현재 소득에서 여유가 없다면, 누군가에게 사적 소득이전을 제공하는 것은 쉽지 않다. 자산 수준과 사적 소득이전의 관계에 대한 분석 결과는 자산 수준이 현재의 소득 충분성을 나타내는 지표로서의 성격이 약하다는 점을 말해준다. 자산 5분위와 같이 자산이 아주 많은 사람은 현재 소득에서도 여유가 있음을 〈표 5-16〉은 시사해준다.

## 4) 거주 지역별 비공식 복지 제공

〈표 5-17〉은 거주 지역별 사적 이전지출의 규모를 살펴본 것이다. 거주 지역과 사적 소득이전의 제공 간 관계는 명확하지 않다. 사적 소득이전을 제공하는 비율은 농촌 지역 거주자보다 도시 지역 거주자가 높다. 농촌 지역 거주자의 사적 이전지출률은

**표 5-17** 거주 지역별 사적 이전지출 규모

(단위: %, 만 원)

| 지역 | 구분 | 사적 이전지출률 | 평균액 | 중위액 |
|---|---|---|---|---|
| 대도시 | 전체 사적 이전지출 | 24.2 | 750.8 | 100 |
| | 정기적 사적 이전지출 | 6.9 | 54.0 | 30 |
| | 비정기적 사적 이전지출 | 20.0 | 758.4 | 60 |
| 중소도시 | 전체 사적 이전지출 | 23.0 | 1,383.5 | 150 |
| | 정기적 사적 이전지출 | 7.3 | 58.4 | 30 |
| | 비정기적 사적 이전지출 | 18.4 | 1,496.7 | 100 |
| 농어촌 | 전체 사적 이전지출 | 13.8 | 669.1 | 120 |
| | 정기적 사적 이전지출 | 4.5 | 53.6 | 50 |
| | 비정기적 사적 이전지출 | 11.3 | 617.0 | 100 |

주 1) 정기적 사적 이전지출은 월 단위이며, 비정기적 및 전체 사적 이전지출은 연 단위임.
  2) 모든 사적 이전소득은 개인 단위이고, 평균 및 중위값은 사적 이전소득이 있는 사람만을 대상으로 산출한 것임.
  3) 모든 값은 2016년 고령화연구패널조사 원자료를 이용하여 필사가 산출함.

13.8%, 중소도시 거주자의 사적 이전지출률은 23.0%, 대도시 지역 거주자는 24.2%이다. 정기적 사적 이전지출률도 농촌 지역 거주자보다 도시 지역 거주자가 높다.

평균 사적 이전지출액과 중위 사적 이전지출액을 보면, 도시 지역과 농촌 지역 간 차이가 명확하지 않다. 평균 사적 이전지출액은 중소도시 거주자가 연간 평균 약 1,384만 원으로 가장 많고, 대도시 지역이 약 751만 원, 농어촌 지역이 약 669만 원이다. 전체 사적 이전지출액의 중위값이나 정기적 사적 이전지출액 평균, 중위값은 도시 지역 거주자와 농어촌 지역 거주자 간 차이가 명확하지 않다.

**6장**

# 비공식 복지와 국민의식

사회복지의 변화에 중요한 영향을 미치는 요인 중 하나가 가치이다. 비공식 복지는 특히 가치의 변화에 영향을 많이 받는다. 비공식 복지는 사람들이 살아가는 삶의 방식의 하나라는 점에서 문화의 한 부분이다(Walzer, 1986). 특정 사회를 지배하는 가치가 변화하면 그에 따라 문화도 변화하게 된다. 그런 점에서 비공식 복지는 사회의 가치, 국민들의 의식과 떼려야 뗄 수 없는 관계이다. 따라서 국민의식의 측면에서 비공식 복지를 살펴보는 것은 의미가 있다.

우리 사회는 급속한 산업화를 경험했듯이 가치관의 변화도 빠르다. 가치관의 변화 속에서 국민들의 비공식 복지에 대한 인식 또는 생각은 어떤 변화가 있었을까? 이 장에서는 국민의식의 측면에서 비공식 복지를 살펴보고자 한다.

여기서 자료는 통계청의 '노인 부양에 관한 국민의식조사'와 보건복지부의 '노인실태조사'를 주로 활용할 것이다. 통계청(예전에는 경제기획원)은 1978년부터 1년 단위로 사회조사를 하고 있는데, 여기에는 '노인 부양에 관한 국민의식조사'를 포함하고 있다. 보건복지부는 노인실태조사(예전에는 노인생활실태조사)를 1994년부터 3~4년마다 조사하고 있다. 여기에도 노인 부양과 관련한 국민의식에 대한 내용이 포함되어 있다. 두 자료는 노인 부양과 관련한 국민의식을 오랫동안 조사해왔으므로, 노인 부양에 관한 국민의식 변화 추이를 살펴보기에 적절하다.

1절에서는 노인 부양에 관한 국민의식의 변화에 초점을 맞추어 노인 부양에 관한 국민의식이 어떻게 변화하였고, 그 특징이 무엇인지를 검토한다. 2절에서는 더 좁혀서 비공식 복지의 주 수혜 대상이라고 할 수 있는 노인의 노후 부양 및 동거에 관한 의식 변화를 추적하여 정리한다. 3절에서는 최근의 노후 부양에 관한 국민의식을 여러 집단 간에 비교함으로써 비공식 복지와 관련한 국민의식의 다양한 측면을 살펴보고, 그 특징을 찾고자 한다.

## 1. 노후 부양과 국민의식의 변화

### 1) 노후 부양에 관한 국민의식의 변화

노후 부양과 관련한 국민의식에는 여러 가지 쟁점이 있다. 첫째는 노인에 대한 부양 책임이 국가에 있느냐 아니면 가족에 있느냐이다. 복지국가가 형성되기 이전에 노인 부양은 거의 전적으로 가족에 의해서 이루어졌다. 농업을 기본 산업으로 하던 전통사회는 부모 세대와 자녀 세대가 같은 집에서 함께 사는 대가족 사회였고, 그 사회에서 늙은 부모에 대한 부양은 자녀를 중심으로 한 가족에 의해서 이루어졌다. 하지만 산업화가 되고 도시화가 이루어지며, 가족제도가 핵가족제도로 변모함에 따라 가족의 부양 기능이 약화되면서, 국가가 사회복지를 제도화하여 사적 부양을 대체하게 된다. 이렇게 복지국가가 형성된 이후, 노인에 대한 부양은 제도화된 사회복지제도를 통해 국가 책임하에 이루어지는 것이 보편화되었다.

둘째는 노인에 대한 부양 책임이 가족에 주로 있다고 할지라도, 가족 중 누가 주로 책임을 져야 하는가도 또 다른 쟁점이다. 유교주의 국가와 같이 남존여비(男尊女卑) 사상이 강한 사회에서는 노인 부모 부양에 대한 책임이 딸보다는 아들에게 있었다. 또한 장자주의(長子主義) 사고가 강한 사회에서는 아들 중에서도 맏아들에게 늙은 부모에 대한 부양 책임이 있다는 의식이 강하였다. 조선시대의 지배적인 이념은 유교였다. 유교이념에는 여자보다 남자를 더 우월한 존재로 여기는 남존여비 의식이 내재해 있으며, 장자주의도 강하였다.

다른 한편 노인 부양 책임이 가족에게 주로 있다고 생각할지라도 개인주의가 강한 사회 또는 남녀 평등의식이 강한 사회일 경우, 늙은 부모에 대한 부양 책임이 아들이나 맏아들에게 있다고 생각하기보다는 자녀 모두에게 있다고 생각할 수 있고, 그렇지 않으면 경제적으로 능력 있는 자녀에게 있다고 생각할 것이다.

셋째는 노후 부양 책임이 국가나 가족보다는 본인에게 있다고 생각할 수도 있다. 개인주의가 강한 사회, 그리하여 자조의식이 강조되는 사회에서는 노후에 대한 부양 책임은 국가보다 가족 내지 본인이라고 생각할 수 있고, 독립된 성인의 삶에 대한 책임은 본인 자신에게 있다고 생각할 수 있다. 이렇게 생각할 경우 노후 부양 책임은 노인인 본인 자신에게 있다고 생각할 것이다.

우리 사회에서 노후 부양에 관한 국민들의 의식은 어떻게 변화해왔을까? 〈표 6-1〉은 1979년에서 1998년에 이르는 기간 동안 노부모 부양에 관한 우리 사회의 의식 변화를 살펴본 것이다. 1998년에는 자녀 부양의 범주로 '능력 있는 자녀'라는 응답 범주가 추가되었다. 따라서 1979~1998년 기간 동안 일관된 설문조사는 아니다. 이런 점을 참고하여 1970년대 후반에서 1990년대에

**표 6-1** 노부모 부양에 대한 견해: 1979〜1998년

(단위: %)

| 구분 | 1979년 | 1983년 | 1989년 | 1998년 |
|---|---|---|---|---|
| 노부모 스스로 | 36.6 | 20.5 | 15.8 | 8.1 |
| 자녀 부양 | 59.8 | 71.7 | 79.3 | 89.9 |
| 장남 | 30.6 | 22.1 | 25.2 | 22.4 |
| 아들 모두 | 22.2 | 21.7 | 17.8 | 7.0 |
| 딸 | 0.6 | 0.8 | 0.5 | 0.5 |
| 모든 자녀 | 6.4 | 27.1 | 35.8 | 14.5 |
| 능력 있는 자녀 | – | – | – | 45.5 |
| 사회 및 기타 | 3.6 | 7.8 | 5.0 | 2.0 |

주 1) 15세 이상 인구를 대상으로 한 조사.
  2) 1998년 조사에서 자녀 부양의 범주로 능력 있는 자녀 범주가 새로 추가됨.
자료: 경제기획원, 사회통계조사(1979, 1983, 1989, 1998).

이르는 기간 동안 노부모 부양에 관한 우리나라 국민의식의 변화를 살펴보자.

첫 번째 특징은 노부모 스스로 노후를 책임져야 한다는 의식이 빠르게 감소하고 있는데, 이를 자녀가 노부모를 부양해야 한다는 의식의 증가가 대체하고 있다는 점이다. 1979년에는 노인 스스로 자신의 노후를 책임져야 한다는 응답이 36.6%였는데, 이런 응답은 일관되게 감소하여 1998년에는 그 비율이 8.1%로 떨어진다. 반면에 늙은 부모를 자녀가 부양해야 한다는 응답은 1979년 59.8%였는데, 지속적으로 증가하여 1998년에는 그 비율이 무려 89.9%에 달한다. 1970년대에서 1990년대에 이르는 기간

동안 노부모 부양과 관련하여 개인 책임이라는 의식은 약화되고, 이를 가족 책임이라는 의식이 대체하였다.

두 번째로 노부모 부양 책임이 자녀라는 가족주의가 강화되고 있다는 점이 현상적으로 보이는 두드러진 특징이지만, 가족주의의 내용에서는 현저한 변화가 나타나고 있다. 장자주의 및 남존여비 의식의 약화가 뚜렷하고, 이를 자녀 간 형평 또는 공평의식이 대체한 것으로 보인다. 1979년에는 노부모를 자녀가 부양해야 한다는 응답이 59.8%로 전체 응답의 절반을 넘는데, '자녀 중 누가 노부모를 부양해야 하는가?'라는 질문에 장남이라는 응답이 30.6%로, '노부모를 자녀가 부양해야 한다'는 응답 전체의 절반(59.8%)보다 높다. 그뿐 아니라 아들 모두가 함께 노부모를 부양해야 한다는 응답도 22.2%로 두 번째로 많다. 장남이 부양해야 한다는 응답을 포함할 경우, 노부모를 아들이 부양해야 한다는 응답 비율은 무려 52.8%에 달한다. 반면 자녀 모두가 함께 노부모를 부양해야 한다는 응답은 6.4%에 불과하다. 이처럼 1979년 노부모 부양에 대한 국민의식은 가족 책임, 그중에서도 장자주의가 가장 강하며, 아들 우선이라는 의식이 선명하여, 아들과 딸 간 차이가 두드러진다. 이러한 의식은 1980년대, 1990년대를 거치며 빠르게 변화한다. 노부모를 장남이 부양해야 한다는 응답은 대체로 감소하는 경향을 보여 1998년에는 22.4%로 떨어지며, 노부모를 아들 모두가 부양해야 한다는 응답(장남이라는 응답 제외)도 점점 감소하여 1998년에는 7.0%에 불과하다. 반면 노부모를 모든 자녀가 함께 부양해야 한다는 응답은 1989년에는 35.8%로, '자녀 중 누가 노부모를 부양해야 하는가?'라는 응답 범주에서 응답 비율이 가장 높다. 1998년에는 '능력 있는 자녀'라는 새로운 응답 범주가 추가되었는데, '노부모를 모든 자녀가 함께 부양해야 한다'는 응답은 14.5%, '능력 있는 자녀가 부양해야 한다'는 응답은 45.5%로 장자나 아들이 아닌, 아들딸 구별 없이 자녀 모두 또는 능력 있는 자녀라는 응답이 전체 응답의 60%를 차지하여 절대 다수를 점한다. 이렇게 1970년에서 1990년대에 이르는 기간 동안 가족주의가 강화되었지만, 가족주의의 내용은 변화하였다. 유교적 또는 전통적 가족주의는 약화되고, 개인주의 또는 업적주의에 기반한 가족주의는 강화되는 것이 특징이다.

세 번째로 1970~1990년대에 이르는 기간 노인 부양의 책임이 사회나 정부라는 의식이 매우 약했다는 점도 특징이다. 이 시기에는 노부모 부양의 주체가 정부라는 응답 범주는 아예 존재하지도 않는다. 그런 점을 고려하면 이 시기에는 노인 부양 책임이 정부 내지 국가라는 의식이 아예 없거나 매우 약했던 것으로 보인다. 노부모 부양 책임이 사회라는 국민의식을 유추할 수 있는 유일한 응답 범주인 '사회 및 기타'라는 응답을 보면, 1979년에는 3.6%로 아주 낮았으며 1983년에는 7.8%로 증가했지만, 1989년에는 5.0%로 떨어지고 1998년에는 2.0%에 지니지 않았다.

1990년대를 지나 2000년대에서 최근에 이르는 기간 동안 노부모 부양과 관련된 국민의식은 어떤 변화와 특징이 있을까?

〈표 6-2〉는 통계청의 사회조사 중 노부모 부양에 관한 견해를 2002~2018년 기간 동안 살펴본 것이다. 〈표 6-2〉를 보면, 2002~2018년 기간 동안 노부모 부양에 관한 견해는 1979~1998년 기간과 다른 변화가 나타난다. 2002년 조사 결과를 보면, 늙은 부모에 대한 부양 책임이 '가족'이라는 응답이 70.7%로 가장 많고, 그다음이 '가족과 정부·사회'라는 응답으로 18.2%이며, '노부모 스스로가 해야 한다'는 응답은 9.6%였고, 가족이 아닌 '정부

**표 6-2** 노부모 부양에 대한 견해: 2002~2018년

(단위: %)

| 구분 | 2002년 | 2006년 | 2008년 | 2010년 | 2012년 | 2014년 | 2016년 | 2018년 |
|---|---|---|---|---|---|---|---|---|
| 노부모 스스로 | 9.6 | 7.8 | 11.9 | 12.7 | 13.9 | 16.6 | 18.6 | 19.4 |
| 가족 | 70.7 | 63.4 | 40.7 | 36.0 | 33.2 | 31.7 | 30.8 | 26.7 |
| 장남/맏며느리 | 21.4 | 19.5 | 19.3 | 13.8 | 7.0 | 6.2 | 5.6 | 5.0 |
| 아들/며느리 | 19.7 | 8.1 | 6.7 | 7.7 | 3.9 | 3.5 | 4.5 | 3.7 |
| 딸/사위 | 1.4 | 0.9 | 0.9 | 1.8 | 0.8 | 0.7 | 1.0 | 1.0 |
| 모든 자녀 | 27.6 | 49.2 | 58.6 | 62.4 | 74.5 | 75.4 | 71.1 | 72.0 |
| 능력 있는 자녀 | 30.0 | 22.2 | 16.4 | 14.3 | 13.9 | 14.2 | 17.7 | 18.3 |
| 가족과 정부·사회 | 18.2 | 26.4 | 43.6 | 47.4 | 48.7 | 47.3 | 45.5 | 48.3 |
| 정부·사회 | 1.3 | 2.3 | 3.8 | 3.9 | 4.2 | 4.4 | 5.1 | 5.7 |

주 1) 가족 내 세부 응답에서, 2012년은 부모의 노후 생계를 '가족', '가족과 정부·사회'가 돌보아야 한다고 응답한 사람을 대상으로 함.
자료: 통계청, 사회통계조사(2002-2018).

와 사회'가 노인을 부양해야 한다는 응답은 1.3%에 불과하였다.

이러한 노부모 부양에 대한 견해는 2002년에서 2018년 기간 동안 크게 변화해왔다. 그 특징을 보면 노후 부양에 대한 책임은 노인 부모 본인이 스스로 져야 한다는 의식이 빠르게 성장해왔다. 이러한 견해는 2002년 9.6%였는데, 2008년에는 11.9%, 2014년에는 16.6%, 가장 최근인 2018년에는 19.4%로 지난 16년간 거의 10%p나 증가하여, 현재 전체 국민의 5분의 1이 이렇게 생각하고 있다. 이는 1979~1998년 기간과는 다른 변화의 흐름이다. 1979~1998년 기간 동안에는 노부모 스스로가 본인의 노후를 책임져야 한다는 의식은 감소하는 추이를 보여왔다.

노부모 부양에 대한 책임이 정부와 사회에 있다는 의식도 빠르게 성장하고 있다. 노부모 부양에 대한 책임이 '정부와 사회'라는 의식은 2002년 1.3%에서 지난 16년간 작지만 꾸준히 성장하여 2018년에는 전체 국민 중 5.7%가 그렇게 생각한다. 노부모 부양에 대한 책임이 정부와 사회라는 견해는 2018년에도 5.7%로 여전히 낮다. 하지만 '가족과 정부·사회'라는 범주를 포함하여 살펴볼 경우, 2018년도 노부모 부양에 대한 견해 중 가장 큰 비율을 차지한다. 2002년도 노부모 부양에 대한 책임이 '가족과 정부·사회'라는 응답(정부와 사회라는 응답 포함)은 19.5%에 불과했지만 점진적으로 그 비율이 늘어나는 추이를 보여왔고, 가장 최근인 2018년에는 그러한 응답이 54.0%에 달해 가장 높은 응답 범주가 되었다. 이 역시 1979~1998년 기간과는 다른 변화이다. 그 기간 동안 노부모 부양에 대한 책임이 '사회 및 기타'에 있다는 응답은 증가하는 추이를 보였지만, 아주 미약하여 가장 높은 1998년도에도 그 비율은 8.1%에 불과하였다.

반면 노부모 부양에 대한 책임이 전적으로 가족에게 있다는 견해는 급속하게 감소해왔다. 2002년 조사에서 노부모 부양 책임이 전적으로 가족에게 있다는 응답은 무려 70.7%로 압도적으로 높았다. 하지만 이 비율은 시간이 지남에 따라 빠르게 줄어들어왔다. 2008년에는 그 비율이 40.7%, 2012년에는 33.2%, 2018년에는 26.7%로 노부모 부양에 대한 책임이 전적으로 가족에게 있다는 응답은 전체 국민 중 3분의 1도 안 된다. 이 또한 1979~1998년과는 상이한 흐름이다. 1979~1998년 기간에는 노부모 부양이 자녀 책임이라는 의식이 계속 높아져왔으며, 1998년에는 무려 89.9%에 달하였다.

가족 중에서 노부모 부양을 누가 주로 책임져야 하는가와 관련한 국민의식도 지난 16년간 크게 변화해왔다. 2002년도 조사에서 노부모 부양 책임이 가족에게 있다고 응답한 사람 중 가장 많은 30.0%가 '능력 있는 자녀'라고 응답하였고, 다음이 '모든 자녀'로 27.6%, '장남/맏며느리'라는 응답은 21.4%로 세 번째로 높았으며, '아들(장남 미포함)과 며느리'라는 응답은 19.7%, '딸과 사위'라는 응답은 1.4%에 불과하였다. 2002년 조사에는 노부모 부양과 관련하여 가족이 주로 책임 있다는 응답에는 여러 가지 상이한 가치가 비슷하게 섞여 있음을 볼 수 있다. 공평, 수평적 평등, 남녀평등, 장자주의와 남존여비 의식이 혼재되어 있다. 노부모 부양을 모든 자녀와 능력 있는 자녀가 해야 한다는 의식에는 공평의식이 반영되어 있다. 노부모 부양을 가족 중 능력 있는 자녀가 부양해야 한다는 것은 경제적 능력에 따른 부담으로서 공평의 가치가 들어 있다. 모든 자녀라는 응답은 아들이든 딸이든, 맏이든 막내든 자식은 동일하니까 동일하게 부모를 부양해야 한다는 형식적 평등의 가치가 내재되어 있다. 장남/며느리가 노부모를 부양해야 한다는 응답은 장자주의 가치가 들어 있는 것이며, 이런 응답과 아들과 며느리가 노부모 부양 책임이 있다는 응답은 유교적인 남존여비 의식을 내포하고 있다고 볼 수 있다. 2002년에는 이러한 가치 중 특별히 어떤 가치가 강하다고 할 수 없을 정도로 혼재되어 있는 상태였다. 16년이 지난 2018년에는 완전히 달라진다. 노부모 부양에 대한 책임이 가족 중 '모든 자녀'라는 응답이 72.0%로 절대적으로 높은 비중을 차지하고, 다음이 '능력 있는 자녀'라는 응답이 18.3%이며, '장남/맏며느리'라는 응답은 5.0%, '아들과 며느리'라는 응답은 3.7%에 지나지 않는다. 노부모 부양과 관련하여 우리 사회에서 장자주의나 남존여비 같은 유교적인 의식은 유명무실할 정도로 약화되었고, 공평이나 형식적 평등주의가 강해졌다.

이렇게 노부모 부양에 대한 국민의식은 지난 40년간 계속 변화해왔다. 이와 관련한 국민의식의 최근 흐름은 국가 책임의 강화와 가족 책임의 약화 그리고 노인 본인 책임, 즉 개인 책임의 강화로 요약할 수 있다.

## 2. 노인들의 노후 부양에 대한 의식 변화

여기서는 우리나라 비공식 복지의 가장 큰 수혜자 집단이라 할 수 있는 노인들의 노후 부양과 관련한 의식 변화를 살펴보고 자 한다. 노후 부양의 대표적인 형태가 노인에게 생활비를 제공 하는 것과 총체적인 부양이라고 할 수 있는 동거이다. 이 두 가지 부양 형태에 대한 의식 변화를 중심으로 살펴보자.

### 1) 이상적인 노후 생활비 부담 주체에 대한 노인 의식의 변화

먼저 노후 생활비 부담에 대한 노인들의 의식 변화를 살펴보자. 〈표 6-3〉은 노인을 대상으로 하여 '노인의 이상적인 노후 생활비 마련 방법'에 대한 견해를 1994년부터 2017년까지 조사한 결과를 정리한 것이다. 이 결과는 한국보건사회연구원이 3~4년

**표 6-3** 노인의 이상적인 노후 생활비 마련 방법에 대한 견해

(단위: %)

| 구분 | 1994년 | 1998년 | 2004년 | 2011년 | 구분 | 2014년 | 2017년 |
|---|---|---|---|---|---|---|---|
| 스스로 마련 | 54.8 | 38.8 | 40.2 | 55.0 | 본인 스스로 | 31.9 | 34.0 |
| 가족·자녀가 마련 | 23.7 | 32.5 | 18.7 | 14.2 | 자녀 | 7.9 | 7.6 |
| | | | | | 본인과 자녀 | 6.9 | 10.2 |
| 국가·사회 보장제도 | 21.3 | 25.5 | 40.9 | 30.6 | 사회보장제도 | 18.6 | 14.1 |
| | | | | | 본인과 사회보장제도 | 34.3 | 33.7 |
| 기타 | 0.1 | 0.2 | 0.2 | 0.3 | 기타 | 0.3 | 0.4 |
| 계 | 100.0 | 100.0 | 100.0 | 100.0 | | 100.0 | 100.0 |

주 1) 조사 대상은 1994년은 60세 이상이며, 다른 연도는 65세 이상임.
자료: 이가옥 외(1994); 정경희 외(2011, 2014, 2017).

주기로 조사하는 '노인실태조사'를 분석한 것이다.

가장 오래된 조사 연도인 1994년의 결과를 보면, 노인은 이상적인 노후 생활비 마련 방법으로 '본인 스스로'라고 응답한 비율이 54.8%로 가장 많고, 다음이 '가족·자녀가 마련'으로 23.7%이며, '국가·사회보장제도'라는 응답이 21.3%로 가장 적었다. 1994년 조사에서 노인은 이상적인 노후 부양의 주체로 본인이라는 응답이 절반을 넘을 정도로 압도적이었다. 다음이 자녀, 가족이었으며, 본인이나 자녀, 가족이라는 응답은 무려 78.5%에 달할 정도로 지배적이었다. 즉 1990년 초반까지만 해도 노인은 거의 대부분 노후 부양의 책임이 개인 또는 가족에 있다고 생각하였다.

이러한 노후 부양에 대한 노인들의 의식은 빠른 속도로 변화

하였다. 동일한 설문 문항으로 조사한 2011년까지 경향을 보면, 노후 부양 책임이 가족이나 자녀에게 있다는 응답은 빠른 속도로 줄어들었다. 반면 국가·사회보장제도라는 응답은 대체로 증가하는 추이를 보였다. 노후 부양 책임이 본인이라는 응답은 감소와 증가 경향이 혼재한다.

설문 문항이 바뀐 2014년, 2017년까지 포함하여, 1994년부터 2017년까지를 보면 대체로 다음과 같은 경향이 뚜렷하다. 이상적인 노후 생활비 마련 방법이 노인 본인이라는 노인의 의식은 크게 줄어들었다. 1994년도에 이상적인 노후 생활비 마련 방법으로 본인 스스로라는 응답이 54.8%였는데, 2017년에는 그 비율이 34.0%로 20.8%p나 감소하였다. 노인도 노후 부양 책임이 본인 스스로에게 있다는 인식이 현저하게 약화되는 추세이다. 그뿐만 아니라 이상적인 노후 생활비 마련 방법이 가족이나 자녀라는 의식도 약화되고 있다. 1994년에는 그런 응답이 23.7%였으나, 2017년에는 17.8%로 줄었다. 반면 이상적인 노후 생활비 마련 방법으로 국가나 사회보장제도라는 응답은 2배 이상 증가하였다. 1994년에는 이상적인 노후 생활비 마련의 주체가 국가 또는 사회보장제도라는 응답은 21.3%로 가장 적었으나, 23년이 지난 2017년에는 그런 응답이 47.8%에 이른다. 지난 20여 년 동안 노후 부양과 관련된 노인의 의식 변화는 국가 책임의 강화와 개인 및 가족 책임의 축소로 요약될 수 있다.

다음으로 노후 부양과 관련된 노인 의식 변화를 성, 연령별 집단으로 구분하여 살펴보자(〈표 6-4〉 참조). 성별로 노후 부양 의식 변화를 비교해보면, 남성 노인이 여성 노인보다 노후 생활비를 본인 스스로 마련해야 한다는 응답이 높고, 그런 경향은 1994년에서 2017년 기간 동안 지속된다. 반면 노후 생활비를 가족이나 자식이 마련해야 한다는 응답은 남성 노인보다 여성 노인이 많고, 그런 경향은 1994년에서 2017년까지 지속된다. 이처럼 노후 부양 책임이 본인이나 가족 또는 자식에게 있다는 응답은 남성, 여성 노인 간 차이가 있지만 두 집단 모두 두 범주로 응답한 비율은 감소하는 추이를 보여왔다.

이상적인 노후 생활비 마련의 주체가 국가나 사회보장제도라는 응답은 1994년의 경우 남성 노인이 높았지만, 2017년에는 미세하게 여성 노인이 더 높다. 남성 노인, 여성 노인 모두 1994년에 비해 2017년에 노후 보장 책임이 국가나 사회보장제도라는 응답 비율은 크게 증가하였다.

이상적인 노후 생활비의 마련의 주체에 대한 노인 의식을 연령별로 비교해보면, 대체로 젊은 노인 집단일수록 본인 스스로 마련해야 한다는 응답이 강하고, 나이가 많은 노인 집단일수록 가족이나 자녀라는 응답이 많은 경향을 보인다. 노후 생활비 마련의 주체로 본인이라는 응답과 가족이라는 응답은 모든 연령대에서 감소해왔지만, 연령 집단별 특성은 대체로 유지되이었다.

**표 6-4** 성, 연령별 노인의 이상적인 노후 생활비 마련 방법에 대한 견해

(단위: %)

| 구분 | 1994년 성 | | 연령 | | | 2011년 성 | | 연령 | | |
|---|---|---|---|---|---|---|---|---|---|---|
| | 남 | 녀 | 60~69 | 70~74 | 75+ | 남 | 녀 | 65~69 | 70~74 | 75+ |
| 스스로 마련 | 62.1 | 49.7 | 60.3 | 47.1 | 42.9 | 63.5 | 48.5 | 65.2 | 57.2 | 45.5 |
| 가족·자녀가 마련 | 14.7 | 30.2 | 19.4 | 27.3 | 37.2 | 8.8 | 18.2 | 8.1 | 12.3 | 20.2 |
| 국가·사회보장제도 | 23.1 | 20.0 | 20.0 | 25.6 | 19.9 | 27.4 | 33.0 | 26.0 | 30.3 | 34.2 |
| 기타 | 0.1 | 0.2 | 0.3 | 0 | 0 | 0.4 | 0.2 | 0.7 | 0.2 | 0.1 |
| 계 | 100.0 | 100.0 | 100.0 | 100.0 | 100.0 | 100.0 | 100.0 | 100.0 | 100.0 | 100.0 |

| 구분 | 2017년 성 | | 연령 | | |
|---|---|---|---|---|---|
| | 남 | 녀 | 65~69 | 70~74 | 75+ |
| 본인 스스로 | 42.4 | 27.8 | 41.7 | 37.0 | 26.2 |
| 자녀 | 3.8 | 10.4 | 3.0 | 5.0 | 12.7 |
| 본인과 자녀 | 8.3 | 11.6 | 7.5 | 9.6 | 12.8 |
| 사회보장제도 | 11.7 | 15.9 | 11.4 | 14.6 | 16.1 |
| 본인과 사회보장제도 | 33.5 | 33.8 | 36.2 | 33.6 | 31.8 |
| 기타 | 0.3 | 0.4. | 0.2 | 0.3 | 0.4 |
| 계 | 100.0 | 100.0 | 100.0 | 100.0 | 100.0 |

주 1) 1994년은 60세 이상이며, 다른 연도는 65세 이상임.
자료: 이가옥 외(1994); 정경희 외(2011, 2017).

이상적인 노후 생활비 마련의 주체가 국가나 사회보장제도라는 응답의 연령대별 비율은 1994~2017년 기간 동안 변화가 있다. 1994년에는 70~74세 노인의 응답이 가장 높았고 그다음이 75세 이상 노인 집단이었으나, 2011년에는 연령이 높은 집단일수록 노후 생활비 마련의 주체가 국가나 사회보장제도라는 응답이 높았다. 2017년에는 세 연령 집단 간 큰 차이가 없다. 65~69세 노인 집단은 47.6%, 70~74세 노인 집단은 48.2%, 75세 이상 노인 집단은 47.9%이다. 세 연령 집단 모두 노후 생활보장 책임이 국가나 사회보장제도라는 응답의 비율은 1994년부터 2017년 사이 거의 2배가량 높아졌다.

## 2) 자녀와의 동거에 대한 노인 의식의 변화

〈표 6-5〉는 노부모에 대한 사적 부양의 중요한 형태 중 하나인 동거에 대한 노인의 의식 변화를 1994년에서 2017년 기간 동안 살펴본 것이다. 1994년에 60세 이상 노인 중 자녀와 동거를 희망하는 비율은 47.2%로 노인의 거의 절반이 자녀와 동거를 희망하였으나, 이후 그 비율은 현저하게 감소하는 경향을 보여왔다. 2011년에는 그 비율이 27.6%, 2014년에는 19.1%, 가장 최근인 2017년에는 15.2%에 불과하다.

자녀와의 동거를 희망할 경우 어떤 자녀와 동거를 원하는지에

**표 6-5** 자녀와의 동거 희망 및 희망 자녀

(단위: %)

| 구분 | 1994년 | 2011년 | 2014년 | 2017년 |
|---|---|---|---|---|
| 동거 희망 | 47.2 | 27.6 | 19.1 | 15.2 |
| 희망하는 자녀 | | | | |
| 장남 | 70.3 | 57.6 | 51.6 | 45.7 |
| 아들 | 17.0 | 11.5 | 9.9 | 15.5 |
| 딸 | 4.8 | 3.2 | 6.8 | 7.4 |
| 마음이 맞는 자녀 | 5.4 | 13.5 | 16.8 | 14.2 |
| 형편이 되는 자녀 | - | 14.1 | 14.7 | 17.2 |
| 기타 | 2.5 | 0.1 | 0.2 | 0.1 |

주 1) 1994년은 60세 이상 대상이며, 나머지 연도는 65세 이상을 대상으로 조사한 것임.
　2) 1994년은 이가옥 외(1994)의 61쪽 〈표 2-2-29〉를 수정한 것임.
자료: 이가옥 외(1994); 정경희 외(2011, 2014, 2017).

대한 견해도 지난 23년 사이 일정 정도 변화해왔다. 여전히 장남과의 동거를 원하는 노인의 비율이 가장 많지만, 그 비율은 점차 줄어드는 경향을 보인다. 1994년에는 자녀 중 장남과의 동거를 희망하는 비율이 70.3%로 압도적으로 높았지만 2011년에는 57.6%, 2014년에는 51.6%, 2017년에는 45.7%로 줄어드는 등 지난 23년 사이 24.6%p 감소하였다. 그럼에도 불구하고 자녀 중 맏아들과의 동거를 희망하는 비율이 절대 다수를 차지하여, 우리나라 노인에게는 여전히 장자주의 의식이 강하게 남아 있음을 알 수 있다.

노인이 동거를 희망하는 자녀에 대한 의식에서 다른 흐름도 관찰된다. 희망하는 동거 자녀로 '마음에 맞는 자녀', '형편이 되는 자녀'라는 응답 비율이 꾸준히 높아지고 있는 점이 눈에 띈다. 1994년 '마음에 맞는 자녀'와 동거를 희망한다는 응답은 5.4%에 불과하였지만, 꾸준히 증가하여 2017년에는 14.2%에 달해, 지난 23년 사이 거의 3배 가까이 증가하였다. '형편이 되는 자녀'와의 동거를 희망한다는 응답도 2011년 14.1%에서 2017년에는 17.2%로 높아졌으며, 2017년 조사에서는 희망하는 동거 자녀의 범주 중 장남 다음으로 높다. 동거를 원하는 자녀로 '마음에 맞는 자녀'는 유교적 전통과는 거리가 먼, 개인의 욕구, 정서를 중시하는 개인주의 가치가 반영된 것이다. '형편이 되는 자녀'와 동거를 희망한다는 것도 가족 부양을 원한다는 가족주의 가치가 내재되어 있지만, 전통적인 유교적 가치에 기반한 것이 아니라 경제적 능력을 우선하는 개인주의 내지 형평의 가치에 기반한 가족주의라고 할 수 있다.

동거를 희망하는 자녀로 아들이 아닌 딸이라는 응답 비율도 적지만 꾸준히 높아지고 있다. 1994년 동거를 희망하는 자녀로 딸이라는 응답은 4.8%였는데, 2014년에는 6.8%, 2017년에는 7.4%로 높아졌다. 이 역시 예전과는 다른 가치, 의식의 변화이다. 우리 사회의 유교주의적 전통은 앞에서 설명한 바와 같이 장자주의, 아들 우선주의가 강하다. 하지만 동거 자녀로 아들이 아닌 딸을 원한다는 비율이 거의 10%에 육박할 정도로 증가하는 등 노인의 노인 부양 의식에서 아들, 딸 간 구별이 약해지고 있다.

## 3. 노후 부양 의식에 대한 집단 간 비교

여기서는 통계청의 노후 부양에 대한 국민의식조사* 중 가장 최근인 2018년도 조사 결과를 가지고 인구사회학적 변수를 기준으로 집단을 구분하여 비교함으로써, 노후 부양 의식과 관련한 집단 간 특징을 찾고자 한다.

먼저 거주 지역을 도시와 농어촌으로 구분하여, 노후 부양에 대한 국민의식을 비교해보자. 〈표 6-6〉을 보면 도시 지역보다 농어촌 지역 거주자가 노부모 부양 의식에서 '부모 스스로'와 '가족'이라는 응답 비율이 높고, 도시 지역 거주자가 '가족과 정부·사회' 및 '정부·사회'라는 응답 비율이 높다. 두 지역 거주자 모두 노부모 부양에 대해 '가족과 정부·사회'가 책임져야 한다는 응답이 40%대로 가장 높으며, 다음이 '가족'이며, '부모 스스로'가 그다음이고, '정부·사회'라는 응답이 가장 낮다. '가족과 정부·사회'와 '정부·사회'라는 응답을 합한 비율은 50% 남짓으로 절반가량이 정부와 사회를 노부모 부양 책임의 중요한 주체로 생각하고 있다. 가족 중에서 누가 노부모를 부양해야 하는가에 대해서는 두 지역 모두 '모든 자녀'라는 응답 비율이 70% 내외로 압도적으로 높고, 다음이 '능력 있는 자녀'로 17~18% 수준이다.

.......

\* 2018년 사회조사의 모집단은 전국 13세 이상의 가구원이다.

표 6-6 노부모 부양에 대한 견해

(단위: %)

| 구분 | 거주 지역 | | 성 | | 연령 | | | | | | |
|---|---|---|---|---|---|---|---|---|---|---|---|
| | 도시 | 동어촌 | 남자 | 여자 | 13~19세 | 20~29세 | 30~39세 | 40~49세 | 50~59세 | 60세 이상 | 65세 이상 |
| 부모 스스로 | 18.8 | 22.3 | 19.1 | 19.7 | 17.5 | 19.2 | 17.3 | 16.9 | 17.8 | 25.0 | 24.9 |
| 가족 | 25.9 | 30.3 | 28.7 | 24.6 | 32.5 | 27.4 | 25.6 | 24.5 | 24.6 | 28.3 | 29.7 |
| 장남/맏며느리 | 4.4 | 7.9 | 5.9 | 4.1 | 1.9 | 2.2 | 3.1 | 4.3 | 5.2 | 10.3 | 12.2 |
| 아들/며느리[1] | 3.6 | 4.6 | 4.9 | 2.6 | 3.6 | 2.5 | 3.7 | 3.4 | 3.1 | 5.7 | 6.2 |
| 딸/사위 | 1.0 | 1.0 | 0.4 | 1.6 | 1.3 | 1.2 | 0.7 | 0.9 | 0.9 | 1.3 | 1.4 |
| 모든 자녀 | 72.5 | 69.1 | 70.2 | 73.7 | 81.2 | 76.8 | 74.7 | 73.5 | 71.6 | 61.6 | 59.3 |
| 능력 있는 자녀 | 18.5 | 17.4 | 18.6 | 18.0 | 12.1 | 17.3 | 17.8 | 18.0 | 19.3 | 21.2 | 20.9 |
| 가족과 정부·사회 | 49.6 | 41.9 | 47.0 | 49.5 | 45.8 | 49.4 | 52.5 | 53.2 | 51.8 | 38.8 | 37.1 |
| 정부·사회 | 5.7 | 5.4 | 5.1 | 6.2 | 4.2 | 4.0 | 4.7 | 5.5 | 5.9 | 7.9 | 8.4 |
| 기타 | 0.0 | 0.1 | 0.0 | 0.0 | – | 0.0 | 0.0 | 0.0 | 0.0 | 0.0 | 0.0 |
| 계 | 100.0 | 100.0 | 100.0 | 100.0 | 100.0 | 100.0 | 100.0 | 100.0 | 100.0 | 100.0 | 100.0 |

주 1) 아들/며느리 범주에는 장남/맏며느리는 포함하지 않음.
자료: 통계청, 사회조사보고서(2018).

이런 점을 전제한 상태에서 두 지역 간 노부모 부양 의식을 비교해보면, 도시 지역보다 농촌 지역 거주자가 '장남/맏며느리' 및 '아들/며느리'라는 응답 비율이 높은 반면, 정부와 사회 책임이라는 응답은 도시 지역 거주자가 조금 높다.

노부모 부양 의식을 성별로 비교하면, 남성, 여성 모두 노부모 부양 책임이 '가족과 정부·사회'라는 응답이 40% 후반대로 가장 높고, '정부·사회'라는 응답까지 포함하면, 정부와 사회가 주로 책임져야 한다는 응답 비율은 남성, 여성 모두 절반을 넘는다. 그다음으로 높은 응답 범주는 남성, 여성 모두 '가족'이며, 그다음은 '부모 스스로'이다. 남성과 여성 간에 큰 차이는 없지만 남성보다 여성이 노부모 부양에 대해 정부와 사회가 주로 책임 있다는 응답 비율은 조금 높고, 반면 가족이 주로 책임져야 한다는 응답 비율은 조금 낮다는 점이 특징이다. 가족 중에서 누가 노부모를 부양해야 하는가에 대한 의견은 남성, 여성 모두 '모든 자녀'가 함께해야 한다는 응답이 70%대로 절대적으로 높은데, 여성이 이 비율이 조금 더 높고, 남성이 '장남/맏며느리'와 '아들/며느리'라는 응답 비율이 약간 높다는 차이가 있다.

연령별로 노부모 부양 의식을 비교해보면, 모든 연령대에서 노부모 부양 책임이 '가족과 정부·사회'라는 응답이 가장 많고, 그다음으로 많은 범주는 '가족'이며, 세 번째가 '부모 스스로'이고, 그다음으로 '정부·사회'이다.

이런 공통점을 전제한 상태에서 연령 집단별로 노부모 부양 의식의 차이를 비교해보면, 노부모 부양 책임이 '부모 스스로'라는 응답이 노인 집단에서 유독 높다는 점이 눈에 띈다. 다른 연령대에서 '부모 스스로'라는 응답 비율은 10% 후반대이지만, 60세 이상에서는 25%, 65세 이상에서는 24.9%로 다른 연령 집단보다 6%p 이상 높다. 또한 13~19세 연령에서 노부모 부양 책임이 가족이라는 응답이 32.5%로 다른 연령 집단보다 현저하게 높은 점도 이채롭다. 일반적으로 노인들의 경우 가족 부양 의식이 강하여, 65세 이상 노인은 노부모 부양을 가족이 해야 한다는 응답이 29.7%였으며, 20~50대 연령 집단은 이 범주에 대한 응답 비율이 25% 남짓이라는 점에서 13~19세 연령 집단의 이 범주 응답 비율은 이채롭다. 13~19세 연령대의 사람들은 아직 독립적인 가족을 형성하지 않았으므로, 자녀와 부모의 관계를 가족이라는 범주에서 생각하는 경향이 더욱 강할 것으로 추론된다.

또한 노부모 부양 책임이 '가족과 정부·사회'라는 응답이 30~50대 연령 집단에서는 50%대로 다른 연령 집단보다 높다. 이 범주로 응답한 비율이 65세 이상 노인은 37.1%로 가장 낮고, 13~19세 연령 집단은 45.8%로 다음으로 낮다.

노부모 부양을 가족이 해야 한다면, 가족 중 누가 해야 하나라는 질문과 관련하여, 특징적인 결과는 60세 이상 노인이 장남/맏며느리 또는 아들/며느리라는 응답이 다른 연령대보디 눈에 띠게 높다는 점과 '모든 자녀'라는 응답 비율은 연령이 높아질수록 낮아지지만, 능력 있는 자녀라는 응답 비율은 연령이 높아질수록 높아진다는 점이다.

노부모 부양을 가족 중 장남이나 아들이 해야 한다는 의식이 노인에서 높다는 점은 쉽게 이해될 수 있다. 현재 노인의 경우 전통적인 의식이 비교적 강하다는 점에서 그렇게 생각할 수 있다. 노부모 부양에 대한 의식에서 '모든 자녀' 그리고 '능력 있는 자녀'라는 응답 비율이 연령대별로 차이가 나는 점은 조금 이채롭다. 노부모를 '모든 자녀'가 함께 부양해야 한다는 응답은 형식적 평등을 반영한다고 볼 수 있고, '능력 있는 자식'이 노부모를 부양해야 한다는 것은 능력에 따른 부담이라는 공평의식을 반영한다고 볼 수 있다. 이런 점을 생각할 때, 연령이 낮을수록 노부모 부양과 관련하여 형식적인 평등의식이 강하고, 연령이 높을수록 능력에 따른 부담이라는 공평의식이 강한 것으로 해석된다.

〈표 6-7〉은 노부모 부양 의식을 교육수준별, 혼인 형태별로 비교한 것이다. 여기서 특징은 교육수준이 낮을수록 노부모 부양 책임이 본인(부모 스스로) 개인 책임과 가족 책임이라는 견해가 높다는 점이다. 노부모 부양 책임이 노부모 자신이라는 응답의 비율이 초졸 이하는 22.1%, 중졸은 20.6%, 고졸은 19.0% 그리고 대졸은 18.4%이다. 노부모 부양 책임이 가족이라는 응답도 초졸 이하가 32.6%로 가장 높고, 다음이 중졸로서 29.4%, 그다음은

**표 6-7** 노부모 부양에 대한 견해

(단위: %)

| 구분 | 교육수준 | | | | 혼인 상태 | | | |
|---|---|---|---|---|---|---|---|---|
| | 초졸<br>이하 | 중졸 | 고졸 | 대졸<br>이상 | 미혼 | 유배우 | 사별 | 이혼 |
| 부모 스스로 | 22.1 | 20.6 | 19.0 | 18.4 | 18.2 | 19.8 | 21.4 | 19.5 |
| 가족 | 32.6 | 29.4 | 27.7 | 22.7 | 29.0 | 24.7 | 31.9 | 28.6 |
| 장남/맏며느리 | 11.1 | 5.0 | 4.2 | 3.7 | 2.6 | 5.4 | 12.5 | 5.5 |
| 아들/며느리[1] | 8.3 | 4.4 | 3.6 | 2.8 | 3.2 | 3.7 | 7.1 | 3.1 |
| 딸/사위 | 1.3 | 1.3 | 1.0 | 0.9 | 1.1 | 0.9 | 1.7 | 1.6 |
| 모든 자녀 | 64.6 | 69.6 | 71.2 | 75.8 | 77.6 | 70.7 | 60.1 | 67.0 |
| 능력 있는 자녀 | 16.7 | 19.6 | 19.9 | 16.8 | 15.5 | 19.3 | 18.7 | 22.8 |
| 가족과 정부·사회 | 37.1 | 44.1 | 48.1 | 53.7 | 48.4 | 50.0 | 36.4 | 44.1 |
| 정부·사회 | 8.1 | 5.9 | 5.2 | 5.1 | 4.4 | 5.5 | 10.3 | 7.8 |
| 기타 | 0.0 | 0.1 | 0.0 | 0.0 | – | 0.0 | 0.0 | 0.0 |
| 계 | 100.0 | 100.0 | 100.0 | 100.0 | 100.0 | 100.0 | 100.0 | 100.0 |

주 1) 아들/며느리 범주에는 장남/맏며느리는 포함하지 않음.
자료: 통계청, 사회조사보고서(2018).

고졸로서 27.7%, 대졸 이상은 22.7%로 가장 낮다.

반면 노부모 부양 책임이 개인이나 가족보다 정부 등 사회에 있다는 응답의 비율은 교육수준이 높을수록 높다. 노부모 부양 책임이 정부 및 사회('가족과 정부·사회' 범주와 '정부·사회' 범주 포함)에 있다는 응답의 비율은 대졸 이상이 58.8%로 가장 높고, 고졸이 53.3%로 다음으로 높으며, 중졸이 50.0%로 세 번째이며, 초졸 이하가 45.2%로 가장 낮다. 이처럼 노부모 부양 책임에 관한 의식에서 교육수준이 높은 사람일수록 정부 및 사회라는 견해가 강하고, 교육수준이 낮은 사람일수록 개인 또는 가족이라는 의식이 강하다.

노부모 부양 책임이 가족이라면, 가족 중 누가 부양해야 하는 가라는 질문에 대해서도 교육수준이 낮을수록 장남/맏며느리와 아들/며느리라는 응답 비율이 높고, 교육수준이 높을수록 모든 자녀라는 응답 비율이 높다. 이렇게 교육수준에 따라 노부모 부양 의식이 일정 정도 상이하다.

혼인 상태별로 노부모 부양 의식을 비교해보면, 특징적인 점은 배우자가 있는 사람이 노부모 부양 책임이 정부와 사회('가족과 정부·사회' 범주와 '정부·사회' 범주 포함)라는 의식이 강하고, 미혼, 사별, 이혼한 사람들이 노부모 부양 책임이 '가족'에 있다는 응답 비율이 높다. 또한 가족 중에서 누가 노부모 부양 책임이 있는가라는 질문에 대해서도 배우자가 있는 사람은 '모든 자녀'라는 응답이 70.7%로 높은데, 사별은 그 범주에 응답한 비율이 60.1%로 가장 낮다. 반면 노부모 부양 책임이 온전히 '정부와 사회'에 있다는 응답은 사별한 사람들이 10.3%로 다른 혼인 상태에 있는 사람들보다 특별히 높다는 점도 이채롭다.

〈표 6-8〉은 노부모 부양에 대한 견해를 직업과 소득수준별로 비교하여 살펴본 것이다. 직업에 따라 노부모 부양 의식이 다르게 나타난다. 서비스판매업이나 농어업 종사자와 비교하여 전문관리직과 사무직 종사자는 노부모 부양 의식에서 '부모 스스로'

**표 6-8 노부모 부양에 대한 견해**

(단위: %)

| 구분 | 직업 | | | | | 소득수준(월, 만 원) | | | | | | |
|---|---|---|---|---|---|---|---|---|---|---|---|---|
| | 전문<br>관리직 | 사무직 | 서비스<br>판매업 | 농어업 | 기능<br>노무직 | 100 미만 | 100~<br>200 | 200~<br>300 | 300~<br>400 | 400~<br>500 | 500~<br>600 | 600 이상 |
| 부모 스스로 | 17.3 | 18.9 | 19.4 | 24.1 | 18.5 | 23.4 | 21.7 | 19.7 | 18.4 | 17.7 | 16.3 | 17.9 |
| 가족 | 23.4 | 23.5 | 25.2 | 33.5 | 29.4 | 30.2 | 28.8 | 28.3 | 26.6 | 25.7 | 23.5 | 22.4 |
| 장남/맏며느리 | 3.5 | 3.4 | 4.4 | 14.2 | 5.6 | 9.9 | 6.6 | 5.0 | 4.0 | 3.9 | 3.8 | 3.3 |
| 아들/며느리[1] | 2.6 | 3.2 | 3.2 | 6.4 | 4.9 | 5.6 | 4.1 | 4.2 | 3.7 | 3.4 | 2.9 | 2.5 |
| 딸/사위 | 1.0 | 0.7 | 1.0 | 0.7 | 1.0 | 1.5 | 1.1 | 1.2 | 0.9 | 1.1 | 0.7 | 0.7 |
| 모든 자녀 | 75.2 | 75.6 | 72.3 | 61.7 | 68.6 | 63.5 | 68.3 | 70.2 | 73.1 | 74.0 | 75.4 | 77.9 |
| 능력 있는 자녀 | 17.7 | 17.2 | 19.1 | 17.0 | 19.9 | 19.5 | 19.8 | 19.4 | 18.3 | 17.6 | 17.2 | 15.7 |
| 가족과 정부·사회 | 54.1 | 53.4 | 50.0 | 37.2 | 46.7 | 37.2 | 43.5 | 45.9 | 50.5 | 51.9 | 54.2 | 55.0 |
| 정부·사회 | 5.2 | 4.2 | 5.4 | 5.2 | 5.4 | 9.1 | 5.9 | 5.8 | 4.5 | 4.7 | 5.9 | 4.7 |
| 기타 | 0.0 | 0.0 | 0.0 | 0.0 | - | 0.0 | 0.0 | 0.0 | 0.0 | - | 0.1 | 0.0 |
| 계 | 100.0 | 100.0 | 100.0 | 100.0 | 100.0 | 100.0 | 100.0 | 100.0 | 100.0 | 100.0 | 100.0 | 100.0 |

주 1) 아들/며느리 범주에는 장남/맏며느리는 포함하지 않음.
자료: 통계청, 사회조사보고서(2018).

와 '가족'이라는 응답이 낮고, 정부와 사회('가족과 정부·사회' 범주와 '정부·사회' 범주 포함)라는 의견이 상대적으로 높다. 전문관리직 종사자는 노부모 부양 책임이 정부와 사회라는 의견이 59.3%, 사무직 종사자는 57.6%, 서비스판매업 종사자는 55.4%이고, 농어업 종사자는 42.4%로 가장 낮다. 반면 노부모 부양 책임이 '부모 스스로'라는 응답은 농어업 종사자가 24.1%로 가장 높고, 다음이 서비스판매업 종사자로 19.4%, 사무직 종사자가 18.9%, 전문관리직 종사자 17.3% 순이다. 노부모 부양에 대해 가족이라는 의견은 농어업 종사자가 33.5%로 다른 직업군에 비해 크게 높고, 다음이 서비스판매업 종사자로 25.2%, 사무직이 23.5%로 그다음이며, 전문관리직 종사자가 23.4%로 가장 낮다.

전문관리직 종사자와 사무직 종사자는 가족이 노부모를 부양할 때, 모든 자녀가 함께해야 한다는 응답이 75.2%, 75.6%로 높은 반면, 농어업 종사자는 61.7%로 크게 낮으며, 대신에 장남/맏며느리라는 응답이 14.2%, 아들/며느리라는 응답이 6.4%로 다른 직업군보다 훨씬 높다.

소득수준별로 노부모 부양 의식을 비교해보면, 대체로 소득수준이 낮은 사람이 노부모 부양을 개인 및 가족 책임이라고 생각하는 경향이 강하고, 소득수준이 높은 사람이 정부와 사회 책임이라는 의식이 강하다. 월 소득이 100만 원 미만인 사람들은 노부모 부양 책임이 '부모 스스로'라는 응답이 23.4%로 가장 높고,

월 소득 100~200만 원인 사람들이 21.7%로 다음으로 높으며, 노부모 부양 책임이 '가족'이라는 응답도 월 소득 100만 원 미만 집단이 30.2%로 가장 높고, 월 소득 100~200만 원인 사람들이 28.8%로 다음으로 높다. 반면 정부와 사회가 노부모 부양 책임이 있다는 응답은 월 소득 100만 원인 미만인 소득이 가장 낮은 사람들이 46.3%로 가장 낮고, 월 소득 100~200만 원인 사람들이 49.4%로 다음으로 낮다.

월 소득 600만 원 이상으로 소득이 가장 높은 집단은 노부모 부양 책임이 '부모 스스로'에게 있다는 응답 비율이 17.9%로 세 번째로 낮은 편이고(가장 낮은 집단은 두 번째로 부유한 소득 계층인 월소득 500~600만 원인 사람으로서 16.3%임), '가족'에게 있다는 응답 비율은 22.4%로 가장 낮다. 반면 노부모 부양 책임이 '정부와 사회'에 있다는 응답 비율은 소득이 가장 높은 월 소득 600만 원 이상인 집단이 59.7%로 두 번째로 높고, 다음으로 소득이 높은 월 소득 500~600만 원인 집단이 60.1%로 가장 높아, 소득이 높은 집단이 노부모 부양에 대한 책임이 '정부와 사회'에 있다고 생각하는 경향이 강함을 알 수 있다.

제3부

# 한국 비공식 복지의 쟁점:
## 사적 소득이전을 중심으로

**7장**

# 사적 소득이전의 동기

사적 소득이전과 관련한 연구가 정치하게 이루어지며, 세계적으로 학문적 관심을 갖게 된 것은 사적 소득이전의 동기에 관한 한 논문에서 비롯되었다. 1987년에 콕스가 쓴 "Motives for private income transfers"라는 논문(Cox, 1987)이 사적 소득이전이란 주제에 대한 관심을 세계적으로 불러일으켰는데, 이 논문의 제목처럼 연구주제는 사적 소득이전의 동기이다. 이처럼 사적 소득이전의 동기는 사적 소득이전과 관련한 연구의 핵심 주제이다. 사람들은 왜 사적 소득이전을 제공할까?

이 질문과 관련하여 주된 쟁점은 교환적 동기인가 아니면 이타적 동기인가이다.* 사람들은 누군가에게 무언가를 줄 때 무언

.......

* 사적 소득이전의 동기와 관련한 이론들에 대한 자세한 설명은 2장 1절 '왜 비공

가를 받을 것을 기대하는데, 사적 소득이전도 무언가를 받은 것에 대한 대가로 제공된다는 것이 교환적 동기이다. 이타적 동기는 가난하기 때문에 또는 무언가 도움이 필요하기 때문에 사적 소득이전을 제공한다는 것이다. 우리나라에서는 사람들이 왜 사적 소득이전을 제공할까? 이러한 질문에 대한 답을 찾는 것이 이 장 1절의 내용이다. 1990년대 중반부터 최근까지 이루어진 우리나라 사적 소득이전의 동기에 관한 연구들을 검토함으로써 우리나라 사적 소득이전의 동기가 무엇이며, 어떠한 변화가 있었는지 살펴볼 것이다.

사적 소득이전을 제공하는 이유는 교환적 동기나 이타적 동기 외에도 문화적 요인으로 설명되기도 한다. 특히 유교적 국가에서는 자녀가 부모를 봉양하는 것을 효라 했다. 자녀가 부모를 봉양하는 대표적인 방법 중 하나가 부모에게 물질적으로 도움을 제공하는 것이며, 사적 소득이전도 그러한 봉양의 한 방법이다(박재간, 1997; 손병돈, 1999). 이처럼 사적 소득이전을 제공하는 이유를 문화적 요인에서도 찾을 수 있다. 우리나라는 유교적 전통이 강하였고, 효를 강조해왔다는 점에서 우리나라의 사적 소득이전은 문화적 요인과 분리되기 어렵다. 그런 점에서 2절은 문화적 맥락에서 우리나라 사적 소득이전을 살펴볼 것이다.

.......

식 복지활동을 하는가'를 참조하기 바람.

3절에서는 소득 계층별 사적 소득이전의 동기가 다른가를 살펴볼 것이다. 사적 소득이전을 제공하는 이유가 모두 같을 수는 없다. 특히 경제적 계층에 따라 사적 소득이전을 제공하는 이유가 다를 수 있다. 왜냐하면 사적 소득이전은 주는 사람과 받는 사람 간에 이루어지는데, 경제적 계층에 따라 주는 사람과 받는 사람이 처한 조건이나 상황이 다르기 때문이다. 예를 들어 자녀들이 부유한 늙은 부모에게 용돈이나 생활비 등 사적 소득이전을 제공하는 동기와 가난한 늙은 부모에게 사적 소득이전을 제공하는 동기는 서로 다를 수 있다. 그런 점에서 경제적 계층별 사적 소득이전의 동기를 살펴볼 필요가 있다.

끝으로 4절은 이 장의 결론에 해당하는 절로서 1, 2, 3절에서 살펴본 내용들을 종합하여 정리하고, 그것이 주는 시사점을 논한다.


## 1. 사적 소득이전 동기의 역사적 고찰

우리나라의 사적 소득이전 동기가 이타적 동기인가 아니면 경제적 교환 동기인가라는 질문과 관련하여 많은 연구가 이루어져 왔다. 사적 소득이전의 동기는 가치, 공공복지, 문화 등 여러 요인에 의해 영향을 받는다. 사적 소득이전의 동기는 고정불변한 것이 아니라 변화한다. 특정 시대와 공간이라는 조건 속에서 사적 소득이전이 이루어지므로, 시대적 조건과 공간적 조건이 변화함에 따라 사적 소득이전의 동기도 변화할 수 있다. 우리나라 사적 소득이전의 동기도 변화해왔을 가능성이 있다. 여기서는 우리나라의 사적 소득이전 동기를 3개의 시기로 구분하여 각 시기별 대표적인 연구를 중심으로 살펴보려 한다. 3개의 시기는 우리나라에서 사적 소득이전에 관한 연구가 처음으로 이루어진 1990년대 중반부터 최근인 2010년대 중반까지 약 30년의 기간을 10년 단위로 구분하여, 1990년대 중반, 2000년대 중반 그리고 2010년대 중반으로 나누어 살펴본다.

## 1) 1990년대 중반

1990년대 중반 우리나라의 사적 소득이전 동기를 연구한 대표적인 연구는 손병돈의 박사학위 논문(1998)이다. 이 연구는 우리나라에서 사적 소득이전에 영향을 미치는 주요 요인들에 관한 정보를 포함한 설문지를 개발해서 직접 설문조사함으로써, 사적 소득이전에 관한 실증자료(data)를 구축하였다. 이 조사는 1997년도에 동거하지 않는 부모가 있는 만 25세 이상 60세 미만의 서울 거주 기혼 일반 가구를 모집단으로 하여, 표본가구의 인구사회학적 변수, 소득 및 재산 변수 그리고 부모의 학력 등 인구사회학적 변수, 소득 재산 변수 및 사적 소득이전에 관한 변수를 조사하였다. 이 연구는 이 자료를 이용하여 우리나라 사적 소득이전의 동기를 최초로 실증적으로 분석하였다. 1990년대 중반 당시 우리나라 사적 소득이전의 동기가 이타적 동기인지 아니면 교환 동기인지를 OLS 다중회귀분석을 통해 검증하였다. 분석 결과가 〈표 7-1〉이다.

사적 소득이전의 동기에서 이타적 동기냐 교환적 동기냐를 구분하는 핵심 변수가 사적 소득이전을 받는 사람의 경제적 자원 변수와 욕구 변수, 그리고 사적 소득이전을 제공하는 사람의 경제적 자원 변수이다. 〈표 7-1〉을 보면, 사적 소득이전을 받는 사람, 즉 늙은 부모의 경제적 자원요인 변수 중 유의수준 .05에서 통계적으로 유의미한 변수는 경제적 계층 변수, 증여 변수, 교육 투자 수준 변수이다. 경제적 계층 변수는 사적 소득이전을 받는 사람, 즉 부모의 재산을 가지고 구분하였으며, 더미변수이고, 기준이 되는 범주는 최상계층이다.

경제적 계층 변수의 회귀계수를 보면, 최하계층, 중간계층의 회귀계수가 유의수준 .05에서 유의미하며, 양의 값을 갖는다. 이는 다른 독립변수의 영향이 동일할 때, 최상계층에 속한 부모가 최하계층이나 중간계층에 속한 부모보다 자식으로부터 사적 소득이전을 더 적게 받는다는 것을 의미한다. 이러한 결과는 1990년대 중반 시기 우리나라의 사적 소득이전은 부모로부터 상속을 많이 받기 위한 동기에 의해 이루어지지 않는다는 것을 시사해준

## 표 7-1 전체대상 가족 간 소득이전량의 회귀분석 결과 (N=560)

| 독립변수 | 모델 1-1 B (β) | 모델 1-2 B (β) | 모델 1-3 B (β) | 모델 1-4 B (β) | 준부분상관 자승값 |
|---|---|---|---|---|---|
| **부모 자원 변수** | | | | | |
| 경제적 계층 | | | | | |
| 최하계층 | 97.922** | | | 62.426** | 0.0057 |
| (PWELTH1) | (.177) | | | (.116) | |
| 중간계층 | 109.941*** | | | 89.977*** | 0.0185 |
| (PWELTH2) | (.226) | | | (.188) | |
| 증여 | −.021* | | | −.030** | 0.0096 |
| (PGIFT) | (−.073) | | | (−.107) | |
| 도움 유무(1=유) | 8.003 | | | 13.005 | 0.0005 |
| (PSER) | (.014) | | | (.024) | |
| 교육투자 수준 | 13.119** | | | 6.933* | 0.0047 |
| (CEDU) | (.149) | | | (.081) | |
| **부모 욕구 변수** | | | | | |
| 소득 | | −.049*** | | −.043** | 0.0102 |
| (PINCOM) | | (−.125) | | (−.110) | |
| 건강 상태 | | −.607 | | 1.184 | 0.0001 |
| (PHEALTH1) | | (−.005) | | (.010) | |
| 입원 여부(1=유) | | 66.480** | | 50.735** | 0.0057 |
| (PHEALTH2) | | (.107) | | (.081) | |
| 연령 | | −.981 | | −1.585 | 0.0014 |
| (PAGE) | | (−.032) | | (−.051) | |
| 가구 형태(1=단독) | | 20.164 | | 21.850 | 0.0016 |
| (PFAMTYP) | | (.040) | | (.044) | |
| 근로활동 유무(1=유) | | −94.964*** | | −102.196*** | 0.0341 |
| (PRET) | | (.198) | | (.214) | |
| 애경사 유무(1=유) | | 108.950*** | | 97.833*** | 0.0291 |
| (PEVENT) | | (.193) | | (.174) | |
| **자녀 변수** | | | | | |
| 소득 | | | .284*** | .244*** | 0.0247 |
| (CINCOM) | | | (.218) | (.192) | |
| 재산 | | | .0007** | .0008** | 0.0137 |
| (CWELTH) | | | (.119) | (.138) | |
| 미혼 자녀 수 | | | 12.507 | −2.920 | 0.0001 |
| (CNUMCH) | | | (.036) | (−.009) | |
| 기혼 형제 수 | | | | 6.198 | 0.0015 |
| (CMARBR) | | | | (.047) | |
| 장남 여부(1=장남) | | | | 45.361** | 0.0074 |
| (CFIRST) | | | | (.095) | |
| 증여 유무(1=유) | | | | 131.765*** | 0.0271 |
| (CGIFT) | | | | (.172) | |
| 연락 빈도 | | | | .247** | 0.0079 |
| (CONTACT) | | | | (.100) | |
| 도움 시간 | | | | −.027 | 0.0002 |
| (CSER) | | | | (−.016) | |
| 상수 | 124.344* | 125.209 | 22.592 | −142.794 | |
| $R^2$ | .053 | .111 | .093 | .287 | |
| (F) | (6.334)*** | (9.884)*** | (19.294)*** | (10.852)*** | |

주 1) 유의수준 * p ⟨ 0.1, ** p ⟨ 0.05, *** p ⟨ 0.01.
출처: 손병돈(1998).

다. 경제적 교환 동기 중 전략적 유산 동기 이론은 자녀가 부모에게 사적 소득이전을 제공하는 것은 나중에 부모로부터 보다 많은 상속을 받기 위함이고, 따라서 재산이 많은 부모가 재산이 적은 부모보다 사적 소득이전을 많이 받을 것으로 예상한다(Lucas & Stark, 1985).

증여 변수와 교육투자 변수도 유의미한데, 증여 변수는 부모가 자녀에게 증여를 했는지 여부를 가리키는 변수인데, 회귀계수가 음의 값을 갖는다. 교육투자 변수는 자녀의 교육수준을 의미하는데, 자녀의 교육수준은 부모가 자녀 교육을 위한 투자 정도를 측정하는 대리(proxy) 변수이다. 그 변수의 회귀계수는 양의 값을 갖는다. 두 변수는 자녀로부터 부모로의 사적 소득이전이 부모가 자녀에게 투자한 것에 대한 자녀의 갚음이라는 설명을 뒷받침하는 변수이다. 자녀에 대한 부모의 증여 변수의 회귀계수가 음의 값을 갖는다는 것은 자녀에게 증여를 한 부모가 증여를 하지 않은 부모보다 오히려 사적 소득이전을 더 적게 받는다는 것을 의미한다. 이는 우리나라의 사적 소득이전이 부모가 자녀에게 과거 증여한 것에 대한 갚음의 성격을 갖지 않는다는 것을 시사한다. 교육투자 변수, 즉 자녀의 교육수준 변수의 회귀계수는 양의 값을 갖는다. 그런데 교육투자 변수는 부모가 자녀에게 교육투자한 양을 측정하는 대리변수로서 한계가 있다. 교육수준이 높다 하여 부모가 자녀에게 교육투자를 많이 했다는 것을 입증하는 것은 아니다. 자녀의 교육수준은 자녀 교육에 대한 부모의 투자에 의해서만 결정되는 것이 아니며, 자녀의 열의, 지적 능력 등 다양한 요소가 결합된 종합적인 성과물이다. 그런 점에서 교육투자 변수의 회귀계수가 양의 값을 갖는다 하여, 이를 자녀 교육에 대한 부모의 투자에 대한 갚음으로 해석하기에는 무리가 있다.

사적 소득이전이 교환 동기에 기인한 것인가를 검증하는 대표적인 변수는 사적 소득이전을 받는 사람들이 사적 소득이전을 제공한 사람들에게 제공하는 서비스이다. 서비스란 집안 청소, 아이 돌봄, 집보기, 시장보기 등을 말한다. 사적 소득이전의 동기에서 교환 동기 이론은 사적 소득이전의 제공을 서비스를 받은 것에 대한 대가로 설명한다. 〈표 7-1〉에서 서비스 변수는 도움 여부 변수이다. 도움 여부 변수는 유의수준 .05에서 유의미하지 않다. 즉 자녀에게 손자녀 돌보기나 집안 청소 등의 서비스를 제공한 부모가 그러한 서비스를 제공하지 않은 부모보다 사적 소득이전을 더 많이 받는 것은 아니라는 것이다. 이런 결과 역시 1990년대 중반 우리나라의 사적 소득이전이 경제적 교환 동기에 의해 이루어지는 것이 아님을 뒷받침해준다.

다음으로 부모의 욕구 변수를 살펴보자. 유의수준 .05에서 부모의 소득 변수, 입원 여부, 근로활동 유무, 애경사 유무 변수가 유의미하다. 사적 소득이전을 받는 사람이 소득 변수(이 연구에서는 부모의 소득 변수)는 사적 소득이전의 동기를 파악하는 핵심 변수로 간주된다. 소득이 적은 사람일수록 사적 소득이전을 많이 받는다면, 사적 소득이전이 소득 결핍에 대한 대응 기제로 이해되며, 사적 소득이전의 동기가 이타적 동기에 의해 이루어진다는 것을 판단하는 핵심적 근거이다. 이 연구의 결과를 보면, 부모 소득 변수의 회귀계수는 음의 값을 갖으며, 유의미하다. 곧 소득이 적은 부모일수록 사적 소득이전을 더 많이 받는다. 우리나라의 사적 소득이전이 욕구에 대한 대응으로서 제공되는, 즉 이타적 동기임을 확인시켜주는 것이다. 부모의 욕구 관련 다른 변수를 보면, 입원한 부모, 근로활동을 하지 않는 부모, 애경사가 있던 부모가 그렇지 않은 부모보다 사적 소득이전을 더 많이 받는 것으로 나타난다. 이는 우리나라에서 사적 소득이전이 욕구에 대한 대응의 성격을 갖는 것으로서 이타적 동기가 기저에 있음을 보여주는 것이다.

이상에서 살펴본 바와 같이, 1990년대 중반 우리나라의 사적 소득이전의 동기는 경제적 교환 동기보다는 이타적 동기에 기반한 것으로 평가할 수 있다.


## 2) 2000년대 중반

2000년대 중반에 이루어진 사적 소득이전의 동기에 관한 대표적인 연구는 김희삼의 연구(2008)를 들 수 있다. 그의 연구는 만 50세 이상 중고령자 부가조사가 포함된 한국노동패널 제6차 조사 자료를 이용하였는데, 그것은 2003년에 조사된 것이다. 그는 일반화된(Generalized Tobit) 토빗 분석 방법을 이용하여, 어떤 부모들이 자녀로부터 사적 소득이전을 많이 받는가를 실증분석하였다. 분석 결과는 〈표 7-2〉에 제시되어 있다.

2000넌내 중반 사적 소득이전의 동기가 이타적인지, 교환적인지 살펴보자. 사적 소득이전의 동기가 이타적인지 교환적인지를 판단하는 가장 중요한 변수인 소득 변수를 보면, 모든 소득원천이 부모들의 사적 소득이전 수혜 여부에 음의 방향으로 영향을 미치며, 사적 소득이전의 양에도 거의 대부분 음의 방향으로 영향을 미치는 것으로 분석되었다. 이는 그러한 소득들이 많을수록 사적 소득이전을 받을 확률이 떨어지며, 사적 소득이전의 양도 줄어든다는 것을 의미한다. 유의수준 .05에서 통계적으로 유의미한 소득원을 중심으로 살펴보면, 사적 소득이전의 수혜 여부 및 수혜량 모두에 유의미한 영향을 미치는 변수는 응답자의 노동소득과 배우자의 노동소득 변수이다. 두 변수 모두 부모의 사적 소득이전의 수혜 여부 및 수혜량에 음의 방향으로 유의미하게 영향을 미치는 것으로 분석되었다. 이는 다른 변수의 영향이 같을 때, 부모의 근로소득이 적을수록 사적 소득이전을 수혜할 가능성이 높아지며, 사적 소득이전의 수혜량두 많아진다는 것을 의미한다.

**표 7-2** 어떤 부모가 자녀로부터 사적 소득이전을 더 많이 받는가?

| 종속변수: 자녀로부터 받은 월간 사적 이전소득 | 사적 소득이전 수혜 여부 | | 사적 이전소득의 양 | |
|---|---|---|---|---|
| | 계수 | 표준오차 | 계수 | 표준오차 |
| 상수 | −10.0636 | 1.656*** | −416.0485 | 71.7788*** |
| 월간 소득원 | | | | |
|   응답자의 노동소득 | −0.0046 | 0.0010*** | −0.1992 | 0.0507*** |
|   배우자의 노동소득 | −0.0060 | 0.0010*** | −0.2835 | 0.0603*** |
|   사적 연금액 | −0.0047 | 0.0089 | −0.1261 | 0.4407 |
|   이자소득 | −0.0027 | 0.0029 | 0.0124 | 0.1575 |
|   임대소득 | −0.0011 | 0.0015 | −0.0379 | 0.0773 |
|   공적연금 소득 | −0.0035 | 0.0015** | −0.01636 | 0.0710** |
|   사회보험 소득 | −0.0215 | 0.0111* | −0.3466 | 0.5387 |
|   공공부조 소득 | −0.0301 | 0.0105*** | −1.0561 | 0.5023** |
|   다른 사적 이전들 | −0.0203 | 0.0183 | 0.0947 | 0.8848 |
| 자녀에게 준 사적 소득이전 | 0.0003 | 0.0033 | 0.1649 | 0.1711 |
| 주관적 최저소득 결핍 정도 | 0.0033 | 0.0006*** | 0.1982 | 0.0282*** |
| 순자산 | −0.0027 | 0.0015* | 0.1412 | 0.0825* |
| 여성 | 0.8237 | 0.2850*** | 6.5374 | 4.5940 |
| 가장여부 | 0.9870 | 0.2585*** | 35.3709 | 4.1416*** |
| 연령 | 0.2227 | 0.0473*** | 9.2173 | 2.1195*** |
| 연령 제곱 | −0.0014 | 0.0003*** | −0.0607 | 0.0155*** |
| 건강 나쁜 정도 | 0.0590 | 0.0635 | 5.6188 | 3.0709* |
| 결혼지위(기준: 유배우) | | | | |
|   이혼 | −0.6022 | 0.4571 | −31.9722 | 22.0089 |
|   별거 | 0.2467 | 0.2044 | 7.4516 | 9.8146 |
|   사별 | 0.2733 | 0.0877** | 8.4643 | 4.2405** |

| 교육수준(기준: 고졸 미만) | | | | |
| --- | --- | --- | --- | --- |
| 고졸 | −0.0529 | 0.0937 | 0.2475 | 4.7188 |
| 전문대졸 이상 | −0.0447 | 0.1240 | 6.4597 | 6.1120 |
| 자녀 수 | 0.0914 | 0.0236*** | 4.3485 | 1.1422*** |
| 아들 수 | 0.0030 | 0.0374 | 0.2817 | 1.7130 |
| 거주 지역(기준: 대도시) | | | | |
| 강원도 | −0.4216 | 0.1902** | −15.9367 | 9.3306* |
| 경상도 | −0.1795 | 0.0600** | −8.4623 | 3.3948** |
| 전라도 | 0.2513 | 0.0875*** | 8.6043 | 4.1842** |
| 충청도 | −0.2892 | 0.1158** | −13.5294 | 5.7258 |
| 여성 * 연령 | −0.0101 | 0.0031*** | | |
| 여성 * 가구주 | −0.1617 | 0.1100 | | |
| 가주주 * 연령 | −0.0024 | 0.0026 | | |
| 사례 수 | 3107 | | | |
| Log Likelihood | −378.38 | | | |

주 1) * p 〈 .1, ** p 〈 .05, *** p 〈 .01.
단위: 순자산은 천만 원, 다른 소득은 만 원.
자료: 한국노동연구원, 한국노동패널 6차 웨이브.
출처; 김희삼(2008).

요컨대 부모의 욕구가 클수록 자녀가 부모에게 사적 소득이전을 많이 제공한다는 점을 보여주고 있다. 2000년대 중반에도 우리나라의 사적 소득이전이 이타적 동기에 의해 이루어지고 있음을 뒷받침한다.

또 다른 소득원천 중 부모의 사적 소득이전 수혜에 유의미하게 영향을 미치는 변수는 공적 이전 관련 변수이다. 공적연금 급여액 변수와 공공부조 급여액 변수는 유의수준 .05에서 통계적으로 유의미하며 사적 소득이전 수혜 여부 및 수혜액에 음의 방향으로 영향을 미치고, 사회보험 급여액 변수는 사적 소득이전 수혜 여부에만 음의 방향으로 영향을 미치는 것으로 나타났다(유의수준 .1). 공적연금 급여를 많이 받을수록 사적 소득이전을 수혜할 가능성이 떨어지며, 사적 소득이전 수혜량도 감소한다. 공공부조 수급액이 많을수록 사적 소득이전을 수혜할 가능성이 낮아지며, 사적 소득이전 수혜액도 감소한다.* 사회보험의 급여액이 많을수록 사적 소득이전 수혜 가능성이 떨어진다.

이렇게 공적 소득이전과 사적 소득이전은 대체관계를 이룬다. 공적 소득이전을 통해 응답자 가구의 소득이 증가하면, 자녀들의 사적 소득이전 제공이 줄어든다는 것이다. 부모가 공적 이전을 통해 욕구를 충족했으므로, 자녀들은 부모에게 사적 소득이전을 제공할 필요가 줄어드는 것이다. 이는 곧 우리나라에서 사적 소득이전이 이타적 동기에 의해 이루어진다는 것을 확인시켜주는 것이다.

.......

* 공공부조와 사적 소득이전의 관계는 공공부조가 사적 소득이전을 구축하는지, 반대로 사적 소득이전이 공공부조를 구축하는지는 명확하지 않다. 즉, 둘 간에 어느 것이 선행 요인인지 불분명하다. 공공부조의 급여 원리는 보충급여 방식이므로, 사적 이전소득이 증가하여 소득인정액이 많아 공공부조 급여가 줄어들 수도 있고, 반대로 공공부조 급여를 받아 그 가구의 소득이 증가했기 때문에 사적 이전소득이 줄어들 수도 있다(김희삼, 2008).

2000년대 중반 사적 소득이전이 이타적 동기에 기반하고 있음을 보여주는 또 다른 변수는 주관적 최저소득 결핍 정도 변수이다. 주관적 최저소득 결핍 정도 변수는 부모의 사적 이전소득 수혜 여부 및 수혜량 모두에 양의 방향으로 유의미하게 영향을 미친다(유의수준 .01). 이는 부모가 자신의 소득이 최저소득에서 부족하다고 많이 느낄수록 자녀들로부터 사적 이전소득을 받을 가능성이 높아지고, 받는 양도 많아진다는 것이다. 결국 부모가 결핍 정도가 크다고 느낄수록 자녀로부터 사적 소득이전을 많이 받는다는 것으로 전형적인 이타적 동기를 보여주는 것이다. 부수적으로 이 시기 우리나라의 사적 소득이전이 이타적임을 보여주는 변수는 주관적 건강 정도 변수와 결혼 지위 중 사별 변수이다. 주관적 건강 정도를 나타내는 변수는 건강이 나쁜 정도로 측정되었는데, 건강이 나쁘다고 느낄수록 사적 소득이전 수혜량이 많다(유의수준 .1). 부모가 부부가 함께 사는 경우보다 사별한 경우에 자녀로부터 사적 소득이전을 받을 가능성이 높으며, 받는 양도 많은 것으로 나타났다(유의수준 .05). 이러한 결과도, 자식이 볼 때 부모가 어려운 상황이라고 느낄 경우 부모에게 사적 소득이전을 많이 제공한다는 것을 보여주는 것으로, 우리나라의 사적 소득이전이 이타적 동기에 의해 이루어짐을 뒷받침한다.

반면 사적 소득이전이 교환 동기에 기반하고 있지 않다는 점은 소득 변수의 영향, 자녀에게 준 사적 소득이진 변수의 영향에 의해 확인할 수 있다. 교환 동기 이론에 의하면, 수혜자의 소득이 많을수록 사적 이전소득 수혜량이 많을 것으로 가정한다(Cox, 1987). 왜냐하면 교환 동기 이론에서 사적 소득이전은 사적 소득이전 수혜자가 제공자에게 준 서비스에 대한 대가이므로, 사적 소득이전 수혜자의 소득이 많을수록 그가 제공하는 서비스의 단위당 가격이 높아지기 때문이다. 이 연구의 분석 결과를 보면, 부모의 소득 관련 변수의 계수는 대부분 음의 값을 갖는다. 유의수준 .05에서 유의미한 소득 변수는 응답자의 노동소득 및 배우자의 노동소득, 공적연금 소득, 공공부조 소득인데 모두 부모의 사적 이전소득 수혜량에 음의 방향으로 영향을 미친다. 즉 이러한 소득이 많을수록 사적 이전소득이 줄어든다. 즉 사적 소득이전의 동기가 교환 동기에 기반하지 않는다는 점을 시사한다.

부모가 자녀에게 준 사적 이전소득 변수의 영향을 보면, 부모의 사적 이전소득 수혜량에 유의수준 .1에서 유의미하지 않다. 사적 소득이전이 교환 동기라면, 사적 이전소득을 준 것과 받은 것 간에 양의 관계가 있어야 하나, 두 변수의 관계는 통계적으로 유의미하지 않다. 이런 점을 고려하면, 2000년대 중반 시기 우리나라의 사적 소득이전은 교환 동기가 밑바탕에 있는 것은 아니라고 평가할 수 있다.

결론적으로 2000년대 중반 시기 우리나라의 사적 소득이전은 이타적 동기에 기반한 것으로 설명된다.

## 3) 2010년대 중반

2010년대 중반 사적 소득이전의 동기를 살펴보기 위하여 먼저 2019년 장현주(2019)의 연구를 살펴보자. 이 연구는 국민연금연구원의 국민노후보장패널(KReIS) 6차 본조사를 이용하였다. 이 분석 자료는 2015년에 조사되었으며, 소득에 대한 정보는 2014년이나. 그의 연구는 공적 소득이전이 사적 소득이전을 구축하는가에 초점을 맞추어져 있지만, 일정 정도 사적 소득이전의 동기를 살펴볼 수 있다. 분석 결과는 〈표 7-3〉과 같다.

앞에서 살펴본 것처럼 사적 소득이전의 동기를 판단하는 핵심 변수는 사적 소득이전을 받는 수혜자의 소득 변수이다. 〈표 7-3〉에서 소득 변수는 공적 이전소득액, 근로소득액, 가구균등화소득액 변수 등 3개가 있다. 공적 이전소득액, 근로소득액, 가구균등화소득 변수는 모두 유의수준 .05에서 유의미한 것으로 나타났다. 그런데 회귀계수의 방향이 다르다. 공적 이전소득액, 근로소득액 변수는 음의 방향으로 유의미하고, 가구균등화소득 변수는 양의 방향으로 유의미하다. 즉 공적 이전소득액 및 근로소득액이 증가할수록 사적 이전소득이 감소하는 것으로 나타났다. 이는 사적 소득이전의 동기가 이타적임을 나타내는 것이다. 하지만 가구균등화소득 변수는 가구균등화소득이 증가할수록 사적 이전소득이 증가하는 것으로 나타나다. 이는 사적 소득이전의 동기가 교

**표 7-3** 대도시와 비대도시 노인 가구에서의 공적 이전소득의 사적 이전소득 구축 효과

| 독립 변수 | 대도시 노인 가구 | | | | 비대도시 노인 가구 | |
| --- | --- | --- | --- | --- | --- | --- |
| | 서울시 | | 광역시 | | | |
| | B | Beta | B | Beta | B | Beta |
| 상수항 | 1.299 | | 1.862 | | 3.747 | |
| ln 공적 이전소득액 | −.625*** | −.521 | −.186* | −.131 | −.258*** | −.191 |
| ln 근로소득액 | −1.338*** | −1.203 | −.399*** | −.471 | −.757*** | −.923 |
| ln 가구균등화소득액 | 2.436*** | 1.317 | 1.109*** | .630 | 1.247*** | .881 |
| 가구원 수 | .242** | .307 | −.017 | −.024 | .231*** | .357 |
| 노인 가구원 수 | .604*** | .306 | .413** | .129 | .237*** | .068 |
| 가구주 연령 | −.018* | −.192 | −.009 | −.097 | .000 | .003 |
| 가구주 경제활동 상태 | −.314 | −.211 | −.299* | −.143 | .008 | .096 |
| F | 9.404*** | | 9.546 | | 27.719*** | |
| R2 | .352 | | .240 | | .219 | |
| Adj. R2 | .315 | | .215 | | .211 | |

주 1) *** p < .001, ** p < .01, * p < .05.
출처: 장현주(2019).

환적임을 시사한다.

이렇게 2010년대 중반 우리나라 사적 소득이전의 동기는 명확하지 않다. 한편으로는 이타적 동기가 존재하는 것으로 분석되며, 다른 한편으로는 교환 동기도 있는 것으로 나타난다. 전승훈·박승준(2011)에 의하면, 우리나라의 사적 이전소득에서 교환 동기는 2004년부터 나타난다. 이런 점을 고려하면, 특정 사회에서 사적 소득이전이 하나의 동기에만 기반하여 이루어지는 것이

아니라 소득수준에 따라 서로 다른 동기가 혼재할 수 있음을 주장하는 콕스와 그의 동료들(Cox et al., 2004)은 시사하는 바가 크다. 우리나라의 사적 소득이전에서도 서로 다른 동기가 혼재할 수 있다. 이와 관련해서는 후속 연구를 통해 검증해보는 것이 필요하다 하겠다.

이상에서 살펴본 바와 같이 우리나라의 사적 소득이전의 동기는 교환 동기와 이타주의 동기 중 이타주의 동기가 더 지배적인 것으로 보인다. 특히 1990년대에서 2000년대 초까지는 이타주의 동기가 확연하다. 우리나라의 사적 소득이전은 주로 자녀가 늙은 부모에게 제공하는 것이 일반적이다. 2000년대 초까지만 해도 자녀들의 경제적 수준은 안정적인 경우가 많았지만, 노인들은 절반이 빈곤상태에 있는 것으로 보고되는 바와 같이 어려운 경우가 많았다. 또한 이 시기까지만 해도 공공복지의 혜택을 받는 노인들은 거의 없었다. 따라서 이 시기 빈곤 노인들의 상당수는 소득의 대부분을 자녀들로부터 받는 사적 소득이전에 의존하였다. 이런 점을 고려할 때, 이 시기까지 우리나라에서 사적 소득이전은 부모의 경제적 결핍에 대한 자녀의 대응 성격이 강하였고, 이타적 동기가 지배적이었다고 평가할 수 있다.

그런데 우리 사회는 1997년 IMF 외환위기 이후 개인주의 가치가 급속도로 확산되어왔다. 더불어 공적연금을 수급하는 노인들도 꾸준히 증가해왔고, 다른 한편 기초노령연금의 도입 등 공공복지도 빠르게 확대되어왔다. 또한 노인 중에서도 부유한 노인층이 꾸준히 확대되어왔다. 이러한 사회변화는 사적 소득이전의 동기에도 영향을 미쳤을 수 있다. 그러한 점들 때문에 2010년대 들어 우리나라 사적 소득이전의 동기에서 교환적 동기가 발견되는 것으로 보인다.

## 2. 사적 소득이전의 동기와 문화적 요인

사적 소득이전은 문화적 요인의 영향을 많이 받는다고 한다(Walzer, 1986). 가족 간 서로 돕는 공동체적 문화가 강한 사회는 사적 소득이전이 활발할 것이다. 반면 아동기 때까지는 자녀 양육에 대한 책임이 부모에게 있지만, 자녀가 성인이 되면 부모와 자녀는 서로 독립적인 인격체로 존중하는 사회의 경우, 가족 간 소득이전은 그다지 강하지 않을 수 있다. 우리 사회는 부모 부양을 자식의 도리로 간주해온 오랜 전통이 있다. 부모와 자녀가 함께 살며 부모를 봉양하는 것이 옛날 전통이었다. 근대화와 산업화 이후 우리 사회도 핵가족이 보편적 가족 형태로 자리 잡았다. 가족 형태가 변화한 상황에서 부모 봉양의 주요한 방식은 동거하지 않는 자녀가 부모에게 사적 소득이전을 제공하는 것이다.

이렇게 사적 소득이전에는 문화적 요인이 내재되어 있을 수 있다. 그러한 문화적 요인으로 우리 사회에서 중요하게 생각되는 것이 효이다. 그렇다면, 우리나라의 사적 소득이전에는 효가 내재되어 있을까? 여기서는 우리나라 사적 소득이전과 효 등 문화적 요인 간의 관계를 실증적으로 살펴보고자 한다.

사적 소득이전과 효의 관계를 살펴본 대표적 연구로 진재문(1999)과 손병돈(1999)이 있다. 이 두 연구의 결과를 중심으로 살펴보려 한나.

〈표 7-4〉는 효를 효의식과 전화횟수로 측정하여, 이 두 변수가 사적 이전소득액에 어떻게 영향을 미치는가를 분석한 결과이다. 효의식은 사적 소득이전을 제공하는 자녀들의 주관적인 효의식으로 15개의 문항으로 구성된 효척도를 이용하여 측정하였으며, 점수가 높을수록 주관적인 효의식이 높은 것을 의미한다. 전화횟수는 부모에게 얼마나 관심을 보이며, 문안인사를 잘 하는가 등 효를 객관적으로 측정한 대리변수로 이용하였다.

〈표 7-4〉에서 두 변수는 모두 사적 이전소득액에 양의 방향으로 유의미하게 영향을 미치는 것으로 나타났다. 자녀의 효의식이 높을수록 부모가 받는 사적 이전소득액이 많아지며, 자녀가 부모에게 전화 연락을 자주 할수록, 부모가 받는 사적 이전소득액이 많아지는 것으로 분석되었다. 즉 효가 사적 이전소득액을 결정하는 중요한 요인인 것으로 나타났다. 이렇게 우리 사회의 사적 소득이전에서 효와 같은 문화적 요인 또한 중요한 영향 요인이나.

**표 7-4** 효가 사적 이전액에 미치는 영향

| 독립변수 | Tobit(A) (ß) | Tobit(A) (ß) |
|---|---|---|
| 상수 | −0.1973 | −2.9482 |
| 사회보장수급 유무(유=1) | −2.7471*** | −2.4691*** |
| 연령 | 0.0480 | 0.0499*** |
| 건강 | 0.0382 | 0.0280 |
| 소득수준 | −0.0014 | −0.0015* |
| 부모의 이전 | −0.0000 | −0.0000 |
| 자녀동거 유무(동거=1) | −0.4371* | −0.4975** |
| 자녀 교육수준 | 0.1728*** | 0.0865** |
| 자녀 소득수준 | −0.0003*** | 0.0003*** |
| 가족의식 | − | 0.1412 |
| 효의식 | − | 0.6770*** |
| 전화횟수 | − | 0.0040*** |
| 방문횟수 | − | 0.0034 |
| 연줄망의 크기 | − | 0.1095*** |
| 성별(여성=1) | −0.6965** | −0.4702 |
| 자녀와의 거리 | −0.00003 | −0.0001 |
| | Log Likelihood = −1017.151 X2=197.7806*** | Log Likelihood =− 982.8771 X2=266.3284*** |

종속변수: 사적 이전액(자연 log값) * p 〈 .1, ** p 〈 .05, *** p 〈 .01

출처: 진재문(1999).

〈표 7-5〉는 손병돈의 연구(1999) 결과이다. 이 연구의 주요 목적 중 하나가 한국의 문화적 요인이 가족 간 소득이전 결정에 어

**표 7-5** 부모의 사적 이전소득 수혜에 대한 회귀분석 결과

| 독립변수 | | 분석모델1 | | 분석모델2 | |
|---|---|---|---|---|---|
| | | B | β | B | β |
| | 경제적 계층 | | | | |
| | 최하1계층 | 40.830 | 0.095 | 1.655 | 0.119* |
| | 2계층 | 60.728 | 0.145** | 2.275 | 0.169** |
| | 3계층 | 64.745 | 0.144** | 3.034 | 0.211*** |
| | 4계층 | 27.339 | 0.063 | 1.594 | 0.116* |
| 부모변수 | 증여 유무(유=1) | −0.024 | −0.112** | −0.001 | 0.120** |
| | 도움 유무(유=1) | 22.966 | 0.058 | 1.013 | 0.079 |
| | 자녀 교육투자 수준 | 6.696 | 0.114** | 0.330 | 0.175*** |
| | 소득 | −0.033 | −0.114** | −0.000 | −0.009 |
| | 건강 상태 | 3.639 | 0.044 | 0.223 | 0.084* |
| | 입원 유무(유=1) | 15.730 | 0.034 | −0.161 | −0.011 |
| | 연령 | −1.263 | −0.057 | −0.055 | −0.077 |
| | 가구 형태(단독=1) | 29.592 | 0.082* | 1.088 | 0.094* |
| | 퇴직 유무(유=1) | 64.302 | 0.184*** | 2.661 | 0.240*** |
| | 애경사 유무(유=1) | 96.442 | 0.234*** | −0.062 | −0.005 |
| 자녀변수 | 소득 | .266 | .273*** | 0.003 | 0.105* |
| | 미혼 자녀 수 | 19.673 | 0.080* | 0.184 | 0.023 |
| | 기혼 형제 수 | −0.591 | −0.006 | 0.353 | 0.115** |
| | 장남 여부(장남=1) | 13.671 | 0.039 | 0.053 | 0.005 |
| | 증여량 | 108.084 | 0.193*** | 3.999 | 0.224*** |
| | 연락 빈도 | 0.310 | 0.168*** | 0.006 | 0.104* |
| | 도움 시간 | 0.102 | 0.078* | 0.002 | 0.040 |
| 상수 | | −146.378 | | −3.797 | |
| 종속변수 | | 순이전 수혜량 | | 정기적 이전 주기 | |
| | | R2=0.351 F=13.684*** | | R2=0.230 F=7.926*** | |

주 1) * p 〈 .5, ** p 〈 .01, *** p 〈 .001.
출처: 손병돈(1999).

떤 영향을 미치는가를 검증하는 것이다. 이 연구에서 사적 소득이전을 수혜하는 대상자는 부모이고, 제공자는 자녀이며, 종속변수는 순(net)이전소득 수혜량과 정기적 이전 주기이다. 한국의 문화적 요인 변수로 증여량과 연락빈도 변수를 설정하였는데, 증여량은 자녀가 부모에게 증여한 것을 측정한 것이며, 연락 빈도는 자녀가 부모에게 지난 1년간 얼마나 자주 전화나 방문을 하였는가를 측정한 것이다. 이 두 독립변수는 자녀가 부모를 얼마나 잘 봉양하는가를 측정하는 변수로서 한국의 문화적 요인인 효의 정도를 나타내는 변수로 상정하였다.

효를 나타낸 변수인 증여량과 연락 빈도 변수는 사적 이전소득 결정 분석모델 2개 모두에서 유의수준 .05에서 종속변수인 순(net)사적 이전소득 수혜량과 정기적 이전 주기에 유의미한 영향을 미치는 것으로 분석되었다. 순사적 이전소득 수혜량 모델의 분석 결과를 보면, 부모에게 증여한 증여량이 많을수록, 부모에게 연락을 자주 드리는 자녀일수록, 그 부모는 자녀로부터 사적 소득이전을 많이 받는 것으로 나타난다. 이 두 변수의 상대적 영향력을 보면, 증여량의 표준화회귀계수는 .193, 연락빈도 변수는 .168로 자녀의 소득 변수, 부모의 애경사 유무 변수, 퇴직 유무 변수 다음으로 큰 것으로 나타나, 순사적 이전소득 수혜량 결정에 상대적 영향력이 매우 높음을 알 수 있다.

부모가 자녀로부터 얼마나 정기적으로 사적 소득이전을 받는

가를 분석하는 모델의 분석 결과를 보자. 사적 소득이전 수혜자의 입장에 보면, 사적 소득이전을 정기적으로 받는 것은 생활의 계획성 및 안정성을 높여준다는 점에서 중요하다. 정기적 이전 주기에도 자녀의 증여량과 연락 빈도 변수는 중요한 영향을 미치는 것으로 나타난다. 부모에게 증여를 많이 한 자녀일수록, 부모에게 자주 연락드리는 자녀일수록, 그 부모는 더 빈번한 주기로 사적 소득이전을 정기적으로 수혜하는 것으로 분석되었다. 두 변수의 표준화회귀계수를 보면, 증여량은 .224로 모든 독립변수 중 두 번째로 크고, 연락빈도는 .104로 상당히 큰 편에 속한다.

이상에서 살펴본 바와 같이 우리나라의 사적 소득이전에서 문화적 요인이 상당히 중요하다. 부모에 대한 자녀의 효의식이 높거나 부모에게 자주 연락드리는 등 효를 적극적으로 실천하는 자녀일수록 부모에게 사적 소득이전을 많이 제공하는 것으로 나타난다. 이런 점은 우리나라의 사적 소득이전이 서구 사회와는 다른 문화적 전통에 기반한 측면도 크다는 점을 시사해주는 것이다. 실제로 서구 사회와 비교해보면, 우리 사회의 비공식 복지는 서구 복지국가보다 훨씬 활발하게 이루어진다. 서구 복지국가들 중에서 노인 소득에서 사적 이전소득이 차지하는 비중이 1%를 넘는 국가는 없다. 그뿐만 아니라 우리보다 경제수준이 더 낮은 서구 국가 중에서도 우리나라와 상응한 수준의 사적 소득이전 규모를 갖고 있는 국가는 없다(최현수 외, 2016). 이런 점을 고려하면, 우리 사회에서 사적 소득이전이 활발한 것은 우리 사회의 독특성이고, 거기에는 효와 같은 문화적 요인이 중요한 영향을 미치는 것으로 보인다.


## 3. 계층*에 따라 사적 소득이전의 동기는 다른가

사적 소득이전을 주는 사람과 받는 사람의 조건이나 상황은 계층에 따라 다르므로, 사적 소득이전의 동기도 계층에 따라 다를 수 있다. 우리나라에서 사적 소득이전은 결혼한 자녀가 부모에게 제공하는 것이 일반적인 방향이다. 그 이유로 우리나라의 사적 소득이전은 자녀가 부모에 대한 효의 한 형태로 이루어지는 측면이 있다는 점과, 우리 사회는 아직까지 경제적으로 성장하는 사회이므로 노인인 부모 세대보다 자녀 세대가 소득수준 등 경제적 능력이 상대적으로 더 우월하다는 점을 들 수 있다.

그렇다면 실제 사적 소득이전의 동기가 계층 간에 다른가? 이와 관련한 실증연구는 거의 없다. 거의 유일한 연구가 손병돈의 박사 논문(1998)이라는 점에서 이 연구를 중심으로 검토하고자 한다.

.......

\* 여기서 계층은 사적 소득이전을 받는 부모의 재산을 중심으로 구분하였다. 계층은 부모의 계층을 말하므로, 자녀들의 계층은 이와 관련이 없다.

앞에서 살펴본 바와 같이 사적 소득이전의 동기로 교환 동기, 이타적 동기, 문화적 요인 등이 거론된다. 교환 동기는 전략적 유산 동기, 서비스와의 교환 등으로 사적 소득이전을 설명하고, 이타적 동기는 욕구에 따른 가족 간 자원의 분배라는 논리로 설명하며, 문화적 요인은 사적 소득이전을 부모에 대한 자녀의 효 또는 도리로 설명한다. 이런 사적 소득이전의 동기 또는 이루어지는 메카니즘이 계층 간에 차이가 있을까? 자녀로부터 부모로의 사적 소득이전을 상정한다면, 사적 소득이전의 당사자인 부모와 자녀의 경제적 조건 내지 환경은 계층에 따라 크게 다를 수 있다. 상위계층은 사적 소득이전을 받는 부모가 자녀에게 상속해줄 재산이 많을 수 있고, 자녀보다 소득이 더 많을 수도 있다. 중산층 부모의 경우는 상속해줄 재산이 상대적으로 적을 수 있고 소득수준은 자녀보다 낮은 경우가 일반적이며, 하위계층의 경우 부모가 상속해줄 재산이 거의 없으며 부모의 소득은 자녀보다 낮은 경우가 일반적이다.

〈표 7-6〉은 사적 소득이전의 결정 요인을 계층별로 비교한 것이다. 먼저 최하계층을 보면, 부모의 자원 변수인 재산과 도움 유무 변수가 유의미하지 않다. 이는 부모로부터 상속을 받기 위해 사적 소득이전이 이루어지는 것이 아니며, 부모가 제공한 서비스에 대한 대가로 자녀들이 부모에게 사적 소득이전을 제공하는 것도 아님을 보여준다. 다시 말해 최하계층의 사적 소득이전이 교환 동기에 기반을 둔 것이 아니라는 점을 확인시켜준다. 또한 부

**표 7-6 계층별 사적 소득이전의 결정 요인 비교**

| 구분 | 독립변수 | 최하계층 | 중간계층 | 최상계층 |
|------|---------|---------|---------|---------|
| | | 회귀계수 | 회귀계수 | 회귀계수 |
| 부모<br>자원<br>변수 | 재산 | 0.004 | −0.002 | 0.0004 |
| | 도움 유무(유=1) | 26.492 | −0.005 | 26.003 |
| 부모<br>욕구<br>변수 | 소득 | 0.075 | −0.275*** | −0.008 |
| | 근로활동 유무(유=1) | −55.366** | −78.559*** | −103.658* |
| | 애경사 유무(유=1) | 73.834*** | 89.102*** | 221.706*** |
| 자녀<br>변수 | 소득 | 0.234*** | 0.403*** | 0.195* |
| | 재산 | 0.0007*** | 0.001*** | −0.905 |
| 통제<br>변수 | 증여 유무(유=1) | 104.085*** | 72.724*** | 193.565* |
| | 연락 빈도 | 0.465*** | 0.297*** | 0.091 |
| | | $R^2$=0.519<br>F=7.218***<br>N=147 | $R^2$=0.401<br>F=9.017***<br>N=276 | $R^2$=0.353<br>F=3.371***<br>N=130 |

주 1) * $p < .1$, ** $p < .05$, *** $p < .01$.
　2) 독립변수와 통제변수는 분석모델에 포함된 것 중 주요 변수만 제시한 것임.
출처: 손병돈(1998).

모의 소득 변수도 유의미하지 않다. 부모의 욕구 변수는 근로활
동 유무와 애경사 유무만 유의미하다. 이는 최하계층의 사적 소
득이전이 일상적 욕구 결핍에 대한 대응보다 부모가 근로하지 않
는다든지, 지난 1년간 애경사가 있었다든지와 같은 사건사적인
욕구에 대응한다는 점을 시사해준다. 반면 문화적인 요인 변수는
유의수준 .05에서 유의미하다. 부모에게 증여를 제공한 자녀가
그렇지 않은 자녀보다, 그리고 부모에게 연락을 자주 하는 자녀

일수록 부모에게 사적 소득이전을 많이 제공하는 것으로 나타났다. 부모에게 증여를 제공했거나 자주 연락을 드리는 것은 효행심이 강한 것으로 볼 수 있다. 그런 점에서 최하계층의 사적 소득이전은 효와 같은 문화적 요인이 바탕을 이룬다고 평가할 수 있다. 그뿐만 아니라 자녀의 경제적 능력도 중요한 결정 요인이다. 자녀의 소득 변수, 재산 변수는 유의수준 .01에서 유의미하고, 양의 방향으로 최하계층의 사적 소득이전에 영향을 미친다. 자녀가 경제적 능력이 우월할수록 부모에게 사적 소득이전을 많이 제공하는 것이다. 사적 소득이전은 자발성에 기초한 것이므로, 제공자의 경제적 능력이 무엇보다 중요하게 영향을 미친다.

다음으로 중간계층의 사적 소득이전 결정 요인을 살펴보자. 부모의 자원 변수인 재산과 도움 유무 변수는 유의수준 .05에서 유의미하지 않다. 중간계층의 사적 소득이전도 상속 동기나 부모가 제공한 서비스에 대한 대가로 이루어지는 것은 아니라는 것을, 다시 말해 교환 동기가 내재되어 있지 않음을 보여준다. 반면 부모의 욕구 변수인 소득, 근로활동 유무, 애경사 유무 변수는 유의수준 .05에서 통계적으로 유의미하다. 부모의 소득이 적을수록, 근로활동을 하지 않는 부모가 하는 부모보다, 지난 1년간 애경사가 있었던 부모가 없었던 부모보다 사적 소득이전을 많이 받는다. 이는 중간계층의 사적 소득이전이 부모의 욕구에 대한 대응으로 이루어지는 이타적 동기에 기반하고 있음을 보여주는 것이다. 또한 부모에 대한 자녀의 증여 유무 변수, 연락 빈도 변수 등 문화적 요인 변수도 유의수준 .05에서 유의미하다. 부모에게 증여를 한 자녀가 그렇지 않은 자녀보다, 부모에게 자주 연락하는 자녀일수록 부모에게 사적 소득이전을 많이 제공하는 것으로 나타났다. 이는 효행심이 강한 자녀일수록 부모에게 사적 소득이전을 많이 제공한다는 것을 의미한다. 중간층의 사적 소득이전에서도 우리나라의 문화적 전통이 중요한 영향을 미치고 있는 것으로 나타났다. 또한 사적 소득이전을 제공하는 자녀의 경제적 능력도 중요한 영향 요인이다. 자녀의 소득 변수, 재산 변수 둘 다 유의수준 .01에서 유의미하며, 다른 변수의 영향이 동일할 때 소득이 많은 자녀일수록, 재산이 많은 자녀일수록 부모에게 사적 소득이전을 많이 제공하는 것으로 나타났다.

끝으로 최상계층의 사적 소득이전 동기를 살펴보자. 최상계층의 사적 소득이전 결정 요인은 앞의 최하계층이나 중간층과는 조금 상이하다. 먼저 부모의 자원 요인 변수인 부모의 재산, 도움 유무 변수는 유의수준 .05에서 유의미하지 않다. 부모가 재산이 많다고 하여, 부모가 자녀에게 서비스 형태의 도움을 주었다 하여 사적 소득이전을 많이 받는 것이 아님을 시사한다. 요컨대 최상계층의 사적 소득이전이 자녀가 상속을 받으려는 상속 동기나 손자녀 돌봄과 같은 서비스와의 교환으로 이루어지는 것이 아니라는 것을, 다시 말해 교환 동기가 없음을 시사한다.

부모의 욕구 변수 중에서도 유의수준 .05에서 유의미한 것은 애경사 유무 변수뿐이고, 부모의 소득 변수나 근로활동 유무 변수는 유의미하지 않다. 이는 최상계층의 사적 소득이전은 부모의 소득결핍에 대한 대응의 성격이 없다는 점을 보여준다. 지난 1년간 애경사가 있었던 부모가 없었던 부모보다 사적 소득이전을 많이 받은 것으로 분석된 것은 최상계층의 사적 소득이전도 애경사와 같은 특성한 사건에 따른 욕구에 대응하는 성격은 있다고 해석할 수 있다. 우리 사회에서 애경사가 있을 때, 상호부조는 오랜 전통으로서 문화라는 점을 고려하면, 문화적 요인으로 해석할 수도 있을 것이다. 최상계층의 사적 소득이전에는 다른 계층과 달리 문화적 요인 변수인 자녀의 증여 유무 변수, 자녀의 연락 빈도 변수도 유의수준 .05에서 유의미하지 않다. 이러한 결과는 최상계층의 사적 소득이전은 효로서 설명하기도 쉽지 않다는 것을 의미한다. 또한 다른 계층과 달리 자녀의 경제적 능력 변수인 자녀의 소득, 재산 변수도 유의수준 .05에서 유의미하지 않다. 이상의 결과를 종합해보면, 최상계층의 사적 소득이전은 교환 동기나 이타적 동기 또는 효와 같은 문화적 요인으로도 설명이 되지 않는다. 단지 애경사에 대한 대응과 같은 특정한 사건에 따른 욕구에 대한 대응이나 상부상조라는 문화적 전통으로 해석할 수 있다.

　　계층별 사적 소득이전 결정 요인 분석결과를 종합해보면, 계층 간 사적 소득이전의 동기가 상이하다는 점이 확인된다. 최하계층의 사적 소득이전은 교환 동기가 기저에 있는 것은 아니라는 점은 명확하지만, 그렇다고 하여 일상적인 소득결핍에 대한 대응과 같은 이타적 동기도 명확하지 않다. 다만 퇴직 또는 애경사와 같은 사건사적인 욕구에 대응하는 정도로 이타적 동기가 내재하고 있다고 평가할 수 있으며, 효와 같은 문화적 요인도 중요한 영향 요인으로 평가할 수 있다.

중간계층의 사적 소득이전은 이타적 동기가 명확하게 나타난다. 부모가 소득이 적어 욕구 충족이 안 되는 측면을 자녀가 사적 소득이전으로 대응하는 것으로 보인다. 상속 동기나 서비스와의 교환과 같은 교환 동기는 없는 것으로 나타났다. 최하계층과 마찬가지로 효행심과 같은 문화적 요인도 중간계층의 사적 소득이전에 중요한 영향 요인으로 평가된다.

최상계층의 사적 소득이전에는 교환 동기, 이타적 동기 모두 내재해 있지 않은 것으로 해석되며, 효와 같은 문화적 요인도 중요한 영향 요인이 아닌 것으로 평가된다. 단지 애경사에서 상호부조의 문화적 전통이 중요한 영향 요인으로 작용한다.


## 4. 더 많은 후속 연구를 기대하며

우리나라의 사적 소득이전은 경제적 교환 동기보다 이타적 동

기가 주요한 동기인 것으로 분석되었다. 1990년대 중반에서 2010
년대 중반까지 우리나라의 사적 소득이전에 내재되어 있던 주요한
동기는 이타적 동기로 밝혀졌다. 노인인 부모들이 안정적인 소득
을 갖지 못하고 빈곤하게 살아가고 있는데 이를 국가가 복지를 통
해 대응하지 못하므로, 자녀들이 자신의 소득 일부를 늙은 부모에
게 제공함으로써 부모들의 부족한 소득을 보충하는 것이 현재까지
우리나라 사적 소득이전의 주요한 메커니즘이고, 그런 점에서 이
타적 동기가 우리나라 사적 소득이전의 주요한 동기라 할 수 있다.

하지만 2010년 무렵부터 이와 다른 흐름도 나타나기 시작하
는 것으로 보인다. 우리 사회도 산업화가 상당 정도 진행됨에 따
라 노인 중에서 자녀보다 훨씬 더 부유한 집단도 형성되고 있으
며, 가치상으로도 가족주의 등 전통적인 혈연 기반 공동체의식이
급속히 약화되고 있는 반면 개인주의 가치는 급속히 확산됨에 따
라, 우리 사회의 사적 소득이전에서도 교환 동기가 나타나기 시
작하는 것으로 보인다. 이와 관련하여서는 아직까지 분명하게 실
증되지 않았으므로 많은 실증연구를 통해 검증될 필요가 있다.

다른 한편 우리 사회의 사적 소득이전 동기를 설명할 때, 효와
같은 문화적 요인도 중요한 영향 요인이었다. 효의식이 강하거나
부모에게 자주 연락하는 자녀를 둔 부모일수록 사적 소득이전을
많이 받는 것으로 분석되었다. 우리 사회가 서구와 달리 사적 소
득이전 같은 비공식 복지가 발달하고, 현재까지 비교적 큰 부분

으로 유지되는 것은 유교적 전통에 기반한 효문화가 중요한 영향요인으로 설명된다. 상위계층을 제외한 다른 계층들의 사적 소득이전 결정 요인 모두에서 효와 같은 문화적 요인이 중요한 것으로 분석되었다.

계층별 사적 소득이전의 동기를 비교해보면, 중간계층에서만 이타적 동기가 뚜렷하고, 최하계층이나 최상계층에서는 뚜렷하지 않다. 물론 모든 계층에서 교환 동기는 나타나지 않았다. 최하계층의 경우 애경사, 근로중단과 같은 특정한 사건에 따른 욕구에 대응하는 사적 소득이전이 이루어지는 것으로 나타난다. 최상계층의 경우는 애경사에 따른 사적 소득이전의 제공이 중요한 것으로 분석되었다.

사적 소득이전은 그 사회의 여러 가지 현재 상황이나 특성을 반영한다. 그런 점에서 우리 사회의 사적 소득이전이 오늘날 어떤 동기에 의해 이루어지고, 계층에 따라 어떻게 다른지 등에 대한 연구가 진행될 필요가 있다. 이 장에서 검토한 연구들은 현재와는 상당한 시차가 존재하는 연구이다. 우리 사회는 가치 측면에서도, 부모와 자녀의 경제적 조건에서도 급속하게 변화해왔다. 이러한 변화를 반영한 연구가 크게 부족하다. 그런 점에서 사적 소득이전의 동기와 관련된 최근 실태를 반영하는 실증연구가 필요하다.

## 8장

# 사적 소득이전과 빈곤, 불평등

사회복지의 주요 기능 중 하나가 빈곤 및 불평등 완화다. 그런 점에서 사회복지가 빈곤 및 불평등을 어느 정도 완화하는지는 사회복지학의 중요한 관심사이다. 사적 소득이전도 사회복지의 한 영역이라는 점에서 사적 소득이전이 빈곤 및 불평등 완화에 어느 정도 기여해왔는지는 한국 사회복지학의 주요한 연구주제 중 하나였으며, 그에 따라 많은 연구들이 수행되었다.

우리나라 사회복지에서 사적 소득이전을 포함한 비공식 복지의 역할 및 비중은 계속 변화해왔다. 1980년대까지만 해도 국가복지가 아주 미미하였지만, 이후 점차 확대되어 2010년 무렵부터는 국가복지의 규모가 사적 소득이전의 규모를 넘어선 것으로 평가된다. 이렇게 전체 사회복지에서 사적 소득이전이 차지하는 비중이 변화하였다면, 빈곤 및 불평등 완화와 관련한 사적 소득이전의 효과도 변화하였을 것이다.

사적 소득이전의 빈곤 및 불평등 완화 효과는 사적 소득이전의 특성과 관련되는 측면도 있다. 사적 소득이전은 아는 사람끼리 주고받는다는 특성이 있어, 사적 소득이전이 활발할지라도 빈곤이나 불평등 완화 효과는 적을 수도 있다. 사적 소득이전의 빈곤 및 불평등 완화 효과는 사적 소득이전의 동기와도 관련된다. 이타적 동기가 강하면 빈곤 및 불평등 완화 효과가 클 수 있지만, 교환 동기가 강하면 그 효과가 크지 않을 수 있다.

이 장은 한국의 사적 소득이전이 지난 30~40년간 빈곤 및 불평등 완화에 어느 정도 기여하였으며, 어떤 변화가 있는지를 살펴보고자 한다.

1절에서는 사적 소득이전과 빈곤, 불평등 간의 관계를 이론적으로 검토한다. 기존 연구를 보면 사적 소득이전이 빈곤, 불평등 완화에 크게 기여한다는 주장이 있는가 하면, 사적 소득이전 같은 비공식 복지의 속성상 빈곤이나 불평등 완화에 별로 기여하지 못한다는 주장도 있다. 2절에서는 우리나라에서의 사적 소득이전과 빈곤의 관계를 실증자료를 중심으로 살펴본다. 사적 소득이전이 빈곤 완화에 기여하는 정도가 지난 30여 년간 어떻게 변화해왔는지와 더불어, 그 효과가 국가복지와 비교할 때 어떠한가에 초점을 두고 살펴본다. 3절에서는 우리나라에서의 사적 소득이전과 불평등의 관계를 살펴본다. 여기서 지난 40년간 사적 소득이전이 불평등 완화에 기여하는 효과가 어떻게 변해왔으며, 특히 국가복지와 비교할 때 어떤 특징이 있는지에 초점을 두고 살펴볼 것이다.

## 1. 사적 소득이전과 빈곤, 불평등의 이론적 관계

사적 소득이전과 빈곤, 불평등의 관계는 이론적으로 사적 소득이전의 동기 이론에 근거하여 논의되고 있다. 사적 소득이전이 교환 동기에 의해 이루어지느냐 이타적 동기에 의해 이루어지느냐에 따라 사적 소득이전이 빈곤 및 불평등에 미치는 영향이 달라질 수 있다. 다른 한편 사적 소득이전이 갖는 속성 내지 특성이라는 측면에서도 사적 소득이전과 빈곤, 불평등의 관계를 논할 수 있다. 여기서는 이 두 가지 측면에서 사적 소득이전과 빈곤, 불평등의 관계를 이론적으로 살펴보고자 한다.

### 1) 사적 소득이전의 동기와 빈곤, 불평등

사적 소득이전의 동기에 관한 이론은 교환 동기 이론과 이타적 동기 이론으로 대별된다. 교환 동기 이론은 사적 소득이전을 상속에 대한 기대, 서비스와의 교환, 과거 재정투자에 대한 갚음으로 설명한다(손병돈, 1998a). 사적 소득이전의 동기가 상속에 대한 기대라고 설명하는 사람은 자녀가 부모에게 사적 소득이전을 제공하는 것은 부모로부터 보다 많은 상속을 받고자 하는 동기에 기초하고 있다고 본다(Bernheim et al., 1985).

만약 사람들이 상속을 많이 받기 위하여 사적 소득이전을 제공한다면, 사적 소득이전이 빈곤 완화에 기여하는 바는 크지 않을 것이며, 불평등 완화에도 그다지 기여하지 못할 것이다. 재산이 많은 노인일수록 사적 소득이전을 많이 받을 것이므로, 사적 소득이전이 오히려 불평등을 악화시킬 수 있다.

사적 소득이전이 서비스와의 교환이라는 설명은 가사일, 손주돌보기, 말벗하기 등과 같은 서비스를 제공하는 것에 대한 대가로서 사적 소득이전이 제공된다는 것이다. 사적 소득이전이 서비스와의 교환으로 제공된다면, 부유한 노인이 가난한 노인보다 사적 소득이전을 받는 양이 더 많을 것으로 예상할 수 있다. 왜냐하면 부유한 사람들이 가난한 사람보다 시간당 서비스 제공의 가격이 더 높을 것이므로, 서비스와의 교환으로 제공되는 사적 소득이전액도 더 클 것이기 때문이다.

사적 소득이전이 재정투자에 대한 갚음이라는 것은 자녀가 성장하여 독립할 때까지, 부모가 교육을 시키고, 사업자금을 지원하며, 결혼비용을 부담하는 등 자녀에게 재정적인 지원을 하는데, 사적 소득이전은 이에 대한 자녀의 갚음이라는 것이다(Lee,

Parish & Willis, 1994). 이와 같이 사적 소득이전이 이루어진다면, 사적 소득이전을 많이 받는 사람은 자녀에게 재정투자를 많이 한 사람인데, 이들은 부유한 사람일 가능성이 높다. 그런 점에서 사적 소득이전은 소득이 낮은 계층보다는 높은 계층이 많이 받을 가능성이 크다. 이렇게 사적 소득이전의 주요한 동기가 교환 동기라면, 사적 소득이전은 빈곤 제거에 기여하는 바도 적을 것이며, 불평등 완화 효과노 석을 것이다.

반면 사적 소득이전이 이타적 동기에 의해 이루어질 경우 이와 상반된 결과를 가져올 수 있다. 이타적 동기 이론은 사적 소득이전이 가족원 간 불평등을 완화하는 기제라고 설명한다(Dunn, 1993). 사람들은 자신의 소비를 통해서뿐만 아니라 다른 가족 구성원이 만족을 얻는 것으로부터도 만족을 얻는다(Becker, 1991). 따라서 본인의 행복을 위해서는 자신을 위해 소비하는 것뿐만 아니라 다른 가족 구성원이 행복할 수 있도록 도와주는 것도 중요하다. 이렇게 사람들이 행동한다면, 소득이 적은 사람들일수록 사적 소득이전을 많이 받을 것으로 기대된다.

사적 소득이전을 가족 구성원 간 암묵적인 상호보험이라는 논리로 설명하기도 한다. 사적 소득이전은 가족 구성원 간 신뢰를 바탕으로 문서화된 계약 없이 이루어진 보험이라는 것이다(Kotlikoff & Spivark, 1981). 사적 소득이전이 이렇게 기능한다면, 가족 중에서 경제적으로 어려운 사람이 가장 많이 혜택을 볼 것이다.

이렇게 이타주의 동기로 사적 소득이전을 설명하면, 사적 소득이전은 계층 간 불평등을 완화하고 빈곤한 사람이 혜택을 가장 많이 볼 것으로 예상할 수 있다.

## 2) 사적 소득이전의 특성과 빈곤, 불평등

사적 소득이전과 빈곤, 불평등의 관계를 논할 때 사적 소득이전 같은 비공식 복지의 특성도 고려해야 한다. 비공식 복지의 특성은 주로 아는 사람끼리 이루어진다는 점이다. 사적 소득이전과 같은 비공식 복지는 부모와 자녀, 또는 친척같이 넓은 의미의 가족 간, 또는 학연이나 지연, 직장연 등 다른 연줄에 기반하여 아는 사람끼리 현금이나 현물을 주고받는 것이 보편적인 모습이다. 아는 사람은 대체로 사회 경제적 지위가 비슷한 경우가 많다. 즉 부유한 사람은 대체로 아는 사람도 부유하고, 가난한 사람은 아는 사람도 경제적으로 여유롭지 못한 경우가 많다. 미국의 경우를 보면, 부모와 자녀의 소득 간 상관관계가 0.5가 넘는다 한다(Behrman, 1990). 이런 점들을 고려하면, 사적 소득이전이 동일 계층을 넘어서서 이루어지기는 쉽지 않을 수 있다. 특히 극빈층의 경우 가족 간 경제적 도움을 주고받는 것과 같은 경제적 교류가 거의 없다. 그 원인이 친척도 경제적으로 어렵기 때문이라고 한다(김주희, 1992). 이러한 비공식 복지의 특성을 고려하면, 사적 소득이전은 빈곤 제거, 특히 극빈층의 제거에는 그다지 큰 효과가 없을 수 있다.

다른 한편 사적 소득이전은 제공자의 경제적 능력에 의해 크게 영향을 받는다(손병돈, 1998b). 사적 소득이전의 제공은 사적 소득이전을 제공하는 사람의 경제적 능력이라는 한계 내에서 이루어질 수밖에 없다. 제공자가 경제적으로 여유 있으면 보다 많은 사석 소득이전을 제공할 수 있고, 제공자가 경제적으로 여유롭지 못하면 사적 소득이전을 제공하는 것이 불가능하거나 그 양이 적을 수밖에 없다. 일반적으로 사적 소득이전은 제공자의 삶을 유지하고 나서 이루어진다.

그런 점에서 사적 소득이전의 빈곤 또는 불평등 완화의 효과는 제한적일 수 있다. 우리 사회에서 사적 소득이전이 광범위하게 이루어진다고 해도 그것이 빈곤층 이상의 집단에서 주로 이루어진다면, 사적 소득이전은 빈곤을 제거하는 데 큰 효과가 없을 수 있다. 하지만 불평등 완화에는 상당히 기여할 수 있다. 왜냐하면 사적 소득이전을 수혜하는 집단이 주로 빈곤 수준을 넘어선 저소득층에게 집중되고, 제공자는 중·상계층이 대다수일 수 있기 때문이다.

## 2. 사적 소득이전의 빈곤 완화 효과

여기서는 우리나라에서 사적 소득이전이 빈곤 완화에 어떤 역할을 하였는지의 추이를 국가복지와의 비교, 외국과의 비교를 중심으로 살펴볼 것이다.

### 1) 변화 추이: 국가복지와의 비교

1998, 2000, 2006, 2013~2016년 사적 이전소득과 공적 이전소득의 빈곤 감소 효과를 비교하여 사적 이전소득의 빈곤 감소효과의 추이를 살펴보려 한다.

〈표 8-1〉은 1998년 도시가계조사 원자료를 가지고 사적 이전소득과 공적 이전소득의 빈곤 감소 효과를 분석하여 비교한 것이

표 8-1 사적 이전소득 및 공적 이전소득의 빈곤 감소 효과(1998년)

(단위: %)

| 구분 | 빈곤율 | |
|---|---|---|
| | 빈곤선: 평균소득의 50% | 빈곤선: 중위소득의 50% |
| 소득 1(경상소득−이전소득) | 18.7 | 15.9 |
| 소득 2: 소득1 + 사적 이전소득 | 16.8 | 14.1 |
| 소득 3: 소득1+ 공적 이전소득 | 18.4 | 15.5 |

자료: 통계청, 도시가계조사 원자료.
분석 대상: 도시 근로자 가구.
출처: 손병돈(1999)

다. 1998년도 중위 시장소득(경상소득−이전소득) 50% 기준 도시 근로자 가구의 빈곤율은 15.9%이고, 평균 시장소득 50% 기준 빈곤율은 18.7%였는데, 시장소득에 사적 이전소득을 더한 경우 중위 시장 소득 50% 기준 빈곤율은 1.8%p 떨어지고, 평균 시장소득 50% 기준 빈곤율은 1.9%p 떨어지는 것으로 분석되었다. 공적 이전소득의 빈곤 감소 효과를 보면, 공적 이전소득은 중위 시장소득 50% 기준 빈곤율을 0.4%p, 평균 시장소득 50% 기준 빈곤율은 0.3%p 떨어뜨린 것으로 나타났다.

이렇게 1998년 도시 근로자 가구를 대상으로 할 때, 사적 이전소득의 빈곤 감소 효과가 공적 이전소득보다 4~5배 정도 더 큰 것으로 분석되었다. 사적 이전소득의 빈곤감소 효과가 공적 이전소득보다 훨씬 큰 것은 사적 이전소득의 규모가 공적 이전소득의 규모보다 훨씬 크기 때문이다.

〈표 8-2〉를 보면, 1998년 사적 이전소득을 받은 도시 근로자 가구의 비율은 39.2%이고, 전체 도시 근로자 가구의 월평균 사적 이전소득액은 약 4만 5천 원인 데 반해, 공적 이전소득을 받은 가구의 비율은 4.0%에 불과하고, 도시 근로자 가구의 월평균 공적 이전소득액은 약 8천 원에 불과하였다. 1998년도에 도시 근로자 가구는 상당히 보편적으로 사적 이전소득을 갖고 있는 데 반해, 공적 소득이전은 극히 일부만 갖고 있었다. 하지만 이전소득을 받는 가구를 대상으로 할 때 이전소득의 절대 규모는 공적 이

**표 8-2** 사적 이전소득과 공적 이전소득의 규모 비교: 1996~1998년

(단위: 원, %)

| 연도 | 경상소득 | 사적 이전소득[1] | | | 공적 이전소득[2] | | |
|---|---|---|---|---|---|---|---|
| | | 절대액 | 사적 이전소득/ 경상소득 | 수혜 가구 비율 | 절대액 | 공적 이전소득/ 경상소득 | 수혜 가구 비율 |
| 1996 | 1,886,853 | 53,606 (223,256) | 2.95 (12.29) | 24.0 | 8,340 (257,263) | 0.39 (11.88) | 3.2 |
| 1997 | 2,002,954 | 55,025 (228,406) | 3.01 (12.48) | 24.1 | 20,825 (287,446) | 0.45 (11.98) | 3.7 |
| 1998 | 1,844,545 | 45,375 (115,677) | 2.94 (7.49) | 39.2 | 8,089 (202,549) | 0.46 (11.39) | 4.0 |

주 1) ( )는 사적 이전소득이 있는 가구만을 대상으로 한 값.
　 2) ( )는 공적 이전소득이 있는 가구만을 대상으로 한 값.
자료: 통계청, 도시가계조사 원자료, 각 연도.
출처: 손병돈(1999).

전소득이 사적 이전소득보다 더 컸다. 1998년도 사적 이전소득이 있는 도시 근로자 가구의 월평균 사적 이전소득액은 약 11만 6천 원인 데 반해, 공적 이전소득이 있는 도시 근로자 가구의 월평균 공적 이전소득액은 약 20만 3천 원으로 공적 이전소득액이 사적 이전소득액보다 거의 2배나 컸다.

이상의 분석 결과에서 보았듯이, 1990년대 후반 우리나라에서 빈곤을 낮추는 데 가장 크게 기여한 이전 기제는 사적 소득이전 이었다. 사적 소득이전이 공적 소득이전보다 우리나라 빈곤을 낮추는 데 무려 4~5배 정도 더 크게 기여하였다.

〈표 8-3〉은 2001년도 이전소득의 빈곤 감소 효과를 살펴본 것

**표 8-3** 가구 유형별 이전소득의 빈곤 감소 효과(2001년 가구 빈곤율)

(단위: %)

| 구분 | 전체 가구 | 노인 가구 | 비노인 일반 가구 | 비노인 편부모 가구 |
|---|---|---|---|---|
| 이전 전 | 6.81 | 14.47 | 6.08 | 23.19 |
| 이전 후 | 5.19 | 9.66 | 4.77 | 14.34 |
| 공적 이전 후 | 6.19 | 12.16 | 5.65 | 16.83 |
| 사적 이전 후 | 5.77 | 11.61 | 5.16 | 21.74 |

출처: 홍경준(2002).

이다. 분석 자료는 도시가계조사 원자료이며, 분석 대상은 1인 가구와 농어가 가구가 제외된 도시 근로자 가구이다. 2001년도 소득이전이 이루어지기 전 도시 근로자 가구 전체의 빈곤율(중위소득 50% 기준)은 6.81%인데, 사적 이전소득을 포함한 후의 빈곤율은 5.77%로 약 1.04%p 떨어졌으며, 공적 이전소득은 빈곤율을 0.62%p 떨어뜨렸다. 여전히 사적 소득이전이 공적 소득이전보다 빈곤 감소 효과가 훨씬 더 크다.

노인 가구의 빈곤 감소에서는 사적 이전소득이 기여하는 바가 특히 큰 것으로 나타났다. 2001년 소득이전 전 노인 가구의 빈곤율은 14.47%였는데, 사적 이전소득은 이를 2.86%p 떨어뜨리고, 공적 이전소득은 2.31%p 떨어뜨렸다.

1998년과 비교하면, 사적 이전소득의 빈곤 감소 효과는 2001년도에 조금 줄어든 데 반해, 공적 이전소득의 빈곤 감소 효과는 조금 증가하였다. 1998년도 중위소득 50% 기준으로 사적 소득이전은 빈곤율을 1.8%p 감소시켰으나 2001년도에는 1.04%p 감소시켜, 사적 소득이전의 빈곤 감소 효과가 작아졌다. 같은 기준으로 1998년도에 공적 소득이전은 빈곤율을 0.4%p 떨어뜨렸으나, 2001년도에는 0.62%p 떨어뜨려, 공적 소득이전의 빈곤 감소 효과가 향상되었다.

이렇게 2000년대 초반까지는 여전히 사적 소득이전이 공적 소득이전보다 우리 사회의 빈곤을 감소시키는 데 더 크게 기여한 것으로 나타난다. 하지만 그 격차는 조금 줄어들었다.

〈표 8-4〉는 노인으로만 구성된 가구를 대상으로 2006년 이전 소득의 빈곤 감소 효과를 살펴본 것이다. 자료는 소득의 국제비교 자료로 널리 쓰이는 LIS(Luxemburg Income Study) 6차 웨이브로서 2006년 기준이다. 여기서 빈곤율은 노인 개인 단위로 산출하였으며, 소득은 가구 규모로 균등화된 소득이다. 2006년 시장소득(근로소득+사업소득+자산소득+사적 및 공적 직역연금) 중위

표 8-4 노인 가구 대상 이전소득의 빈곤 감소 효과: 2006년

(단위: %, 괄호 안은 %p)

| 빈곤선 | 시장소득 (MI) | + 이전소득 | | | 총소득 | 가처분소득 |
|---|---|---|---|---|---|---|
| | | MI+사적 이전 | MI+공적 이전 | 경상소득 | | |
| 중위 40% | 80.2 | 63.3(-16.9) | 67.5(-12.7) | 48.9(-31.3) | 43.2(-37.0) | 39.0(-41.2) |
| 중위 50% | 85.7 | 73.8(-11.9) | 75.2(-10.5) | 61.2(-24.5) | 56.8(-28.9) | 53.5(-32.2) |

자료: LIS(Luxemburg Income Study) 6차 웨이브.
출처: 김진욱(2011).

50% 기준 빈곤율은 85.7%인데, 사적 이전소득은 이를 11.9%p, 공적 이전소득은 10.5%p 떨어뜨렸다. 이전소득을 모두 포함한 경상소득의 빈곤율은 61.2%이며, 경상소득에 기타소득을 더한 노인 빈곤율은 56.8%, 총소득에 사회보험의 보험료와 세금을 제외한 가처분소득의 빈곤율은 53.5%이다. 2006년도에도 공적 이전소득보다 사적 이전소득의 빈곤 감소 효과가 더 크다. 하지만 그 격차는 상당히 축소된 것으로 나타났다. 그것은 공적 이전소득의 증가에 기인한 것이다.

⟨표 8-5⟩는 2013년부터 2015년까지 노인 대상 사적 이전소득과 공적 이전소득의 빈곤 감소 효과를 비교 정리한 것이다. 분석 자료는 통계청의 가계동향조사인데, 이 자료의 모집단은 농가, 어가 및 외국인 가구를 제외한 전국 가구이며, 여기에는 1인 가구도 포함하고 있다. 가계부 기장방식으로 조사함으로써 소득이 가장 정확하게 조사된 자료로, 우리나라 전체 가구의 소득을 가장 잘 대표하여 수집된 자료라 할 수 있다.

여기서 빈곤율은 각 소득원천별 전국 개인 중위소득 50%를 기준으로 산출하였으며, 노인 대상으로만 산출한 것이다. 비노인 가구주 가구의 빈곤율은 가구주가 노인이 아닌 가구에 속한 노인의 빈곤율을 말한다. 사적 이전소득에 가장 크게 의존하는 인구 집단이 노인이라는 점에서 사적 이전소득의 빈곤 감소 효과의 변화 추이를 살펴보는 데 적절하다.

**표 8-5** 노인의 소득원천별 상대빈곤율 감소 효과(2013~2015년)

(단위: 개인, %, 괄호 안은 %p)

| 가구 구분 | 연도 | 요소 소득(A) | 공적 이전 효과 | | | | A+사적 이전소득 |
|---|---|---|---|---|---|---|---|
| | | | 개별효과 | | | 총 효과 | |
| | | | A+공적연금 | A+기초(노령)연금 | A+기타 | | |
| 노인 가구주 가구 | 2013 | 75.7 | 67.6(-8.1) | 74.2(-1.5) | 74.0(-1.7) | 64.8(-10.9) | 70.7(-5.0) |
| | 2014 | 75.6 | 65.3(-10.3) | 73.8(-1.8) | 74.3(-1.3) | 62.5(-13.1) | 70.8(-4.8) |
| | 2015 | 75.3 | 64.4(-10.9) | 72.4(-2.9) | 73.4(-1.9) | 59.1(-16.2) | 71.3(-4.0) |
| 비노인 가구주 가구 | 2013 | 21.3 | 18.8(-2.5) | 19.2(-2.1) | 20.0(-1.3) | 17.0(-4.3) | 19.0(-2.3) |
| | 2014 | 25.2 | 22.6(-2.6) | 23.2(-2.0) | 24.5(-0.7) | 19.3(-5.9) | 22.9(-2.3) |
| | 2015 | 25.5 | 23.1(-2.4) | 19.2(-6.3) | 23.8(-1.7) | 18.0(-7.5) | 23.6(-3.6) |

주 1) 각 연도의 소득원천별 전체 개인의 중위소득 50%를 기준으로 빈곤 여부를 판단하였으며, 각 집단의 특성에 따른 노인 가운데 빈곤층에 속한 노인이 속한 비율임.

2) 각 소득원천은 가구균등화 지수를 적용하여 균등화된 소득임.

자료: 통계청, 연간 가계동향조사 2013-2015 원자료.

출처: 최현수 외(2016).

〈표 8-5〉를 보면, 2013~2015년 기간 동안 공적 이전소득의 빈곤 감소 효과가 사적 이전소득의 감소 효과보다 훨씬 크다. 2015년 노인 가구주 가구에 속한 노인을 대상으로 할 때, 공적 이전소득은 빈곤율을 16.2%p 떨어뜨린 데 반해, 사적 이전소득은 4.0%p 떨어뜨린 데 지나지 않는다. 무려 공적 이전소득의 빈곤 감소 효과가 사적 이전소득의 4배를 넘는다. 비노인 가구주 가구에 속한 노인을 대상으로 해도, 공적 이전소득의 빈곤 감소 효과가 사적 이전소득보다 훨씬 크다. 2015년을 보면, 공적 이전소득의 빈곤 감소 효과가 사적 이전소득보다 약 2배 정도 크다. 공적

이전소득 중 공적연금의 빈곤 감소 효과가 가장 크고, 다음이 기초연금이며, 국민기초생활보장제도 등 다른 사회보장제도의 빈곤 감소 효과는 상대적으로 작다.

그뿐만 아니라 사적 이전소득의 빈곤 감소 효과는 점점 줄어드는 경향도 나타난다. 〈표 8-5〉에서 노인 가구주에 속한 노인 대상 사적 이전소득의 빈곤율 완화 정도는 2013년 5.0%p, 2014년 4.8%p, 2015년 4.0%p로 점점 줄어들고 있고, 비노인 가구주에 속한 노인을 대상으로 할 때는 2015년도에는 이례적으로 사적 이전소득의 빈곤 감소 효과가 더 커진 것으로 나타나지만, 다음의 〈표 8-6〉을 통해 빈곤갭비율 감소 효과를 보면, 사적 이전소득의 빈곤 감소 효과가 줄어드는 경향이 확연하다. 2013~2015년 기간 동안 사적 이전소득의 빈곤갭 감소 효과가 노인 가구주 가구 및 비노인 가구주 가구에 속한 노인 모두에서 대체로 줄어드는 경향이 있음이 확인된다.

2013~2015 기간 동안 두 이전소득의 빈곤 감소 효과를 비교한 결과, 공적 이전소득의 빈곤 감소 효과가 사적 이전소득의 효과를 넘어섰다는 점은 명확하다. 이러한 결과는 2010년 이전과는 완전히 상이한 결과이다.

이러한 결과가 나타난 것은 그간 우리 사회에서 공적 사회보장제도가 크게 확대되어왔다는 점과 상대적으로 사적 이전소득의 역할 및 비중이 줄어든 데 기인한 것이다. 국민연금을 비롯한

**표 8-6** 노인의 소득원천별 빈곤갭 감소 효과(2013~2015년)

(단위: 개인, %, 괄호 안은 %p)

| 가구<br>구분 | 연도 | 요소<br>소득(A) | 공적 이전 효과 | | | | A+사적<br>이전소득 |
|---|---|---|---|---|---|---|---|
| | | | 개별효과 | | | 총효과 | |
| | | | A+ 공적연금 | A+ 기초<br>(노령)연금 | A+기타 | | |
| 노인<br>가구주<br>가구 | 2013 | 89.8 | 84.2(−5.6) | 81.3(−8.6) | 86.1(−3.7) | 72.6(−17.2) | 81.3(−8.5) |
| | 2014 | 92.0 | 86.1(−5.9) | 79.6(−12.4) | 88.7(−3.3) | 71.0(−21.0) | 83.5(−8.5) |
| | 2015 | 93.2 | 87.7(−5.5) | 75.8(−17.4) | 88.9(−4.3) | 67.1(−26.1) | 85.8(−7.4) |
| 비노인<br>가구주<br>가구 | 2013 | 74.4 | 62.5(−11.9) | 68.9(−5.5) | 73.6(−0.8) | 56.7(−17.7) | 68.0(−6.4) |
| | 2014 | 68.9 | 67.1(−1.8) | 59.9(−9.0) | 65.5(−3.4) | 55.0(−13.9) | 64.0(−4.9) |
| | 2015 | 82.6 | 80.0(−2.6) | 70.9(−11.7) | 78.9(−3.7) | 65.4(−17.2) | 78.7(−3.9) |

주 1) 각 연도 월 가처분소득 기준 전체 개인의 중위소득 50%를 기준으로 산출하고, 가구 특성별 빈곤 노인의 평균소득과 가처분중위소득의 차이를 가처분중위소득 대비 비중으로 나타낸 것임.
　　2) 각 소득원천은 가구균등화 지수를 적용하여 균등화된 소득임.
자료: 통계청, 연간 가계동향조사 2013-2015 원자료.
출처: 최현수 외(2016).

공적연금을 수급하는 노인의 비율이 점점 늘었다. 그리고 2008년에는 노인 70%를 대상으로 하는 기초노령연금이 도입되었고, 기초노령연금은 기초연금으로 바뀌었는데 2014년 7월에는 급여액을 2배로 인상하였다. 〈표 8-7〉은 노인 가구에서 공적 이전소득의 증가와 사적 이전소득의 상대적 비중 감소를 확인시켜준다.

〈표 8-7〉을 보면, 전체 가구를 조사 대상으로 할 때 절대값으로는 2014년부터 공적 이전소득이 사적 이전소득을 추월하였다. 전체 가구소득에서 차지하는 비중에서는 평균적으로 2013년부터 공적 이전소득이 사적 이전소득을 넘어섰다.

**표 8-7** 노인 가구 유형별 소득 평균 및 구성비(2013~2015년)

(단위: 가구, 만 원, %)

| 소득원천 | | 전체 | | | 노인 가구주 가구 | | | 비노인 가구주 가구 | | |
|---|---|---|---|---|---|---|---|---|---|---|
| | | 2013년 | 2014년 | 2015년 | 2013년 | 2014년 | 2015년 | 2013년 | 2014년 | 2015년 |
| 가구소득 | | 3,618 | 3,692 | 3,722 | 1,685 | 1,718 | 1,820 | 4,140 | 4,241 | 4,295 |
| | | (100) | (100) | (100) | (100) | (100) | (100) | (100) | (100) | (100) |
| 경상소득 | | 3,488 | 3,556 | 3,582 | 1,553 | 1,592 | 1,682 | 4,010 | 4,102 | 4,155 |
| | | (94.9) | (95.1) | (95.3) | (88.8) | (89.7) | (90.9) | (95.6) | (96.6) | (96.6) |
| 근로소득 | | 2,343 | 2,399 | 2,408 | 543 | 518 | 540 | 2,829 | 2,921 | 2,972 |
| | | (66.0) | (55.4) | (55.1) | (20.8) | (20.1) | (20.8) | (65.0) | (65.3) | (65.6) |
| 사업소득 | | 736 | 733 | 712 | 309 | 325 | 332 | 851 | 847 | 826 |
| | | (19.4) | (18.8) | (17.7) | (14.2) | (13.5) | (12.4) | (20.7) | (20.3) | (19.3) |
| 재산소득 | | 21 | 18 | 17 | 48 | 32 | 29 | 14 | 15 | 14 |
| | | (0.7) | (0.6) | (0.6) | (2.0) | (1.6) | (1.3) | (0.4) | (0.4) | (0.4) |
| 이전소득 | | 388 | 406 | 445 | 655 | 717 | 780 | 316 | 319 | 343 |
| | | (19.3) | (20.3) | (21.9) | (51.8) | (54.8) | (56.9) | (10.5) | (10.7) | (11.4) |
| | 공적 이전소득 | 190 | 208 | 246 | 429 | 490 | 572 | 126 | 130 | 148 |
| | | (10.5) | (11.7) | (13.6) | (32.3) | (36.5) | (41.0) | (4.6) | (4.8) | (5.3) |
| | 사적 이전소득 | 198 | 198 | 198 | 226 | 227 | 208 | 190 | 189 | 195 |
| | | (8.7) | (8.6) | (8.4) | (19.5) | (18.3) | (15.9) | (5.8) | (5.8) | (6.1) |
| 비경상소득 | | 130 | 136 | 140 | 131 | 127 | 138 | 130 | 138 | 140 |
| | | (5.1) | (4.9) | (4.7) | (11.2) | (10.0) | (9.1) | (3.4) | (3.4) | (3.4) |

주 1) 공적 이전소득은 공적연금, 기초(노령)연금, 사회수혜금, 사회적 현물이전, 세금환급금을 포함하며, 사적 이전소득은 가구 간 이전과 할인 혜택, 기타 이전소득을 포함하는 것으로 정의.
자료: 통계청, 연간 가계동향조사 2013-2015 원자료.
출처: 최현수 외(2016).

노인 가구주 가구를 대상으로 하면, 이러한 경향은 훨씬 뚜렷하다. 2013년 노인 가구주 가구에서 공적 이전소득의 연평균값은 429만 원으로 사적 이전소득의 연평균값 226만 원의 거의 2배에 달한다. 공적 이전소득과 사적 이전소득의 격차는 갈수록 확대되는 것으로 나타난다. 노인 가구주 가구 대상으로 할 때, 2013년도의 경우 공적 이전소득이 사적 이전소득보다 연평균 203만 원 많았는데, 2014년에는 263만 원, 2015년에는 364만 원 더 많다. 이렇게 공적 이전소득과 사적 이전소득의 크기가 역전된 것은 무엇보다 공적 소득이전의 빠른 성장에 기인하는 바가 크다. 사적 이전소득의 감소도 적지만 한 원인으로 작용한다. 노인 가구주 가구를 대상으로 할 때, 2013년 연평균 사적 이전소득액은 226만 원이었는데 2015년에는 208만 원으로 감소한다. 더욱이 가구소득에서 사적 이전소득이 차지하는 비중을 보면, 전체 가구 및 노인 가구 모두에서 감소하는 경향이 뚜렷하다.

이상에서 살펴본 바와 같이 2010년까지는 사적 이전소득이 빈곤 감소에서 공적 이전소득보다 더 크게 기여하였지만, 공적 이전소득의 성장에 따라 그 격차는 점차 축소되어왔고, 2013년부터 공적 이전소득이 사적 이전소득보다 우리나라의 빈곤 감소에 더 크게 기여하기 시작하였다. 그리고 공적 이전소득의 확대가 빠르게 이루어지며, 그 격차는 더욱 확대되는 것으로 나타난다. 그럼에도 불구하고 사적 이전소득은 우리나라 빈곤 감소에 여전히 상당 정도 기여하고 있다.

## 2) 사적 소득이전은 빈곤층 중 어떤 계층의 빈곤을 제거 하는가

앞에서 살펴보았듯이 사적 소득이전은 우리 사회의 빈곤율을 낮추는 데 상당히 기여해왔다. 그렇다면 사적 소득이전은 빈곤층 중에서 어떤 계층, 즉 극빈층의 빈곤을 완화시키는가 아니면 상 대적으로 빈곤 정도가 덜한 빈곤층의 빈곤을 완화시키는가?

〈표 8-8〉은 1998년도 도시가계조사 원자료를 이용하여, 빈 곤층을 빈곤 정도가 매우 심한 하위 5%, 상대적으로 조금 덜한 6~10%, 11~20%, 21% 이상으로 구분하여, 각 소득집단별로 사 적 이전소득의 빈곤 완화 효과를 비교 분석한 것이다. 이전소득

**표 8-8** 소득 계층별 사적 이전소득의 빈곤 완화 효과 비교

(단위: %)

| 소득 계층 | 중위소득 50% 빈곤선에서의 빈곤율 | | |
| --- | --- | --- | --- |
| | 소득1<br>(경상소득-이전소득) | 소득2<br>(소득1+공적 이전소득) | 소득3<br>(소득1+사적 이전소득) |
| 하위 5% | 100.0 | 98.1 | 100.0 |
| 6~10% | 100.0 | 99.4 | 89.5 |
| 11~20% | 58.8 | 56.7 | 46.7 |
| 21% 이상 | 0.0 | 0.0 | 0.0 |
| 전체 | 15.9 | 15.5 | 14.1 |

주 1) 소득 계층은 경상소득-이전소득으로 구분.
자료: 통계청, 도시가계조사 원자료, 1998.
출처: 손병돈(1999)

을 제외한 경상소득에서 하위 5% 계층은 모두 빈곤하여 빈곤율이 100%이고, 6~10% 계층의 빈곤율도 100%이며, 소득 하위 11~20% 계층의 빈곤율은 58.8%이며, 소득이 21~100%인 집단의 빈곤율은 0이다. 이런 상태에서 사적 이전소득을 포함할 때 하위 5% 계층은 빈곤율이 전혀 변화가 없고, 하위 6~10% 계층은 빈곤율이 10.5%p 떨어지고, 하위 11~20% 계층은 빈곤율이 12.1%p 떨어졌다. 즉 사적 이전소득은 가장 빈곤한 극빈층인 소득 하위 5% 계층의 빈곤율을 전혀 감소시키지 못하였다. 반면 상대적으로 빈곤 정도가 덜한 하위 11~20% 계층의 빈곤율을 가장 크게 떨어뜨렸고 비교적 빈곤 정도가 심한 하위 6~10% 계층의 빈곤율도 크게 떨어뜨렸다. 반면 공적 이전소득은 하위 5% 계층의 빈곤율을 1.9%p 감소시켜, 다른 어떤 소득 계층보다 하위 5% 계층의 빈곤율을 많이 떨어뜨렸다.

그 이유는 무엇일까? 그것은 사적 소득이전의 특성에 기인한다. 사적 소득이전은 아는 사람끼리 주로 제공되며, 제공자의 생활을 유지하고 난 소득을 제공하는 것이므로, 절대액이 제공자의 소득수준으로 제한되는 특성이 있다. 극빈층의 경우, 제공자들도 소득수준이 높지 않을 가능성이 높고, 따라서 극빈층이 받는 사적 이전소득은 크지 않을 것이다. 또한 극빈층은 빈곤 정도가 심한 데 반해, 받는 사적 이전소득액의 절대 크기는 빈곤을 벗어날 정도로 크지 않을 가능성이 높다. 이러한 설명은 〈표 8-9〉에 의해

표 8-9 소득 계층별 경상소득, 사적 이전소득, 소득 대비 사적 이전 및 수혜율 비교

(단위: 원/월, %)

| 소득 계층 | 전체 가구 | | | | 사적 이전소득 수혜 가구 | | |
|---|---|---|---|---|---|---|---|
| | 경상소득 | 사적 이전소득 | 사적 이전소득/ 경상소득 | 사적 이전소득 수혜율 | 경상소득 | 사적 이전소득 | 사적 이전소득/ 경상소득 |
| 하위 5% | 315,671 | 45,039 | 11.8 | 44.7 | 364,794 | 100,712 | 25.8 |
| 6~10% | 627,280 | 90,605 | 9.4 | 53.7 | 709,680 | 168,712 | 17.6 |
| 11~20% | 869,560 | 55,052 | 5.1 | 46.1 | 929,297 | 119,340 | 11.0 |
| 21% 이상 | 2,317,991 | 41,351 | 1.7 | 37.1 | 2,132,856 | 111,420 | 4.7 |
| 전체 | 1,844,545 | 45,374 | 2.9 | 39.2 | 1,793,119 | 115,677 | 7.5 |

주 1) 소득 계층은 경상소득−이전소득으로 구분.
자료: 통계청, 도시가계조사 원자료, 1998.
출처: 손병돈(1999).

뒷받침된다.

극빈층인 하위 5% 계층의 사적 이전소득 수혜율은 소득 하위 6~10% 계층, 11~20% 계층보다 낮으며, 가구당 평균 사적 이전소득액도 두 집단보다 적다. 특히 사적 이전소득 수혜 가구만을 대상으로 하면, 평균 사적 이전소득액은 하위 5% 계층이 전체 평균보다 적으며, 모든 집단 중 가장 적다. 이렇게 빈곤 정도가 가장 심한 계층은 받는 사적 이전소득액의 절대 크기가 크지 않기 때문에 사적 이전소득에 의한 빈곤 탈출이 어렵다. 그렇지만 이들 집단이 삶을 영위하기 위하여 사적 이전소득에 의존하는 정도는 대단히 높다. 〈표 8-9〉에서 가구별 사적 이전소득/경상소득의 비율을 소득 계층별로 비교해보면, 전체 가구를 대상으로 할 때 하

위 5% 계층이 11.8%로 가장 높고, 사적 이전소득을 수혜하는 가구만을 대상으로 해도 25.8%로 가장 높다.

이상에서 살펴본 바와 같이 사적 이전소득은 상대적으로 빈곤 정도가 덜한 집단의 빈곤을 주로 감소시키고, 빈곤 정도가 가장 심한 극빈층의 빈곤 감소에는 기여하는 바가 매우 적다. 반면 공적 소득이전은 극빈층의 빈곤 제거에도 큰 기여를 한다. 이런 점이 사적 소득이전과 공적 소득이전의 특성적 차이라 할 수 있다.

### 3) 외국과의 비교

우리나라와 같이 사적 소득이전이 빈곤 완화에 크게 기여하는 것은 보편적인 현상인가? 이러한 질문에 대한 답을 구하기 위하여 LIS 데이터가 있는 세계 26개 국가를 대상으로 하여 사적 이전소득의 빈곤 감소 효과를 비교 분석한 것이 〈표 8-10〉과 〈표 8-11〉이다. 〈표 8-10〉은 OECD 균등화 지수로 균등화하여, 사적 이전소득을 제외한 시장소득 기준 노인 빈곤율과 사적 이전소득을 포함한 시장소득 기준 노인 빈곤율을 제시하고 있다. 두 빈곤율의 차이가 사적 이전소득의 빈곤 완화 효과이다.

중위소득의 50%를 기준으로 할 때, 2014년도에 우리나라는 사적 이전소득을 통해 노인 빈곤율을 2.9%p 떨어뜨려, 사적 이전소득을 포함한 시장소득 중위 50% 기준 노인 빈곤율은 56.4%이

표 8-10 균등화 시장소득 기준 노인 빈곤율 국가 간 비교

(단위: %)

| 국가 | 연도 | 중위소득 30%<br>상대빈곤율 | | 중위소득 40%<br>상대빈곤율 | | 중위소득 50%<br>상대빈곤율 | |
|---|---|---|---|---|---|---|---|
| | | 시장소득-<br>사적<br>이전소득 | 시장소득 | 시장소득-<br>사적<br>이전소득 | 시장소득 | 시장소득-<br>사적<br>이전소득 | 시장소득 |
| 네덜란드 | 2010 | 87.9 | 87.7 | 90.3 | 90.2 | 92.0 | 91.9 |
| 덴마크 | 2010 | 83.2 | 82.9 | 85.3 | 85.1 | 86.8 | 86.6 |
| 핀란드 | 2013 | 81.3 | 81.2 | 83.9 | 83.8 | 86.1 | 86.0 |
| 체코 | 2010 | 78.4 | 78.0 | 80.1 | 79.8 | 82.0 | 82.3 |
| 독일 | 2010 | 77.0 | 76.7 | 79.6 | 79.3 | 82.3 | 82.0 |
| 영국 | 2013 | 75.3 | 75.2 | 78.8 | 78.7 | 82.0 | 81.9 |
| 아일랜드 | 2010 | 75.9 | 75.7 | 78.7 | 78.7 | 80.4 | 80.4 |
| 캐나다 | 2010 | 71.2 | 71.0 | 75.6 | 75.4 | 78.9 | 78.8 |
| 호주 | 2010 | 72.5 | 72.2 | 75.9 | 75.7 | 78.6 | 78.3 |
| 에스토니아 | 2010 | 73.5 | 73.2 | 75.9 | 75.7 | 78.3 | 78.0 |
| 룩셈부르크 | 2013 | 73.5 | 73.0 | 76.4 | 76.0 | 78.2 | 77.9 |
| 슬로바키아 | 2010 | 71.9 | 71.8 | 73.9 | 73.7 | 76.3 | 76.2 |
| 폴란드 | 2013 | 73.5 | 71.4 | 75.0 | 73.5 | 77.4 | 76.1 |
| 그리스 | 2010 | 71.1 | 70.2 | 73.7 | 73.3 | 75.8 | 75.5 |
| 스페인 | 2013 | 61.7 | 60.7 | 66.6 | 66.0 | 69.9 | 69.3 |
| 아이슬란드 | 2010 | 61.0 | 61.0 | 65.9 | 65.7 | 69.1 | 69.1 |
| 미국 | 2013 | 59.0 | 58.8 | 62.9 | 62.7 | 66.1 | 65.9 |
| 이스라엘 | 2012 | 58.9 | 57.4 | 62.5 | 61.5 | 66.1 | 65.2 |
| 브라질 | 2013 | 53.8 | 53.5 | 56.5 | 56.2 | 60.7 | 60.5 |
| 남아공 | 2012 | 54.9 | 53.4 | 57.9 | 56.9 | 59.2 | 58.6 |
| 한국 | 2014 | 49.1 | 42.9 | 54.3 | 50.2 | 59.3 | 56.4 |
| 파나마 | 2013 | 47.2 | 39.6 | 51.3 | 45.3 | 55.1 | 49.9 |
| 페루 | 2013 | 43.2 | 37.8 | 47.9 | 43.6 | 52.2 | 48.2 |
| 일본 | 2008 | 36.4 | 36.4 | 40.2 | 40.2 | 46.0 | 46.0 |
| 타이완 | 2013 | 39.5 | 23.7 | 44.8 | 32.2 | 50.4 | 40.3 |
| 콜롬비아 | 2013 | 35.9 | 28.1 | 40.5 | 33.0 | 45.2 | 38.9 |

주 1) 빈곤율은 OECD 균등화 지수로 조정한 전국 균등 중위 시장소득을 가지고 개인 단위로 산출한 것임.
   2) LIS 데이터 분석 결과임. 한국은 2015 가계금융복지조사 분석 결과임.
출처: 최현수 외(2016).

**표 8-11** 균등화 가처분소득 기준 노인 빈곤율 국가 간 비교

(단위: %)

| 국가 | 연도 | 중위소득 30% 상대빈곤율 | | 중위소득 40% 상대빈곤율 | | 중위소득 50% 상대빈곤율 | |
|---|---|---|---|---|---|---|---|
| | | 시장소득－사적이전소득 | 시장소득 | 시장소득－사적이전소득 | 시장소득 | 시장소득－사적이전소득 | 시장소득 |
| 한국 | 2014 | 34.6 | 24.8 | 42.6 | 35.9 | 48.7 | 44.1 |
| 페루 | 2013 | 31.3 | 26.6 | 35.9 | 32.5 | 40.8 | 37.6 |
| 호주 | 2010 | 3.2 | 3.1 | 8.2 | 7.9 | 34.2 | 33.6 |
| 타이완 | 2013 | 27.4 | 8.9 | 33.3 | 17.2 | 39.5 | 26.2 |
| 파나마 | 2013 | 16.1 | 10.3 | 42.7 | 17.6 | 29.9 | 24.9 |
| 콜롬비아 | 2013 | 21.5 | 15.1 | 26.3 | 19.6 | 31.3 | 24.7 |
| 미국 | 2013 | 5.9 | 5.8 | 12.0 | 11.9 | 19.8 | 19.6 |
| 이스라엘 | 2012 | 4.0 | 3.6 | 12.4 | 11.6 | 19.8 | 18.5 |
| 일본 | 2008 | 4.4 | 44.4 | 9.6 | 9.6 | 14.6 | 14.6 |
| 남아공 | 2012 | 2.5 | 2.2 | 8.1 | 7.7 | 13.7 | 13.0 |
| 그리스 | 2010 | 1.7 | 1.5 | 5.1 | 4.7 | 12.1 | 11.5 |
| 독일 | 2010 | 1.6 | 1.4 | 4.8 | 4.4 | 10.6 | 10.3 |
| 캐나다 | 2010 | 0.8 | 0.8 | 2.4 | 2.3 | 9.9 | 9.8 |
| 영국 | 2013 | 1.2 | 1.1 | 3.4 | 3.4 | 9.2 | 9.1 |
| 아일랜드 | 2010 | 4.1 | 4.1 | 5.5 | 5.5 | 8.5 | 8.4 |
| 핀란드 | 2013 | 0.1 | 0.1 | 1.0 | 1.0 | 7.1 | 7.1 |
| 덴마크 | 2010 | 0.5 | 0.4 | 0.9 | 0.8 | 6.8 | 6.6 |
| 폴란드 | 2013 | 1.4 | 1.2 | 2.9 | 2.5 | 7.4 | 6.2 |
| 에스토니아 | 2010 | 0.2 | 0.2 | 1.4 | 1.4 | 6.2 | 6.1 |
| 브라질 | 2013 | 1.1 | 1.0 | 2.3 | 2.2 | 6.1 | 6.0 |
| 스페인 | 2013 | 2.1 | 2.0 | 3.2 | 3.0 | 6.0 | 5.7 |
| 슬로바키아 | 2010 | 0.2 | 0.2 | 0.8 | 0.8 | 4.4 | 4.4 |
| 룩셈부르크 | 2013 | 1.4 | 1.2 | 2.6 | 1.8 | 4.3 | 4.0 |
| 아이슬란드 | 2010 | 1.1 | 1.1 | 2.1 | 2.1 | 3.3 | 3.3 |
| 체코 | 2010 | 0.1 | 0.1 | 0.6 | 0.5 | 4.1 | 3.3 |
| 네덜란드 | 2010 | 0.9 | 0.9 | 1.8 | 1.8 | 2.3 | 2.2 |

주 1) 빈곤율은 OECD 균등화 지수로 조정한 전국 균등 중위 시장소득을 가지고 개인 단위로 산출한 것임.
　　2) LIS 데이터 분석 결과임. 한국은 2015 가계금융복지조사 분석 결과임.
출처: 최현수 외(2016).

다. 사적 이전소득을 통해 우리나라보다 더 많이 노인 빈곤율을 감소시킨 나라는 26개 국가 중 파나마(5.2%p), 페루(4.0%p), 타이완(10.1%p), 콜롬비아(6.3%p)뿐이다. 서구 국가 중에는 사적 이전소득이 노인 빈곤율을 0.5%p 이상 떨어뜨린 국가도 없으며, 서구 선진국의 대부분에서 사적 이전소득이 노인 빈곤 완화에 거의 기여하지 못한다.

〈표 8-11〉은 사적 이전소득을 뺀 가처분소득을 가구원 수로 균등화한 소득 기준 노인 빈곤율과 사적 이전소득을 포함한 가처분소득을 균등화한 소득을 기준으로 산출한 노인 빈곤율을 비교한 것이다. 마찬가지로 두 빈곤율의 차이는 사적 소득이전에 기인한 것으로서 사적 소득이전의 빈곤 감소 효과를 나타낸다. 가처분소득 기준으로 산출해도 사적 소득이전이 노인 빈곤율을 1%p 이상 떨어뜨린 국가는 한국, 페루, 타이완, 파나마, 콜롬비아뿐이다. 모두 아시아와 남미 국가이며, 이들 국가 중 1인당 GDP가 3만 달러(2019년 기준)가 넘는 선진국은 한국뿐이다. 그럼에도 불구하고 서구 선진국의 가처분소득 중위 50% 기준 노인 빈곤율은 거의 대부분 10% 이하이다. 〈표 8-10〉에서 시장소득 중위 50% 기준 노인 빈곤율을 보면 서구 국가 대부분은 우리나라의 56.4%보다 높은 60~90%에 이른다. 서구 선진국에서 시장 소득과 가처분소득 기준 노인 빈곤율의 차이는 주로 공공복지의 효과이나. 즉 서구 국가는 공적연금 등 공공복시가 발달하여 노인

빈곤율을 낮추는 것이다. 반면 우리나라의 경우는 공공복지에 의한 노인 빈곤율 완화 효과는 10%p에 지나지 않을 정도로 적으며, 이를 사적 소득이전이 보완해주고 있다.


## 3. 사적 소득이전의 불평등 완화 효과

여기서는 사적 소득이전의 불평등 완화 효과를 공적 소득이전과의 비교에 초점을 맞춰서 1982년에서 2018년 기간 동안 추이 변화를 살펴보려 한다.

### 1) 2000년 이전 시기

〈표 8-12〉는 통계청의 도시가계연보를 이용하여, 1982년에서 1992년까지 사적 소득이전 및 공적 소득이전의 소득재분배 효과를 지니계수를 통해 살펴본 것이다. 도시가계연보는 1인 가구 및 농어가 가구가 제외된 2인 가구 이상의 도시 근로자 가구를 모집단으로 한다. 이런 제한을 인지하고 살펴보는 것이 필요하다.

1980년대에서 1990년대 초반에 이르는 기간까지만 해도 우리나라의 소득분배 상태는 비교적 좋은 편이었다. 〈표 8-12〉에서 근로소득과 자본소득으로 구성된 소득1의 지니계수는

**표 8-12** 다양한 소득원에 의한 소득불평등(지니계수) 변화: 1982~1992년

| 연도<br>소득 | 1982 | 1984 | 1986 | 1988 | 1990 | 1992 |
|---|---|---|---|---|---|---|
| 소득 1 | 0.3297 | 0.3365 | 0.3297 | 0.3246 | 0.3178 | 0.2999 |
| 소득 2 | 0.3339 | 0.3417 | 0.3356 | 0.3313 | 0.3178 | 0.3007 |
| 소득 3 | 0.3329 | 0.3393 | 0.3308 | 0.3265 | 0.3200 | 0.3069 |
| 소득 4 | −0.0042 | −0.0052 | −0.0059 | −0.0067 | 0.0000 | −0.0008 |
| 소득 5 | −0.0032 | −0.0028 | −0.0011 | −0.0019 | −0.0022 | −0.0070 |

주 1) 소득 1: 근로소득+자본소득. 소득 2: 소득 1+공적 이전소득. 소득 3: 소득 1+사적 이전소득.
2) 소득 4(공적 이전소득에 의한 소득불평등 효과): 소득 2−소득 1.
3) 소득 5(사적 이전소득에 의한 소득불평등 효과): 소득 3−소득 1.
출처: 김기덕·손병돈(1995).

1982~1992년 기간 동안 0.32에서 0.31 사이에 있을 정도로 양호
한 수준이다. 여기에 공적 이전소득을 포함한 소득(소득2)과 사적
이전소득을 포함하면(소득3) 지니계수는 더 커진다. 지니계수는
0에서 1의 값을 갖는데, 0은 완전 평등한 상태를 나타내고, 1은
완전 불평등한 상태를 나타낸다. 그러므로 지니계수 값이 커졌다
는 것은 추가된 소득이 원래 상태의 소득보다 더 불평등한 분배
상태라는 것을 의미한다. 즉 1982~1992년 기간 동안 우리나라는
근로소득, 자본소득 등 시장소득보다 이를 재분배하는 공적 이전
소득과 사적 이전소득이 더 불평등하게 분배되었다는 것을 나타
내는 것이다. 〈표 8-12〉의 소득4와 소득5의 지니계수는 공적 소
득이전과 사적 소득이전의 분배 효과를 보여주는 것인데, 분석
기간 동안 대체로 소득4가 소득5보다 절대값이 더 크다. 이는 사

적 소득이전보다 공적 소득이전이 더 불평등하게 분배되었다는 것을 의미한다. 이러한 분석 결과를 통해 우리는 1980~1990년대 기간 동안 사적 소득이전은 우리 사회의 불평등을 악화시키는 쪽으로 기여하였다는 점을 알 수 있다.

하지만 지니계수만으로는 소득 계층 중 어떤 계층에게 소득이 더 많이 분배되었는지를 알 수 없다.* 불평등 지수로서 지니계수가 갖는 한계를 보완해줄 수 있는 소득 10분위별 소득점유율 분포를 함께 살펴보는 것이 필요하다.

〈표 8-13〉은 1982~1992년간 사적 이전소득의 소득 10분위별 분포와 지니계수를 보여준다.

〈표 8-13〉을 보면, 분석 기간 동안 사적 이전소득의 점유율은 소득이 낮은 계층일수록 적고, 소득이 높은 계층일수록 많다는 것을 알 수 있다. 분석 전 기간 동안 소득이 가장 낮은 1분위 계층의 사적 이전소득 점유율은 2.9%에서 4.4% 사이에 있으며, 각 연도에서 소득 10분위 계층 중 가장 낮은 점유율을 보이고 있다. 소득 1분위에서 소득 7분위까지는 사적 이전소득의 점유율은 소득

.......

* 지니계수는 불평등 정도를 하나의 숫자로 보여준다는 점에서 한 사회의 불평등 상태를 쉽게 이해할 수 있다는 장점이 있으나, 그 자체로는 어떤 계층이 더 많이 분배받았고, 어떤 집단이 덜 분배받았는지를 알 수 없다. 지니계수상으로 불평등도가 완화된 것으로 나타난 것이 저소득층의 소득 증가에 기인한 것인지 중간층의 소득증가에 기인한 것인지를 알 수 없다.

**표 8-13** 소득 10분위별 사적 이전소득의 점유율 및 지니계수: 1982~1992년

(단위: %)

| 연도<br>소득 분위 | 1982 | 1984 | 1986 | 1988 | 1990 | 1992 |
|---|---|---|---|---|---|---|
| 1분위 | 3.3 | 3.0 | 4.4 | 3.9 | 4.1 | 2.9 |
| 2 | 4.7 | 3.7 | 5.9 | 5.0 | 4.2 | 3.3 |
| 3 | 4.7 | 5.6 | 5.1 | 5.4 | 5.7 | 3.4 |
| 4 | 5.1 | 4.6 | 5.8 | 6.2 | 6.9 | 3.7 |
| 5 | 6.0 | 5.9 | 6.5 | 6.9 | 6.1 | 5.1 |
| 6 | 6.2 | 7.1 | 7.4 | 7.5 | 8.1 | 5.4 |
| 7 | 7.9 | 9.3 | 8.1 | 6.7 | 8.3 | 7.6 |
| 8 | 11.7 | 10.8 | 10.7 | 9.0 | 9.0 | 9.2 |
| 9 | 14.3 | 14.0 | 15.1 | 13.0 | 12.4 | 12.7 |
| 10 | 36.1 | 36.0 | 31.0 | 35.2 | 35.2 | 46.7 |
| 전체 | 100.0 | 100.0 | 100.0 | 100.0 | 100.0 | 100.0 |
| 지니계수 | 0.4515 | 0.4557 | 0.3790 | 0.4056 | 0.3992 | 0.5531 |

출처: 김기덕·손병돈(1995).

분위가 높아질수록 커지지만, 그 격차는 크지 않다. 하지만 소득 8분위부터 그 이상 소득 분위 간 사적 이전소득의 점유율 격차는 크게 확대되며, 가장 소득이 많은 10분위 계층의 사적 이전소득 점유율은 분석 전 기간 동안 31%에서 47%에 이를 정도로 사적 이전소득의 대부분을 소득이 가장 많은 10분위 계층이 점유하고 있다. 이렇게 사적 이전소득은 불평등하게 분배되어 있다. 사적 이전소득만의 지니계수를 보면, 0.37에서 0.55까지 이를 정도

로 크다. 〈표 8-12〉의 근로소득+자산소득의 지니계수보다 훨씬 크다는 것을 알 수 있고, 이는 그만큼 사적 이전소득이 불평등하게 분배되어 있음을 말해준다.

이상에서 살펴본 바와 같이, 1982~1992년 기간 동안 사적 이전소득은 시장소득보다 더 불평하게 분배되어 있었으며, 그 기간 동안 우리 사회의 소득불평등을 악화시키는 방향으로 영향을 미쳤다. 이 시기에는 국가복지인 공적 이전소득도 소득불평등을 완화하기보다는 악화시켰으며, 사적 이전소득보다도 소득불평등을 더 크게 악화시켰다.

## 2) 2000~2018년 시기

여기서는 2000년, 2004~2012년, 2017~2018년을 중심으로 사적 소득이전의 소득불평등 효과를 살펴볼 것이다.

〈표 8-14〉는 통계청의 2001년 가계소비실태조사 자료를 이용하여, 2000년 공적 이전소득 및 사적 이전소득의 소득불평등 효과를 분석한 것이다. 가계소비실태조사 자료는 농어가 가구만을 제외한 전국 가구(1인 가구 포함)를 모집단으로 한 자료이다.

〈표 8-14〉를 보면, 2000년에는 사적 소득이전 및 공적 소득이전 모두 지니계수를 개선하는 것으로 나타난다. 균등화한 가구소득을 가지고 보면, 2000년 시장소득의 전체 가구 대상 지니계수

**표 8-14** 소득이전과 소득분배: 지니계수

| 구분 | | 가구소득 (E=0) | 1인당 가구소득 (E=1) | 균등화된 가구소득(E=0.5) | | | |
|---|---|---|---|---|---|---|---|
| | | | | 전체 | 근로자 | 자영자 | 무직 |
| | 시장소득 | 0.4389 | 0.3918 | 0.4152 | 0.3028 | 0.4067 | 0.6730 |
| 개별 효과 | +공적 이전 | 0.4280 | 0.3819 | 0.4024 | 0.3005 | 0.4045 | 0.6155 |
| | +사적 이전 | 0.4036 | 0.3645 | 0.3739 | 0.2951 | 0.3994 | 0.4713 |
| | 총 이전소득 | 0.3934 | 0.3554 | 0.3620 | 0.2929 | 0.3973 | 0.4232 |
| | −조세 | 0.4357 | 0.3892 | 0.4121 | 0.2963 | 0.4041 | 0.6870 |
| | −사회보험기여 | 0.4408 | 0.3945 | 0.4172 | 0.3012 | 0.4118 | 0.6834 |
| | 총 이전지출 | 0.4379 | 0.3922 | 0.4144 | 0.2947 | 0.4098 | 0.6991 |
| 총 가처분소득 | | 0.3893 | 0.3538 | 0.3578 | 0.2847 | 0.3998 | 0.4234 |

출처: 김진욱(2004).

는 0.4152인데, 시장소득에 공적 이전소득을 더한 소득의 지니계수는 0.4024로 낮아지고, 시장소득에 사적 이전소득을 더한 소득의 지니계수는 0.3739로 더 많이 낮아진다. 공적 이전소득은 지니계수를 0.0128 떨어뜨린 데 반해, 사적 이전소득은 0.0424 떨어뜨린다. 지니계수는 낮을수록 불평등도가 작다는 것을 의미하므로, 2000년 전체 가구를 대상으로 할 때, 공적 소득이전보다 사적 소득이전이 우리 사회의 소득불평등을 더 크게 낮추는 역할을 한 것으로 평가할 수 있다. 〈표 8-14〉를 보면, 사적 소득이전은 근로자 가구나 자영자 가구, 무직 가구 모두에서 소득불평등을 크게 낮추는 역할을 했음을 알 수 있다.

표 8-15 노인 소득원이 소득불평등에 미치는 효과

| 구분 | 전체 소득 (A) | A-공적 이전소득(B) | 공적 이전소득의 효과(B-A) | A-사적 이전소득(C) | 사적 이전소득의 효과(C-A) |
|---|---|---|---|---|---|
| 지니계수 | 0.4809 | 0.4864 | 0.0055 | 0.5784 | 0.0975 |

자료: 한국보건사회연구원, 2014 노인생활실태조사.
출처: 이용재(2016).

한편 〈표 8-15〉는 2014년 노인 가구의 소득불평등에 대한 사적 이전소득의 영향을 분석한 것이다. 표를 보면, 사적 이전소득은 2014년도 노인 가구의 소득불평등을 상당히 크게 완화하는 역할을 하는 것으로 분석되었다. 사적 소득이전의 노인 가구 소득불평등 개선효과는 공적 소득이전의 개선효과보다도 훨씬 큰 것으로 나타난다. 공적 이전소득은 노인 가구의 지니계수를 0.0055 떨어뜨렸지만, 사적 이전소득은 무려 0.0975를 떨어뜨리는 것으로 나타났다.

〈그림 8-1〉을 보면, 노인 가구의 다른 소득원들보다 사적 이전소득이 훨씬 균등하게 분배되고 있다. 전체 소득의 소득 10분위별 점유율 분포를 보면, 소득 분위가 높아질수록 점유율은 점점 높아져, 9, 10분위에서 크게 상승한다. 공적 이전소득의 경우도 1~8분위 간에는 점유율이 크게 차이 나지 않지만, 9, 10분위는 다른 분위와 비교하여 공적 이전소득의 점유율이 크게 상승한다. 하지만 사적 이전소득을 나타내는 가족소득은 1~10분위 간 점유율 차이가 별로 없으며, 상당히 균등하게 분배되는 경향을 보여

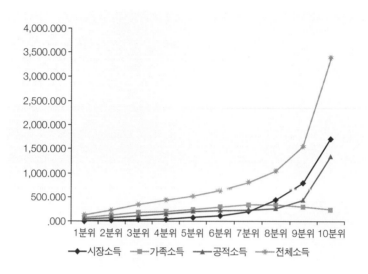

**그림 8-1** 소득원별 소득 10분위 점유율 분포
출처: 이용재(2016).

준다. 소득이 높은 9, 10분위에서 오히려 낮아진다.

　2000년 이후 연도를 대상으로 한 분석에서는 사적 소득이전이 우리 사회의 불평등을 낮추는 데 기여하는 것으로 분석되고 있다. 임병인과 강성호(2016)를 보면, 2004~2012년간 사적 소득이전은 우리 사회의 50대 이상 중고령자 가구의 소득불평등을 낮추는 방향으로 영향을 미치고 있다. 하지만 사적 이전소득이 중고령자 가구의 소득불평등을 낮추는 효과는 점차 줄어드는 것으로 나타난다.

　〈표 8-16〉은 국민연금연구원의 국민 노후보장패널자료를 이용하여, 앤서니 셔록스(Anthony F. Shorrocks)의 불평등 기여도

**표 8-16** 중고령자 가구의 소득불평등 분해 결과: 2004~2012년

| 구분 | 연도 | 근로<br>소득 | 금융<br>소득 | 부동산<br>소득 | 공적<br>이전소득 | 사적<br>이전소득 | 비소비<br>지출 |
|------|------|--------|--------|--------|----------|----------|--------|
| | 2004 | 95.296 | 2.932 | 7.118 | 3.765 | −1.020 | −8.091 |
| | 2006 | 97.007 | 2.155 | 7.268 | 4.912 | −0.787 | −10.556 |
| 기여도 | 2008 | 90.904 | 3.476 | 8.627 | 7.411 | 0.529 | −10.946 |
| | 2010 | 93.488 | 2.629 | 6.625 | 8.017 | −0.302 | −10.457 |
| | 2012 | 94.824 | 1.674 | 5.260 | 9.585 | −0.214 | −11.130 |

주 1) 기여도＝각 소득원천별 분해 지니계수/총지니계수×100.
자료: 국민연금연구원, 국민노후보장패널 2004-2012년도.
출처: 임병인·강성호(2016).

분해 방법(Shorrocks, 1982)을 가지고, 50대 이상 중고령자 가구
의 소득불평등에 대한 각 소득원천의 기여 정도를 2004~2012년
간 분해한 것이다. 중고령자 가구의 소득불평등에 가장 크게 영
향을 미치는 것은 근로소득이고, 다음이 부동산 소득 그리고 공
적 이전소득, 금융소득순이며, 사적 이전소득은 음의 방향으로
영향을 미쳐 소득불평등을 완화하는 방향으로 영향을 미치고 있
다. 그런데 사적 이전소득의 기여도 절대값이 2004년부터 점점
작아져, 사적 소득이전이 중고령자의 소득불평등을 완화하는 효
과가 점점 감소하고 있음을 알 수 있다.

〈표 8-17〉은 2018년 3분기 소득 분위별 경상소득의 원천별 소
득의 평균값을 소득 분위별로 비교한 것이다. 분석에 사용한 자
료는 통계청의 가계동향조사 2018년 3분기 자료이다. 경상소득

표 8-17 경상소득의 원천별 소득 분위별 평균값 비교: 2018년 3분기

(단위: 월/만 원)

| 소득원<br>분위 | 근로소득 | 사업소득 | 재산소득 | 공적<br>이전소득 | 사적<br>이전소득 | 경상소득 |
|---|---|---|---|---|---|---|
| 1분위 | 15.6 | 9.2 | 0.8 | 32.1 | 16.4 | 74.2 |
| ~5% 미만 | 2.7 | 2.0 | 0.6 | 18.3 | 8.0 | 31.5 |
| 5~10% 미만 | 11.1 | 6.7 | 0.4 | 30.8 | 17.9 | 66.9 |
| 10~20% 미만 | 24.3 | 14.1 | 1.1 | 39.7 | 19.8 | 99.1 |
| 2분위(~40%) | 103.5 | 44.6 | 1.2 | 33.7 | 21.7 | 204.7 |
| 3분위(~60%) | 211.2 | 63.6 | 1.4 | 31.7 | 23.4 | 331.3 |
| 4분위(~80%) | 338.8 | 90.6 | 1.5 | 30.5 | 21.9 | 483.2 |
| 5분위(~100%) | 618.8 | 157.2 | 3.6 | 31.6 | 23.9 | 835.1 |
| 전체 | 257.8 | 73.1 | 1.7 | 31.9 | 21.5 | 385.9 |

자료: 통계청, 가계동향조사(2018년 3분기 자료).
출처: 김태완(2019).

을 구성하는 근로소득과 사업소득의 소득 분위별 평균값은 소득 분위가 높아질수록 가파르게 증가하고 있음을 알 수 있다. 소득원천들의 총합인 경상소득도 동일한 경향을 보여준다. 반면 이전소득인 공적 이전소득과 사적 이전소득은 상이하다. 특히 공적 이전소득은 소득 분위별로 평균값의 차이가 아주 적긴 하지만, 가장 낮은 소득 분위인 1분위가 두 번째로 크고, 두 번째로 소득이 낮은 2분위의 평균값이 가장 크다. 사적 이전소득도 소득 분위별로 평균값이 큰 차이가 없지만, 다른 소득 분위보다 1분위와 2분위의 평균값이 조금 작다. 다른 소득원천의 분포와 비교하여,

공적 이전소득과 사적 이전소득의 분포는 반대의 방향으로 분포되고 있다는 점에서 우리 사회의 불평등을 완화하는 역할을 하는 것으로 평가된다. 특히 공적 소득이전은 사적 소득이전과 비교하여 분위별 평균값의 절대값이 약 10만 원 정도 크다는 점까지 고려하면, 우리 사회의 불평등 완화 역할이 사적 소득이전보다 훨씬 클 것으로 예상된다.

이렇게 사적 소득이전이 우리 사회의 불평등 완화에 기여하는 것은 분명하지만, 상대적으로 소득이 가장 낮은 1분위의 평균값이 다른 소득 분위의 평균값에 비해 현저하게 적다는 점도 확인된다. 1분위 내에서 가장 극빈층이라 할 수 있는 소득 하위 5% 계층의 사적 이전소득 평균값이 상대적으로 크게 적다. 이러한 사실은 사적 소득이전이 우리 사회의 소득불평등을 완화하는 방향으로 기여하지만, 소득이 가장 낮은 계층에게는 크게 도움이 되지 않는다는 점도 확인해준다. 즉 사적 소득이전의 소득불평등 완화 효과는 주로 중하층 이상에서 나타나는 것으로 보인다.

이상에서 살펴보았듯이 2000년대 이후 사적 소득이전은 우리 사회의 소득불평등을 완화하는 방향으로 기여해왔다는 점이 확인된다. 아울러 사적 소득이전의 소득불평등 완화 효과가 점점 줄어들고 있으며, 그 효과는 주로 중하층 이상에서 나타나는 것으로 평가된다.

## 4. 국가복지 확대의 필요성

사적 소득이전은 우리 사회의 빈곤 및 불평등 완화에 크게 기여해왔다. 특히 공공복지가 발달하지 않았던 2000년대 이전 시기에 빈곤 속에서 힘들게 살아왔던 사람들의 삶을 그나마 버티게 하고 유지시켜온 역할을 한 것이 사적 소득이전이었다. 1990년대 후반까지만 해도 사적 소득이전은 공적 소득이전보다 빈곤 완화 역할이 4~5배 정도 컸다.

공공복지는 2000년대 이후 빠르게 성장해왔고, 2010년이 넘어서며 공적 소득이전의 규모가 사적 소득이전의 규모를 앞지르기 시작하였다. 그에 따라 2010년 정도부터 빈곤 완화에서 사적 소득이전보다 공적 소득이전이 더 큰 역할을 하기 시작하였다. 그럼에도 불구하고 사적 소득이전이 현재에도 우리 사회의 빈곤 완화에 상당히 큰 역할을 하고 있다는 점은 분명하다.

빈곤을 완화하는 데 사적 소득이전이 기여하는 바는 서구의 다른 나라와 비교할 수 없을 정도로 우리나라가 크다. 이렇게 전체 복지에서 사적 소득이전의 역할이 크다는 점은 우리나라 사회복지의 독특성이라고 평가할 수 있다.

사적 소득이전에 의한 빈곤 완화는 극빈층보다는 상대적으로 빈곤 정도가 덜한 빈곤층에서 주로 나타난다. 그 이유는 사적 소득이전은 제공자의 생활 유지라는 한계 속에 이루어지므로, 일반적으로 사적 이전소득의 절대액이 극빈층이 빈곤에서 벗어날 정도로 크지는 않기 때문이다.

사적 소득이전은 우리 사회의 불평등 완화에도 크게 기여해왔다. 1990년대 중반기까지 사적 소득이전은 우리 사회의 불평등을 완화하기보다 악화시키는 방향으로 기능해왔다. 사적 이전소득의 규모는 빈곤층이나 저소득층보다 고소득층이 오히려 더 컸다. 2000년대 이후에 사적 소득이전은 우리 사회의 불평등 완화에도 크게 기여해왔다. 2010년 정도까지는 공적 소득이전보다 사적 소득이전이 불평등을 더 크게 완화하였다. 그 이후 공공복지의 규모가 빠르게 성장하며, 사적 소득이전보다 공적 소득이전이 더 크게 불평등을 완화하였다. 사적 소득이전이 불평등을 완화하고 있는 것은 분명하지만, 사적 소득이전의 10분위별 점유율을 비교할 때, 극빈층이라 할 수 있는 1분위 계층이 다른 계층보다 현저히 적다.

이런 점을 고려하면, 우리 사회에서 사적 소득이전이 빈곤과 불평등 완화에 기여해왔지만, 극빈층의 삶에는 그다지 기여하지 못하였던 것으로 평가할 수 있다. 그런 점에서 극빈층의 빈곤 해결 및 삶의 안정성을 확보하는 데는 국가복지의 확대가 유일한 해답이다.

**9장**

# 사적 소득이전과 국가복지

사적 소득이전과 국가복지의 관계 이슈는 공적 소득이전을 확대하는 것이 사적 소득이전에 어떤 영향을 줄 것인가라는 문제이다. 다시 말해 이 주제는 국가가 사회복지를 확대할 때, 가족을 중심으로 진행되어오던 비공식적인 소득이전이 감소할 것인가, 아니면 별 영향이 없을 것인가라는 문제이다.

이 문제가 중요한 것은 정책의 효과성과 관련되기 때문이다. 예를 들어 국가복지를 확대하여 공적 이전소득이 증가할 때 사적 이전소득이 감소하는 구축 효과(crowding effects)가 나타난다면, 공적 이전소득이 증가한 것만큼 정책 대상 가구의 소득은 증가하지 않기 때문에 정책의 효과가 반감될 수 있다(전승훈·박승준, 2012: 64). 공적 이전소득의 확대가 사적 이전소득의 감소를 결과한다면, 정책 목표 달성을 위하여 기대했던 것(사적 이전소득이 감소하지 않는 경우)보다 정부의 재정 부담이 크게 늘어날 수 있다. 이처럼 사적 소득이전과 국가복지의 관계는 사회복지정책에서 중요하게 고려되어야 할 이슈이다.

사적 소득이전과 국가복지의 관계는 사적 소득이전의 동기가 무엇인가와 관련된다.* 사적 소득이전이 이타적인 동기에 의해서 이루어지는가 아니면 교환적인 동기에 의해 이루어지는가, 또는 문화적인 요인에 의해 이루어지는가에 따라 국가복지의 확대가 사적 소득이전을 구축할 수도 있고 상호보완할 수도 있으며 또는 아무런 영향이 없을 수도 있다. 사적 소득이전의 동기는 사회 가치 또는 문화의 변화에 따라 변화할 수도 있다. 이는 곧 사적 소득이전과 국가복지의 관계도 시대에 따라 변화할 수 있다는 것을 의미한다. 아울러 사회복지제도의 유형에 따라 사적 소득이전과 국가복지의 관계는 다를 수도 있다. 왜냐하면 공공부조, 사회보험 또는 사회수당은 제도의 원리가 상이하고 주요 대상자의 경제 수준도 다르므로, 확대되는 제도 유형에 따라 사적 소득이전에 미치는 영향도 다를 수 있기 때문이다.

이 장의 1절에서는 공공부조제도와 사적 소득이전의 관계를 살펴볼 것이다. 실증연구 결과에 대한 검토를 통해 우리나라에서

........
* 사적 소득이전과 국가복지의 관계에 대한 이론적 논의는 2장 2절 '비공식 복지와 국가복지는 어떤 관계인가'를 참조하기 바람.

공공부조제도와 사적 소득이전이 어떤 관계를 갖는지 살펴보고, 공공부조 정책에서의 쟁점을 알아볼 것이다. 2절에서는 사회보험제도와 사적 소득이전의 관계를 기존 실증연구 결과를 중심으로 살펴보고, 사회복지정책에서의 시사점을 논의할 것이다. 3절에서 사적 소득이전과 국가복지의 관계의 변화 추이를 기존 실증연구들을 검토하여 정리하고자 한다. 4절은 이 장의 결론이다.

## 1. 공공부조와 사적 소득이전의 관계

2000년 국민기초생활보장제도가 도입되기 이전에는 대표적인 공공부조제도로 생활보호제도가 있었으며, 1998년에는 저소득 일부 노인을 대상으로 하는 경로연금제도가 도입되었다. 생활보호제도는 2000년도에 국민기초생활보장제도로 대체되었고, 경로연금은 2008년 기초노령연금 도입으로 폐지되었으며, 기초노령연금은 소득인정액 하위 70% 노인에게 일정액의 급여를 지급하였다. 2014년 7월에 기초연금의 도입으로 기초노령연금은 폐지되었다. 기초연금은 기초노령연금의 월 급여액 10만 원을 20만 원으로 상향시켰다.

여기서 공공부조제도는 국민기초생활보호제도(2000년 이전은 생활보호제도)와 기초연금제도를 중심으로 살펴볼 것이다. 두 제도는 자산조사가 수반된다는 점에서 공공부조제도로 분류할 수 있지만, 기초연금은 노인의 70%를 대상으로 한다는 점에서 어느 정도 보편적이며, 정액급여로서 사회수당적 성격도 상당 정도 가지므로, 제도의 원리가 국민기초생활보장제도와는 일정 정도 상이하다.

## 1) 실증연구 결과

### (1) 국민기초생활보장제도와 사적 소득이전의 관계

생활보호제도를 대상으로 하여 국가복지와 사적 소득이전의 관계를 분석한 연구로는 진재문(1999)과 박순일·황덕순·최현수(2001)가 있다. 진재문의 연구(1999)를 보면, 생활보호제도의 급여를 수급하면, 수급하지 않는 사람들보다 사적 소득이전액이 감소하는 것으로 나타나 생활보호제도가 사적 소득이전을 구축하는 것으로 분석되었다. 이렇게 이 연구는 생활보호제도가 사적 소득이전을 구축한다고 결론짓고 있다. 생활보호제도는 공공부조제도이므로, 사적 소득이전 같은 소득의 증가는 생활보호제도의 급여를 감축시키므로, 제도의 원리 자체가 사적 소득이전을 구축하도록 설계되어 있다고 볼 수 있다. 물론 생활보호제도가 사적 소득이전을 구축하는 것인지, 반대로 사적 소득이전이 공공부조를 구축하는지는 명확하지 않다. 다시 말해 생활보호제도의 급여와 사적 소득이전에서 어떤 것이 원인인지는 명확하지 않다. 생활보호 대상자의 가구 소득에는 사적 이전소득액이 포함되어 있으므로, 그만큼 생활보호 급여가 삭감된 것인지, 아니면 생활보호제도의 원리를 고려하여 생활보호 수급자에게 사적 소득이전을 제공하는 사람이 사적 소득이전을 줄인 것인지 그 선후관계가 명확하지는 않다. 하지만 생활보호제도의 원리를 고려하면, 생활보호제도가 사적 소득이전을 축소시키는 방향으로 영향을 미쳤다고 추론하는 것이 합리적일 것이다.

박순일·황덕순·최현수의 연구(2001)는 2000년 도시가계조사 3/4분기 자료를 이용하여 공공부조제도와 사적 소득이전의 관계를 분석하였다. 이 연구는 사적 이전소득 유무 및 사적 이전소득액에 공공부조 소득이 어떻게 영향을 미치는지를 다항로지스틱 회귀분석(multinominal logistic regression)과 토빗 분석을 통해 살펴보고 있다. 공공부조 급여를 수급하는 사람이 수급하지 않는 사람보다 사적 이전소득을 수급할 확률이 6.8% 낮아, 공공부조가 사적 소득이전을 구축하는 것으로 나타났다. 그뿐만 아니라 공공부조 급여는 사적 소득이전액을 크게 감소시키는 것으로 분석되었다. 공공부조 급여가 1원 증가하면, 사적 이전소득은 1.15원 감소하는 것으로 분석되었다. 이는 공공부조 급여를 받아 증가한 소득보다 그것이 감소시키는 사적 이전소득액이 더 크다는 것을 의미한다. 이처럼 생활보호제도는 사적 소득이진을 구축하는 효과가 매우 큰 것으로 나타났다.

국민기초생활보장제도가 사적 소득이전을 구축하는지와 관련한 대표적인 연구로 손병돈(2008)과 김희삼(2008)을 들 수 있다. 손병돈(2008)은 사적 소득이전액의 변화량을 종속변수로 하고, 공공부조 소득의 변화량을 독립변수로 한 회귀분석 모형을 통해 공공부조가 사적 소득이전을 구축하는지를 검토하였다. 실질 변화량을 분석한 경우와 명목 변화량을 분석한 경우 모두 공공부조는 사적 이전소득을 감소시키는 것으로 나타났다. 다만 그 정도는 그다지 크지 않았다. 공공부조 소득이 1만 원 증가하면, 사적 이전소득은 120원 정도 감소하였다.

김희삼의 연구(2008)도 공공부조제도가 사적 소득이전을 구축하는 것으로 나타났다. 김희삼은 자녀로부터 부모로의 사적 이전소득에 공공부조 소득이 어떻게 영향을 미치는지를 '일반화된 토빗(Generalized Tobit)' 분석을 통해 살펴보았는데, 분석 결과 공공부조 소득은 사적 이전소득을 유의수준 .05에서 유의미하게 감소시키는 것으로 분석되었다. 공공부조 소득에 의한 사적 이전소득의 대체 정도는 공공부조 소득이 증가한 양만큼 사적 이전소득이 축소되는 것으로 나타나 거의 100% 대체관계가 나타났다. 이처럼 국민기초생활보장제도가 사적 이전소득을 대체한다는 것이 일반적인 결론이며, 대체 정도는 연구에 따라 편차가 있다.

하지만 이석민·박소라·김수호(2015)는 국민기초생활보장제도의 사적 이전소득에 대한 효과와 관련하여 상이한 연구 결과를 제시한다. 다만 그들의 분석은 2005년에서 2012년까지 8년 동안 국민기초생활보장제도의 급여를 계속 받아온 절대빈곤층을 대상으로 하였다. 그들은 도구변수를 사용하여 2단계 고정효과 모형을 통해 국민기초생활보장제도의 소득이 사적 이전소득에 미치는 영향을 분석한 결과, 국민기초생활보장 소득은 사적 이전소득에 유의미한 영향을 미치지 않는 것으로 분석되었다. 이들은 이러한 분석 결과에 대해 장기 빈곤 상태에 놓여 있는 절대빈곤층의 경우, 그들의 친인척도 가난하여 사적 이전소득을 원래 별로 받지 못하기 때문에, 공적 이전소득이 사적 이전소득의 변화에 영향을 미치지 못한다고 설명한다. 즉 절대빈곤층은 기본적으로 사적 이전소득에 대한 의존도가 낮고 공공부조 급여에 주로 의존하는 삶을 살기 때문에, 공공부조 소득의 증가가 사적 이전소득에 별로 영향을 주지 못한다는 것이다.

이상에서 살펴본 바와 같이 실증연구 결과는 대체로 국민기초생활보장제도가 사적 소득이전을 구축한다고 결론짓고 있다. 그 이유는 제도의 원리상 국민기초생활보장제도가 사적 이전소득을 구축하도록 설계되어 있고, 저소득층의 사적 소득이전에서 이타적 동기가 작용하기 때문으로 설명할 수 있다. 저소득층의 가난한 삶을 보충하기 위해 가족과 친인척이 중심이 되어 사적 소득이전을 제공해왔는데, 국민기초생활보장제도와 같은 공공부조가 가난한 사람들의 소득을 보충해주므로, 사적 소득이전이 축소되었다는 것이다. 다만 국민기초생활보장제의 수급자 중 빈곤 정도가 심한 절대빈곤층의 경우 국민기초생활보장제도가 사적 소득이전을 구축하는 관계가 나타나지 않을 수 있다. 앞의 8장에서 살펴보았듯이 극빈층의 경우 친인척들도 대체로 가난하기 때문에 사적 소득이전의 혜택을 별로 보지 못한다. 그런 점에서 국민기초생활보장 급여의 획득이 사적 소득이전에 미치는 정도가 크지 않을 가능성이 충분하다.

(2) 기초연금제도와 사적 소득이전의 관계

기초연금제도는 국민기초생활보장제도와 같이 공공부조의 성격을 갖지만, 노인의 70%를 대상으로 할 정도로 보편적이며, 수급자는 거의 대부분 동일한 급여 수준을 갖는 정액급여이고, 사적 이전소득은 소득조사의 소득 범위에 포함되지 않는다(보건복지부, 2019).

기초연금이 사적 소득이전을 구축하는가와 관련한 실증연구 결과는 상반된다. 오승윤(Oh, 2014), 이승호·구인회·손병돈(Lee, Ku & Shon, 2019)은 기초연금이 사적 소득이전을 구축하는 효과가 부분적이거나 없는 것으로 제시한다. 오승윤(Oh, 2014)은 기초노령연금이 사적 이전소득에 미치는 효과를 이중차이분석(Difference in Difference)을 통해 분석하였는데, 사적 이전소득에 더 많이 의존하는 노인 단독 가구에서는 기초노령연금이 사적 이전 소득을 구축하지 않고, 단지 노인 부부 가구에서만 구축하는 효과가 있는 것으로 나타났다. 이승호·구인회·손병돈의 연구(Lee, Ku & Shon, 2019)는 기초노령연금이 기초연금으로 대체됨으로써 급여 수준이 약 10만 원 인상된 것이 사적 소득이전에 어떠한 영향을 미쳤는지를 삼중차이분석(DDD: triple differences)을 통해 분석하였는데, 그러한 기초연금의 급여 인상이 사적 이전소득에 유의미한 영향을 미치지 않은 것으로 나타났다.

반면 금종예·금현섭(2018)은 기초연금이 사적 이전소득을 구축한다는 연구 결과를 제시하고 있다. 그들은 고정효과모형을 가지고, 기초연금이 사적 이전소득에 미치는 영향을 지속적 저소득층 노인 가구, 저소득 경계층 노인 가구, 안정적 중산층 노인 가구로 구분하여 분석하였다. 분석 결과는 모든 소득 계층에서 기초연금은 사적 이전소득을 축소시키는 것으로 나타났는데, 특히 소득 계층이 높을수록 축소 정도가 큰 것으로 분석되었으며, 지속적 저소득층의 경우 기초연금의 급여 증가가 사적 이전소득을 구축하는 정도는 16% 정도로 크지 않은 것으로 분석되었다.

이상의 분석 결과와 같이 기초연금의 사적 이전소득 구축 효과는 아직까지 명확하지 않다. 어떻게 연구를 설계하는가에 따라 연구 결과가 상이하다. 또한 노인 가구 중 소득 계층에 따라서도 상이할 수 있다. 기초연금은 운용에서 사적 이전소득을 구축하도록 설계되어 있지는 않다. 그런 점에서 국민기초생활보장제도만큼 명확하게 사적 이전소득의 구축 효과는 나타나지 않을 수 있다. 또한 기초연금의 급여가 생활에 미치는 정도도 소득수준에 따라 다를 수 있으므로, 소득 계층에 따라 기초연금의 사적 이전소득 구축 효과는 상이할 수 있다.

### 2) 공공부조 정책에서의 쟁점

공공부조에서 국가복지가 사적 소득이전을 구축하는가의 문제는 중요한 정책적 쟁점이다. 공공부조의 확대가 사적 소득이전을 크게 구축한다면 공공부조 확대를 반대하는 주요한 논거가 될 수 있다.

우리나라 공공부조제도에서 2020년 현재 가장 큰 이슈는 국민기초생활보장제도의 부양의무자 기준 폐지 문제이다. 부양의무자 기준은 빈곤하지만 국민기초생활보장제도의 급여를 수급하지 못하는 비수급 빈곤층을 유발하는 주요한 제도적 장벽으로 지적된다(손병돈, 2019; 손병돈 외, 2016). 소득이나 재산만을 고려할 때 빈곤한 상태이지만, 어느 정도 경제력이 있는 자녀가 있는 노인은 그 자녀로부터 어떠한 도움을 받지 못할지라도 부양의무자 기준을 충족하지 못하여 기초보장제도의 급여를 받을 수 없다. 이런 점으로 인해 빈곤사회연대 및 장애인단체 등 시민단체들은 부양의무자 기준의 폐지를 줄곧 주장하고 있다. 그럼에도 불구하고 정부는 부양의무자 기준의 완전한 폐지를 반대하고 있다. 그러한 반대의 주요한 논거 중 하나가 부양의무자 기준 폐지를 통한 공공부조의 확대는 사적 소득이전의 구축과 같은 문제를 야기하여, 재정적 부담을 심화시킬 뿐만 아니라 국민들의 정서에도 맞지 않다는 것이다.

이처럼 공공부조가 사적 소득이전을 구축하는가는 중요한 정책 이슈이다. 앞에서 살펴보았듯이 이제껏 우리 사회에서 가난한 사람에 대한 국가복지가 충분히 제공되지 않아 이타적 동기에 의해 사적 소득이전이 이루어진 측면을 부인할 수 없다. 그런 점에서 공공부조의 확대가 일정 정도 사적 소득이전을 구축하는 문제는 불가피하다. 그렇지만 사적 소득이전만으로 빈곤 문제를 해결할 수 없으며, 실제로 많은 빈곤층은 충분한 사적 소득이전을 받지 못하여 힘겨운 삶을 살고 있다. 이들의 빈곤 문제 해결은 무엇보다도 우선되어야 할 국가 책임이다.

공공부조의 확대로 인해 사적 소득이전이 감소하는 문제는 다른 수단을 통해 보완해야 할 사항이라 하겠다.

## 2. 사회보험과 사적 소득이전의 관계

여기서는 국민연금, 공무원연금, 사립학교교직원연금, 군인연금 등 공적연금을 중심으로 한 사회보험과 사적 소득이전의 관계를 실증연구를 중심으로 살펴보고, 그것이 주는 사회정책적 시사점을 정리하려 한다.

### 1) 실증연구 결과

사회보험과 사적 소득이전의 관계에 대한 초기의 연구로는 진재문(1999)과 박순일·황덕순·최현수(2001)가 있다. 두 연구 결과 모두 공적연금 급여는 사적 소득이전에 부적 영향을 미치는 것으로 나타나, 국가복지와 사적 소득이전의 관계가 대체적 관계라고 결론짓고 있다. 진재문(1999)은 사립학교교직원연금 수급자와 수급하지 않은 일반인을 포함한 집단으로 구분하여 토빗 분석을 하였는데, 사립학교교직원연금을 수급한 사람이 수급하지 않은 사람보다 사적 소득이전을 유의미하게 적게 받는 것으로 분석되었다. 박순일·황덕순·최현수의 연구(2001)는 2000년 도시가계조사 3/4분기 자료를 이용하여 회귀분석을 하였는데, 공적연금을 포함한 이전소득이 사적 이전소득을 수급할 확률 및 수급량에 모두 부적인 방향으로 유의미하게 영향을 미쳤다. 이처럼 1990년대 말의 분석들은 공적연금과 같은 사회보험이 사적 소득이전을 구축하고 있다고 주장한다.

그러나 2000년대 이후의 분석들에서는 이와 상이한 연구 결과가 제시되기 시작한다. 김희삼(2008)의 연구는 한국노동패널 6차년도 조사(2003년 자료)를 이용하여 일반화된 토빗 분석을 통해 공적연금 및 사회보험이 부모가 자녀로부터 받은 사적 이전소득에 미치는 영향을 분석하였다. 공적연금 소득은 사적 이전소득액에 유의수준 5% 수준에서 유의미하게 부적 방향으로 영향을 미쳤으나 사회보험 소득은 사적 이전소득에 통계적으로 유의미한 영향을 미치지 않았다. 이러한 결과는 앞의 1990년대 말 사회보험과 사적 소득이전의 관계에 대한 실증연구 결과와는 상이한 것이다. 손병돈(2008)의 연구는 한국복지패널 1, 2차 자료, 즉 2006년과 2007년 자료를 이용하여, 사회보험 소득의 변화량이 사적 이전소득의 증감에 어떤 영향을 미치는지를 회귀분석을 통해 검증하였다. 분석 결과는 명목소득으로나 실질소득으로나 사회보험 소득의 증가는 사적 이전소득의 증감에 통계적으로 유의미한 영향을 미치지 않는 것으로 분석되었다. 즉 사회보험 소득이 사적 소득이전을 구축하지 않는다는 연구 결과이다. 사회보험은 제도 원리상으로 사적 소득이전을 구축하도록 설계되어 있지는 않다. 이러한 결과를 이론적으로 살펴본 사적 소득이전의 동기와 연관시킨다면, 적어도 사회보험 급여를 수급하는 사람들의 사적 소득이전은 이타적 동기에 기반하여 이루어지는 것은 아니라고 볼 수 있다.

최근의 연구로는 장현주의 연구(2019)가 있다. 그는 국민연금 연구원의 국민노후보장패널 6차 자료(2015년 자료)를 이용하여, 서울시 노인 가구, 광역시 노인 가구, 비(非)대도시 노인 가구로 구분하여 각각 공적연금 소득이 사적 이전소득에 미치는 영향을 회귀분석을 통해 살펴보았다. 분석 결과 서울시 노인 가구에서만 공적연금 소득이 사적 이전소득을 감소시키는 방향으로 유의수준 .05에서 유의미하게 영향을 미쳤고, 다른 집단, 즉 광역시 노인 가구나 비대도시 노인 가구를 대상으로 한 분석에서는 공적연금 소득이 사적 이전소득에 유의미하게 영향을 미치지 않았다.

〈표 9-1〉은 가계동향조사(구 도시가계조사)로 1990~2010년 연도의 월별 가구패널자료를 구축하여 확률효과 패널 토빗(random effect panel tobit) 분석으로 연도별 공적연금 소득 변수가 사적 이전소득에 미치는 영향을 분석한 것이다. 공적연금은 1991년에

**표 9-1** 사적 이전소득에 대한 공적연금의 영향 계수

| 연도 | 1991 | 1992 | 1993 | 1994 | 1995 | 1996 | 1997 | 1998 | 1999 | 2000 |
|------|------|------|------|------|------|------|------|------|------|------|
| 계수 | −.226*** | −.344*** | −.228*** | .065* | −.102*** | −.101*** | −.063** | .048 | −.054** | −.130 |
| 연도 | 2001 | 2002 | 2003 | 2004 | 2005 | 2006 | 2007 | 2008 | 2009 | 2010 |
| 계수 | −.181*** | −.140*** | −.150*** | −.042*** | .020 | .041*** | .059*** | .080*** | .052*** | .092*** |

주 1) * p 〈 .10, ** p 〈 .05, *** p 〈 .01.
출처: 전승훈·박승준(2011).

서 2004년까지는 대체로 사적 이전소득을 구축하는 것으로 나타난다. 그러나 2006년 이후는 공적연금 소득이 오히려 사적 이전소득을 향상시키는 것으로 나타난다. 2006년 이후 공적연금이 사적 소득이전을 구축하는 것이 아니라 오히려 증가시킨다는 것이다.

이상에서 살펴본 바와 같이 우리나라에서 사회보험이 사적 소득이전에 미치는 영향은 시간에 따라 변화하고 있는 것으로 보인다. 20여 년 전인 1990년대 말까지만 해도 사회보험 소득이 증가하면 사적 이전소득이 감소하여, 두 이전소득의 관계는 대체적 관계로 보였다. 하지만 2000년 들어 점차 이런 관계가 변화하고 있는 것으로 보인다. 사회보험 소득의 증가가 곧 사적 이전소득의 감소를 야기한다고 단정짓기 어렵다. 그 이유로 우선 사회보험의 경우 원리상 수급자 소득의 많고 적음과 사회보험 급여 획득이 무관하다는 점, 사회보험 소득이 있는 사람들은 일정 정도 빈곤에서는 벗어난 사람들로 사적 소득이전이 빈곤에 대한 대응으로 제공되는 것은 아니라는 점을 들 수 있다. 즉 완전히 이타적 동기로만 사적 소득이전이 행해지지는 않는다는 것이다. 자녀의 도리 차원에서 이루어지는 측면도 있고, 할머니 할아버지가 손주를 돌봐준다든지 하는 것과 같은 서비스에 대한 보답으로 이루어지는 측면도 있을 수 있다.

## 2) 사회복지정책에의 시사점

사회보험과 같은 보편적인 복지의 확대가 사적 소득이전에 미치는 영향은 공공부조와는 다를 수 있다. 공공부조의 대상이 되는 집단은 저소득층이므로, 공공부조 급여를 받지 못한다면 그들의 빈곤을 해결 내지 완화할 수 있는 유일한 기제는 가족이나 친지를 중심으로 한 비공식 복지뿐이다. 또한 공공부조의 급여를 받기 위해서는 소득이 일정 수준 이하여야 하며, 급여방식도 보충급여 방식이므로 수급자의 소득이 급여 수준에 영향을 준다.

하지만 사회보험과 같은 보편적인 국가복지는 저소득층을 대상으로 하는 제도가 아니다. 그러므로 사회보험 수급자에게 제공되는 사적 소득이전은 빈곤한 사람들에게 제공되는 사적 소득이전과는 동기가 다를 수 있고, 제공되는 방식도 다를 수 있다. 저소득층을 대상으로 한 사적 소득이전은 가족들의 소득안정화 기제로 작용하는 측면이 강할 수 있지만, 사회보험 수급자를 대상으로 한 사적 소득이전은 그렇지 않을 수 있다. 공공부조가 확대되면 사적 소득이전의 구축 효과가 강하게 나타날 수 있다. 사회보험의 경우는 구축 효과가 나타나지 않을 수 있으며, 나타난다 해도 공공부조와 같이 강한 구축 효과가 나타나지는 않을 것이다.

그런 점에서 보편적인 사회복지를 확대할 때에는 사적 소득이전의 구축 문제를 덜 고려할 수 있다. 또한 사회보험은 보험료 기여에 대한 권리로 급여 수급권이 주어지고, 사회수당은 공동체의 구성원으로서 급여 수급권이 주어진다는 점에서 사적 소득이전의 구축 문제는 중요하게 고려할 정책사항도 아니라 할 수 있다.


## 3. 사적 소득이전과 국가복지 관계의 시계열적 변화

〈표 9-2〉는 공적 이전소득과 사적 이전소득의 관계 변화를 시계열적으로 살펴본 것이다. 전체 가구와 노인 가구를 구별하여 살펴보았다.

〈표 9-2〉를 보면, 우리 사회에서 국가복지와 사적 소득이전의 관계가 변화하고 있음을 확인할 수 있다. 대략 2003년도까지는 국가복지의 확대가 사적 이전소득을 구축하는 관계임이 확실하게 나타난다. 이 시기까지 사적 이전소득에 대한 공적 이전소득의 회귀계수는 거의 대부분 연도에서 음의 값을 갖거나 통계적으로 유의미하지 않다. 공적 이전소득의 계수가 음의 값을 갖는다는 것은 공적 이전소득이 증가하면 사적 이전소득이 감소한다는 것으로 공적 이전소득이 사적 이전소득을 대체한다는 것을 의미한다.

1998년 IMF 외환위기 이전까지만 해도 우리 사회는 비교적 가족 연대의식이 강하여, 가난한 가족 구성원이 있으면 가족들이

표 9-2 사적 이전소득에 대한 공적 이전소득의 영향 계수의 변화

| 연도 | 공적 이전소득1의 회귀계수 | | | 공적 이전소득2의 회귀계수 |
|------|------|------|------|------|
| | 전체 가구 | 노인 가구(2인 도시) | 노인 가구(1인 전국) | 전체 가구 |
| 1990 | −.084** | −0.222 | − | −.083** |
| 1991 | −.156*** | −.387*** | − | −.153*** |
| 1992 | −.261*** | −.290*** | − | −.257*** |
| 1993 | .001 | −.144* | − | −.002 |
| 1994 | .058** | .002 | − | .058* |
| 1995 | −.090*** | −.166*** | − | −.089*** |
| 1996 | −.092*** | −.080 | − | −.091*** |
| 1997 | −.060** | −.087** | − | −.059*** |
| 1998 | .071*** | .038 | − | .070*** |
| 1999 | .032* | −.018 | − | .032** |
| 2000 | −.070*** | −.080*** | − | −.068*** |
| 2001 | .050*** | −.081*** | − | −.047*** |
| 2002 | −.061*** | −.089*** | − | −.058*** |
| 2003 | −.007 | −.132*** | − | −.004 |
| 2004 | .063*** | −.043* | − | .063*** |
| 2005 | .081*** | −.067*** | − | .080*** |
| 2006 | .078*** | .003 | −.018* | .077*** |
| 2007 | .069*** | .000 | −.022** | .068*** |
| 2008 | .073*** | −.012 | .005 | .072*** |
| 2009 | .015 | .071** | −.012 | .012 |
| 2010 | .046*** | −.023 | −.059*** | .048*** |

주 1) 공적 이전소득1 = 정부가 제공하는 사회복지 현금 소득 전체.
　　공적 이전소득2 = 공적 이전소득1+사회적 현물이전.
　2) * p < .10, ** p < .05, *** p < .01.
자료: 통계청, 도시가계조사(가계동향조사) 원자료.
출처: 전승훈·박승준(2012, 2011).

돕는 비공식 복지가 비교적 활발하였다고 할 수 있다. 이러한 행위는 가난한 가족 구성원, 예를 들어 노인 부모가 어떠한 도움을 주었기 때문에 그에 대한 갚음으로서라기보다는 단지 가난하여 삶이 힘들다는 이유로 사적 소득이전이 주어진 것으로 평가할 수 있다.

〈표 9-2〉에서 2004년 이후 2010년까지 전체 가구 대상 공적 이전소득의 계수는 모두 양의 값을 가지며, 유의수준 .01에서 통계적으로 유의미한 것으로 나타난다. 이는 공적 이전소득의 증가가 오히려 사적 이전소득을 증가시킨다는 것을 의미한다. 쉽게 설명하면 국가로부터 받는 사회복지 소득이 증가하면 다른 가구로부터 받는 사적 이전소득도 증가하는 관계라는 것이다. 이는 국가복지와 사적 소득이전의 관계가 대체적 관계가 아니라 오히려 보완적 관계라는 것을 의미한다. 사적 소득이전의 동기 이론과 연결시켜보면, 이러한 관계는 사적 소득이전의 동기가 교환적 동기일 때 나타날 수 있다.

〈표 9-2〉에서 노인 가구 대상으로 한 분석 결과는 이런 경향과 조금 상이하다. 2004년 이후 노인 가구 대상 사적 이전소득에 대한 공적 이전소득 계수는 유의수준 .05에서 음의 값을 갖는 연도와 통계적으로 유의미하지 않은 연도가 섞여 있다. 즉 2004년 이후 노인 가구를 대상으로 할 때는 국가복지와 사적 소득이전의 관계가 명확히 어떻다고 단정짓기 어렵다.

이상에서 살펴본 바와 같이 우리나라에서 국가복지와 사적 소득이전의 관계는 변화하고 있다. 2000년대 초까지만 해도 국가복지의 확대는 사적 소득이전을 구축하는 효과가 분명하게 나타났다. 하지만 2000대 중반 이후 국가복지의 확대가 사적 소득이전을 구축하는 효과는 불분명하며, 오히려 보완적인 관계로 나타나기도 한다. 이런 결론은 다른 연구에서도 뒷받침된다. 황남희(2015)는 2000, 2006, 2009, 2011년 국민이전계정 추계자료를 이용하여, 노후소득에서 공적, 사적 이전소득의 역할 관계를 규명하였다. 분석 결과를 보면, 보건복지 지출에서 노인 분야 지출은 2005년 3,395억 원에서 매년 크게 증가하여, 2012년에는 3조 9,040억 원으로 증가하였다(보건복지부, 2006-2012; 황남희, 2015). 이렇게 노인복지에 대한 정부의 복지 규모가 2000년대 지속적으로 증가해왔는데, 사적 소득이전이 축소되는 양상이 일관되게 나타나지는 않는다. 2000년 노인 부양 전체에서 사적 소득이전의 비중은 16%였는데, 2006년에는 19%로 소폭 상승하였고, 2009년 6%로 크게 감소하였으나 2011년에는 다시 19%로 크게 증가하였다. 2009년 감소는 2008년 글로벌 금융위기의 영향으로 가계 부문 부양능력이 일시적으로 위축되어 발생한 것으로 판단된다(황남희, 2015). 이처럼 공공복지가 확대되어왔음에도 불구하고, 사적 소득이전이 축소되었다고 단정지을 수 없다.

# 4. 변화하는 국가복지와 사적 소득이전의 관계

우리나라에서 국가복지의 확대가 사적 소득이전에 미치는 영향을 살펴보았다. 2000년대 초반까지만 해도 국가복지의 확대가 사적 소득이전을 감소시키는 것으로 나타났다. 공공부조든 사회보험이든 2000년대 초반까지는 국가복지의 확대가 사적 소득이전을 축소시키는 것으로 분석되었다. 그 시기까지 사적 소득이전을 주로 받는 노인은 상대적으로 가난하고, 반면 사적 소득이전을 제공하는 자녀는 상대적으로 부유하여 사적 소득이전이 이러한 확대가족 내에서 소득을 재분배하여 가족 구성원들의 소득을 안정화하는 역할이 컸기 때문으로 생각된다.

2000년대 중반 이후 국가복지와 사적 소득이전의 관계는 변화한다. 특히 사회보험과 사적 소득이전의 관계, 전체 국민을 대상으로 한 국가복지와 사적 소득이전의 관계를 보면, 이전 시기와 같이 두 복지 간 대체적 관계가 명확하게 나타나지 않는다. 다시 말해 2000년대 중반 이후 국가복지가 사적 소득이전을 구축하지 않는 것으로 나타난다. 우리 사회에서 개인주의 가치가 크게 확산되고, 사적 소득이전의 주 수급자인 노인들의 소득도 일정 정도 높아짐에 따른 영향으로 보인다.

제도 유형에 따라 국가복지와 사적 소득이전의 관계는 다르다. 공공부조의 경우 공공부조의 확대가 사적 소득이전을 대체하는 효과가 보다 분명하고, 대체하는 정도도 크다. 하지만 공적연금 등 사회보험은 사적 소득이전을 대체하는 효과가 명확하지 않으며, 대체하는 관계일 때도 대체 정도는 상대적으로 작다. 이는 공공부조의 경우 제도의 원리가 사적 소득이전을 대체하도록 되어 있지만, 사회보험은 제도 내에서 두 복지 주체가 상호 대체하도록 설계되어 있지 않다는 점, 공공부조는 저소득층을 대상으로 하는 데 반해, 사회보험은 일정 소득수준 이상의 사람들이 주 대상이라는 점 등에 기인하는 것으로 보인다.

## 10장

# 한국 가족구조의 변화와 사적 소득이전

우리나라 가족구조는 최근 부계(父系) 중심 가족구조에서 모계(母系) 중심 가족구조로 빠르게 변화하고 있다. 가족을 연구하는 학자들에 의하면, 1990년대 이후 한국의 가족은 친족 관계에서 전통적 부계지향성이 감소하고, 점차 양계(兩系)제 내지 신(新)모계제로 이행하는 추세가 나타나고 있다(최유정·최샛별·이명신, 2011: 20).

이러한 가족구조 또는 가족 관계의 변화가 사적 소득이전에는 어떤 변화를 가져올까? 다시 말해 부계 중심으로 이루어지고 있는 사적 소득이전에서 모계 중심 또는 양계 중심으로 변화하고 있을까? 이 장에서는 비공식 복지의 한 형태인 사적 소득이전을 중심으로, 우리나라에서 가족구조가 변화하고 있는지를 실증분석을 통해 검증하고자 한다. 1부에서 살펴보았듯이 비공식 복지의 형태에는 정서적 교류도 있는데, 가족 관계라는 맥락에서는 정서적 형태의 교류도 중요한 부분이다. 그런 점에서 사적 소득이전의 교류와 정서적 교류를 비교하여 살펴볼 필요가 있다.

가족구조 및 가족 관계의 변화 정도는 연령 및 소득 계층에 따라 상이할 수 있다. 변화하고 있는 과도기에는 더욱 그렇다. 그런 점에서 정서적 형태의 교류 및 사적 소득이전의 교류를 연령 및 소득 계층을 중심으로 비교 분석하고자 한다. 이 장의 구성은 다음과 같다. 1절에서는 한국 가족구조의 변화를 이론적으로 살펴볼 것이고, 2절에서 양계 부모와의 정서적 형태의 교류를 연령 및 소득 계층을 중심으로 비교 분석할 것이다. 3절에서 양계 부모와의 사적 소득이전 형태의 교류를 연령 및 소득 계층을 중심으로 비교 분석할 것이다. 4절은 결론으로서 양계 부모와의 비공식 복지 교류의 차이가 주는 의미를 논할 것이다.


## 1. 한국 가족구조 변화의 특징

여기서는 한국 가족구조의 변화를 기존 연구를 중심으로 하여 중요 특징을 이론적으로 정리하고자 한다. 한국 가족구조의 변화를, 특히 남편 부모와의 교류 및 아내 부모와의 교류에서 어떠한 변화가 있는지를 중심으로 살펴볼 것이다. 이러한 변화가 세대와 소득 계층 간에는 어떤 차이가 있는지 아울러 논할 것이다.

## 1) 부계 가부장제의 약화와 모계 관계의 강화

한국 가족 관계에서 부계 중심의 가부장제가 약화되고, 모계 또는 처가와의 유대가 강화되어왔다는 점은 1970년대의 연구에 서부터 지적되어온 사항이다(이효재, 1971; 최재석, 1975; 이동원, 1985). 이러한 연구들은 한국의 친족 관계에 있어 제도상 부계의 연속성은 존재하지만, 실제 생활에서 부와 모의 특성을 모두 갖는 양계적 특성을 갖는 방향으로 변화해온 것으로 진단하였다(한 경혜·윤성은, 2004: 179).

실제로 많은 연구의 결과는 부계보다는 모계 가족과의 교류가 더 빈번하고, 친밀도에 있어서도 부계 가족보다 모계 가족이 더 강하다는 점을 보여준다. 이동원의 연구(1985)에 의하면, 도시 주부의 관계망에서 대다수 주부는 만남의 빈도, 접촉하는 친족 수에 있어서 시가와 친가 간에 별 차이가 없거나 친가와 더 긴밀한 관계를 맺는다. 1990년대 한국청소년개발원(현재는 한국청소년정책연구원)이 중고생을 대상으로 진행한 '친가와 외가 중 어느 쪽과 더 가깝게 지내는가'라는 설문조사를 보면, 외가라는 응답은 36.5%, 친가라는 응답은 25.5%로 친가보다 외가와 훨씬 더 가깝게 지내는 것으로 나타났다(최샛별·이명진·김제온, 2003).

이처럼 오늘날 우리나라의 가족 관계에서 부계 중심의 가족 관계가 약화되고, 모계 중심의 가족 관계가 강화되고 있다는 점은 부인할 수 없는 사실이다. 이러한 변화를 양계화라고도 하고, 신모계제로의 이행이라고도 한다. 양계화는 아버지 쪽 확대가족과의 관계와 어머니 쪽 확대가족과의 관계가 균형 있는 관계로 변화하는 것을 의미하며, 남편 쪽 부모와의 교류와 아내 쪽 부모와의 교류가 균형을 이룬다는 의미이기도 하다.

이러한 양계화에 대해 다른 의견도 존재한다. 교류의 정도는 남편 부모 및 아내 부모가 비슷할지언정 질적 차이가 존재한다는 점을 지적하며, 이를 과연 부계 중심의 가족 관계가 약화되고 부계 및 모계 가족 간 관계의 균형이라고 할 수 있는가라는 지적도 존재한다. 구체적으로 살펴보면 도움을 받는 비율은 남편 부모나 아내 부모나 비슷하지만, 도움을 주는 비율은 아내 부모보다 남편 부모가 훨씬 많다. 또 경제적 도움은 남편 부모로부터 더 많이 받고, 정서적 또는 일손 도움은 아내 부모로부터 더 많이 받는다는 것이다(김선영, 2002; 한경혜·윤성은, 2004: 180). 이는 다시 말해 우리 사회의 가족 관계가 현상적으로는 부계 중심성이 약화되고 모계 중심성이 강화되거나 부계 및 모계 간 관계가 균형을 이루는 것처럼 보이지만, 그 구체적 내용을 보면 여전히 부계 중심성이 유지되고 있다는 평가가 가능하다.

이처럼 우리 사회의 가족 관계에서 부계 중심성이 여전히 유지되고 있는지 아니면 변화하고 있는지는 논란이 되는 사항이다. 만약 변화가 있다면 그 변화의 구체적인 특징과 실태는 어떠한지, 부계와의 교류와 모계와의 교류가 어떤 특성과 차이가 있는지 등등 실증적 분석을 통한 검증이 필요하다.

## 2) 가족 관계 변화에서 세대 간 차이

가족 관계의 변화라는 주제에서 하나의 초점은 세대 간 차이이다. 우리 사회에서 부계 중심의 가족 관계가 양계화 또는 모계화로 변화하고 있다는 것은 1970년대부터 지적되어온 사항으로, 이는 현재까지도 진행 중이다. 그런 점에서 부계 및 모계와의 가족 간 교류 정도는 세대에 따라 상이할 수 있다. 일반적으로 젊은 세대는 부계 중심성이 상대적으로 약하고, 모계 중심성 또는 양계화 정도가 보다 강할 수 있고, 반면 기성세대는 여전히 부계 중심성이 강할 수 있다.

최유정·최샛별·이명신(2011)에 의하면, 20대, 30대, 40대에서는 아내 부모가 남편 부모보다 훨씬 더 감정적으로 우호적인 데 반해, 50대는 전형적인 부계 가부장제 가족에 대한 정체성을 나타낸다. 이렇게 세대에 따라 부계 및 모계와의 관계 정도가 상이할 수 있다. 그렇지만 교류 형태를 보다 세분화하여 살펴보면 이러한 세대별 차이에서도 앞에서 지적한 그러한 일반회외는 상이한 특징이 나타날 수 있다. 즉 교류를 정서적 교류, 서비스 교류, 현금 형태의 사적 소득이전 교류로 나누어서 본다면, 부계 및 모계와의 세대별 교류의 특징이 앞에서 제시한 일반화와는 상이할 수 있다. 젊은 세대에서도 정서적 교류 및 서비스 형태의 교류는 모계, 즉 아내 부모와의 교류가 빈번할 수 있지만, 사적 소득이전 같은 현금 형태의 교류에서는 여전히 부계, 즉 남편 부모와의 교류가 중심일 수 있다.

최유정·최샛별·이명신(2011)은 젊은 세대일수록 아내 부모보다 남편 부모의 권력성을 더 높게 평가하는 부계 지향성이 강하다고 지적한다. 자신들이 도움을 필요로 하는 사항, 예컨대 정서적 지지, 또는 손주 돌보기, 기타 가사일 관련 도움 등과 같은 경우에는 아내 부모의 도움을 이용하지만, 어떤 권력 관계상 의무나 도리로 여겨지는 사항에서는 남편 부모의 중심성이 강하다. 이런 점을 고려하면, 젊은 세대에서도 전화 연락이나 방문과 같은 정서적 교류는 아내 부모가 중심일 수 있지만, 경제적 교류는 남편 부모가 중심일 수 있다. 더욱이 나이가 많은 사람들은 모든 형태의 교류가 아내 부모보다 남편 부모가 중심일 가능성이 높다.

### 3) 소득 계층 간 가족 관계 변화 정도의 차이

가족 관계의 변화에서 또 다른 초점은 소득 계층 간에 어떤 차이가 있는가이다. 가족 간 교류 정도는 소득 계층에 따라 큰 차이가 있는 것으로 알려져 있다.

우리나라 가족에 관한 연구를 보면, 양계화가 가장 현저하게 나타나는 계층으로 중산층을 지적한다. 중산층 주부를 대상으로 한 연구는 과거에 비해 친정과의 유대가 빈번해지는 등 양계화가 뚜렷함을 지적한다(이광자, 1988; 이동원, 1985; 한남제, 1988; 한경혜·윤성은, 2004). 반면 소득 계층이 높을수록 양계화가 뚜렷하다는 연구들도 있으며(박시라, 1999; 이효재, 1971; 한남제, 1988; 한경혜·윤성은, 2004), 시가의 경제적 수준이 높을 때는 양계화의 정도가 낮고, 시가와 친정이 비슷하거나 친정의 경제적 수준이 높은 경우 양계적 성격이 강하다는 연구들도 있다(조정문, 1997; 한경혜·윤성은, 2004: 180). 이런 점을 종합적으로 고려하면, 소득 계층에 따라 양계화의 정도가 상이하다는 점은 모두 일치한다. 요컨대 소득 계층에 따라 가족구조나 가족 관계의 변화 정도가 상이하다는 것이 일반적인 평가이다.

저소득층의 경우 자녀 가족과 부모 간의 교류가 단절된 경우도 흔하며(Shon & Lee, 2010), 특히 경제적 교류는 거의 없는 것으로 알려져 있다(김주희, 1992). 교류의 종류에 따라 소득 계층

간 부계 및 모계와의 교류 정도가 상이하다고 한다(한경혜·윤성은, 2004). 전화 접촉이나 대면 접촉의 경우 상·중류층과 달리 하류층은 남편 부모와의 빈도가 아내 부모와의 빈도보다 상대적으로 더 많은 것으로 나타난다. 경제적 교류도 남편 부모에게는 제공하는 빈도가 받는 빈도보다 훨씬 높은 데 반해, 아내 부모와의 경제적 교류는 제공하는 빈도와 받는 빈도가 거의 차이가 없다.

소득 계층 간 남편 부모 및 아내 부모와의 교류에서는 어떤 차이가 있을까? 또한 교류의 종류에 따라 양가 부모와의 교류 정도에는 어떤 차이가 있을까? 이런 점은 가족 관계의 변화가 소득 계층 간에 어떤 차이가 있는지를 규명하기 위해 실증적으로 검증되어야 할 사항이다. 2절과 3절에서는 실증자료를 이용하여 이에 대한 분석을 진행하여 답을 찾고자 한다.

## 2. 정서적 교류(왕래) 비교: 남편 부모 vs 아내 부모

여기서는 한국노동패널 21차 웨이브 자료를 이용하여, 결혼한 자녀가 남편 부모 및 아내 부모와 왕래하는 정도를 비교하여, 우리나라 가족 관계의 변화를 살펴보려 한다. 한국노동패널 21차 자료는 2018년도에 전국 7,090가구를 표본으로 하여 조사한 것이다.

**표 10-1** 양가 부모 방문 횟수 비교(지난 1년간)

(단위: 횟수/년, %)

| 가구주 성별 | 구분 | 평균 | 중위값 | 단절 비율 |
|---|---|---|---|---|
| 가구주가 남자인 경우 (77.3%) | 남편 부모 방문 횟수 | 28.2 | 12 | 2.4 |
| | 아내 부모 방문 횟수 | 24.9 | 10 | 2.5 |
| 가구주가 여자인 경우 (22.7%) | 남편 부모 방문 횟수 | 35.3 | 12 | 2.9 |
| | 아내 부모 방문 횟수 | 24.0 | 12 | 0.3 |

주 1) 통합 패널 가구가중치 적용.
 2) 가구주 및 배우자의 따로 사는 부모가 있는 경우만 대상으로 함.
자료: 한국노동패널 21차 웨이브.

〈표 10-1〉은 결혼하여 가구주인 자녀가 그의 친부모 및 배우자 부모를 1년간 방문한 횟수를 비교한 것이다. 조사는 친부모, 배우자 부모가 각각 따로 사는 경우만 대상으로 했다. 가구주가 남자인 경우가 77.3%이고, 가구주가 여자인 경우가 22.7%이다. 가구주가 남자일 때, 1년간 평균적으로 남편 부모를 28.2회, 중위값으로 12회 방문하였으며, 지난 1년간 한 번도 남편 부모를 방문하지 않은 비율은 2.4%였다. 가구주가 남자일 때, 지난 1년간 아내 부모를 24.9회, 중위값으로는 10회 방문하였으며, 1년간 한 번도 아내 부모를 방문하지 않은 비율은 2.5%였다. 평균값과 중위값으로 지난 1년간 아내 부모 방문 횟수보다 남편 부모 방문 횟수가 조금 더 많다. 지난 1년간 부모를 방문하지 않은 비율은 남편 부모, 아내 부모 간 거의 차이가 나지 않는다.

가구주가 여자인 경우를 동일하게 비교해보면, 평균값으로는 남편 부모 방문 횟수가 더 크지만, 중위값으로는 동일하며, 단절 비율은 아내 부모와의 단절 비율이 훨씬 낮다.

이러한 결과를 보면, 평균적으로 정서적 교류라 할 수 있는 왕래는 남편 부모와 조금 더 빈번하지만, 중위값이나 단절 비율을 보면 남편 부모와 아내 부모 간 큰 차이는 없는 것으로 보인다. 이러한 결과는 기존 연구에서 정서적 교류는 남편 부모보다 아내 부모와 더 많다는 결과와는 상이한 것이다.

## 1) 가구주의 연령별 비교

여기서는 가구주의 연령별로 남편 부모 및 아내 부모와 정서적으로 교류하는 정도를 지난 1년간 왕래 횟수를 가지고 비교해 보려 한다.

〈표 10-2〉는 가구주가 남자일 때, 지난 1년간 남편 부모 및 아내 부모 방문 횟수를 가구주의 연령별로 비교한 것이다. 가장 젊은 가구주인 35세 미만에서 남편 부모 방문 횟수가 아내 부모 방문 횟수보다 평균 약 3회 정도 더 많고, 단절 비율은 남편 부모와의 단절 비율이 아내 부모보다 높다. 35세에서 50세 미만 가구주의 경우, 남편 부모 방문 횟수와 아내 부모 방문 횟수가 평균, 중위값, 단절 비율 모두 비슷하다. 중장년이라 할 수 있는 50~64세인 가구주는 아내 부모와의 왕래보다 남편 부모와의 왕래가 확연

**표 10-2** 가구주가 남자인 경우 가구주의 연령별 양가 부모 방문 비교

(단위: 횟수/년, %)

| 가구주 나이 | 구분 | 평균 | 중위값 | 단절 비율 |
|---|---|---|---|---|
| 35세 미만 (10.4%) | 남편 부모 방문 횟수 | 36.1 | 12 | 3.4 |
| | 아내 부모 방문 횟수 | 33.3 | 12 | 0.2 |
| 35~50세 미만 (29.5%) | 남편 부모 방문 횟수 | 28.2 | 12 | 2.1 |
| | 아내 부모 방문 횟수 | 29.6 | 12 | 2.5 |
| 50~65세 미만 (35.6%) | 남편 부모 방문 횟수 | 23.6 | 9 | 2.4 |
| | 아내 부모 방문 횟수 | 18.3 | 6 | 2.7 |
| 65세 이상 (24.5%) | 남편 부모 방문 횟수 | 47.3 | 12 | 2.9 |
| | 아내 부모 방문 횟수 | 22.7 | 5 | 5.6 |

주 1) 통합 패널 가구가중치 적용.
  2) 가구주 및 배우자의 따로 사는 부모가 있는 경우만 대상으로 함.
자료: 한국노동패널 21차 웨이브.

하게 더 많다. 남편 부모 방문 횟수는 평균 23.6회, 중위값은 9회인데, 아내 부모 방문 횟수는 평균 18.3회, 중위값은 6회다. 가구주의 연령이 만 65세 이상인 노인들의 경우, 남편 부모 방문 횟수가 아내 부모 방문 횟수보다 압도적으로 많다. 평균, 중위값 모두 남편 부모 방문 횟수가 2배 이상 많다. 단절 비율도 남편 부모보다 아내 부모쪽이 2배 이상 높다.

이렇게 가구주의 연령이 50세 미만일 때는 부모와의 왕래 정도가 남편 부모와 아내 부모 간 큰 차이가 없지만, 가구주의 연령이 50세 이상에서는 확실히 남편 부모 쪽이 많다. 이러한 사실은 기존 연구에서 연령이 젊을수록 왕래와 같은 정서적 교류는 남편

쪽보다 아내 쪽 지향적이라는 것과는 조금 다른 결과이다.

지금까지는 가구주가 남자인 경우이므로, 아무래도 혈연관계라는 점 때문에 남편 부모 방문이 아내 부모 방문보다 더 빈번할 가능성이 있다. 이런 점을 고려하여 〈표 10-3〉은 가구주*가 여자인 경우, 가구주의 연령별 남편 부모와 아내 부모 방문 정도를 비교하였다. 중위값으로 비교하면, 모든 연령대에서 남편 부모와 아내 부모 방문 횟수가 1년간 12회로 같다. 평균값은 가구주의 연령이 50세 미만인 경우에는 남편 부모 방문 횟수가 아내 부모 방

표 10-3 가구주가 여자인 경우 가구주의 연령별 양가 부모 방문 비교

(단위: 횟수/년, %)

| 가구주 나이 | 구분 | 평균 | 중위값 | 단절 비율 |
|---|---|---|---|---|
| 35세 미만 | 남편 부모 방문 횟수 | 48.1 | 12 | 2.0 |
| | 아내 부모 방문 횟수 | 22.0 | 12 | 1.4 |
| 35~50세 미만 | 남편 부모 방문 횟수 | 34.2 | 12 | 0.6 |
| | 아내 부모 방문 횟수 | 22.9 | 12 | 4.8 |
| 50~65세 미만 | 남편 부모 방문 횟수 | 26.8 | 12 | 7.1 |
| | 아내 부모 방문 횟수 | 51.7 | 12 | 0.0 |

주 1) 통합 패널 가구가중치 적용.
  2) 가구주 및 배우자의 따로 사는 부모가 있는 경우만 대상으로 함.
  3) 가구주의 연령이 65세 이상이며, 아내 부모가 따로 사는 사례가 1개뿐이어서, 65세 이상인 아내 가구주의 경우 비교 대상에서 제외하였음.
자료: 한국노동패널 21차 웨이브.

.......

\* 가구주란 그 가구를 실질적으로 대표하는 사람을 말한다. 아내가 가구주란 의미는 아내가 그 가구를 실질적으로 대표한다는 의미이다.

문 횟수보다 더 많다. 하지만 가구주의 연령이 50~65세일 때, 남편 부모보다 아내 부모 방문 횟수가 훨씬 많다. 단절 비율도 비슷한 경향을 보인다.

이런 점을 고려하여, 종합적으로 판단하면 가구주가 아내일 때에도 정서적 교류가 아내 부모 중심이라고 결론짓기는 어렵다. 결혼한 자녀가 아내 부모와 정서적으로 교류하는 정도나 남편 부모와 교류하는 정도가 비슷한 것으로 평가된다. 가구주의 연령이 낮다고 하여도 이런 경향에서 큰 차이가 있지는 않다. 기존 연구에서 최근 우리 사회는 결혼한 자녀와 부모 간의 정서적 교류에서 모계 중심성이 강하다는 주장은 2018년 한국노동패널 자료 분석으로는 뒷받침되지 않는다.

## 2) 소득 계층별 비교

여기서는 남편 부모 및 아내 부모와의 정서적 교류 정도를 소득 계층별로 비교하여 살펴보고자 한다. 소득 계층은 가구 총소득을 가구원 수의 제곱근으로 나눈 균등화 총소득의 중위소득 50% 이하를 저소득층으로, 50~150%를 중간계층으로, 150% 초과를 고소득층으로 구분하였다. 자료는 앞의 가구주의 연령별 비교와 마찬가지로 한국노동패널 21차 자료를 이용하였으며, 결혼한 자녀와 따로 사는 부모의 왕래 정도는 남편 부모, 아내 부모가 각각 생존해 있으며 따로 사는 경우만을 대상으로 하여 분석하였다.

〈표 10-4〉는 가구주가 남자인 경우 가구주의 소득수준별 양가 부모 방문 정도를 비교한 것이다. 일단 소득수준과 무관하게 모든 계층에서 남편 부모 방문 횟수가 아내 부모 방문 횟수보다 평균적으로 많다. 특히 저소득층에서 남편 부모 방문 횟수가 아내 부모 방문 횟수보다 현저하게 많다. 중위값으로 비교해도, 저소득층은 남편 부모 방문 횟수가 아내 부모 방문 횟수보다 2배나 많다. 중간계층의 경우는 남편 부모 방문 횟수와 아내 부모 방문 횟수가 평균값에서는 큰 차이는 없지만 남편 부모 방문 횟수가 아내 부모 방문 횟수보다 많으며, 중위값으로도 그 차이는 여전하다는 점에서 중간계층의 정서적 교류가 남편 부모 중심성이

**표 10-4** 가구주가 남자인 경우 가구주의 소득수준별 양가 부모 방문 비교

(단위: 횟수/년, %)

| 소득 계층 | 구분 | 평균 | 중위값 | 단절 비율 |
|---|---|---|---|---|
| 저소득층 | 남편 부모 방문 횟수 | 39.4 | 12 | 5.9 |
| | 아내 부모 방문 횟수 | 21.8 | 6 | 6.6 |
| 중간계층 | 남편 부모 방문 횟수 | 25.5 | 12 | 2.3 |
| | 아내 부모 방문 횟수 | 23.5 | 8 | 2.4 |
| 고소득층 | 남편 부모 방문 횟수 | 32.0 | 12 | 1.4 |
| | 아내 부모 방문 횟수 | 29.8 | 12 | 1.9 |

주 1) 통합 패널 가구가중치 적용.
  2) 가구주 및 배우자의 따로 사는 부모가 있는 경우만 대상으로 함.
자료: 한국노동패널 21차 웨이브.

강하다고 표현할 수 있다. 고소득층의 경우는 평균값으로는 남편 부모 방문 횟수가 아내 부모 방문 횟수보다 많지만, 중위값은 같다는 점에서 고소득층은 결혼한 자녀와 양가 부모 간 정서적 교류가 균형적이라고 평가할 수 있다. 남편 부모 방문 정도를 평균값으로 보면, 저소득층이 가장 많고, 그다음이 고소득층이며, 중간계층이 가장 적다. 반면 아내 부모 방문 정도는 고소득층이 가장 많고, 그다음이 중산세층이며, 저소득층이 가장 적다. 또한 부모와의 단절 비율도 다른 계층에 비해 저소득층이 크게 높다는 점이 특징이며, 고소득층이 가장 낮다.

〈표 10-5〉는 가구주가 여자인 경우, 가구주의 소득수준별로 지난 1년간 남편 부모 및 아내 부모 방문 횟수를 평균, 중위값을 중심으로 비교한 것이다. 가구주가 아내임에도 불구하고 평균값

**표 10-5** 가구주가 여자인 경우 가구주의 소득수준별 양가 부모 방문 비교

(단위: 횟수/년, %)

| 소득 계층 | 구분 | 평균 | 중위값 | 단절 비율 |
|---|---|---|---|---|
| 저소득층 | 남편 부모 방문 횟수 | 40.6 | 12 | 7.0 |
| | 아내 부모 방문 횟수 | 33.9 | 10 | 6.4 |
| 중간계층 | 남편 부모 방문 횟수 | 35.1 | 12 | 1.8 |
| | 아내 부모 방문 횟수 | 22.1 | 12 | 0.5 |
| 고소득층 | 남편 부모 방문 횟수 | 28.8 | 12 | 2.3 |
| | 아내 부모 방문 횟수 | 26.1 | 10 | 5.6 |

주 1) 통합 패널 가구가중치 적용.
　 2) 가구주 및 배우자의 따로 사는 부모가 있는 경우만 대상으로 함.
자료: 한국노동패널 21차 웨이브.

으로 보면, 모든 계층에서 남편 부모 방문 횟수가 아내 부모 방문 횟수보다 많다. 중위값으로도 저소득층과 고소득층에서 남편 부모 방문 횟수가 아내 부모 방문 횟수보다 많다. 이런 점을 보면, 가구주가 여자인 경우에도 부모와의 정서적 교류가 모든 계층에서 남편 부모 중심이라고 평가할 수 있다. 남편 부모 방문 횟수를 소득 계층별로 비교해보면, 저소득층이 가장 많고, 다음이 중간계층이며, 고소득층이 가장 적다. 아내 부모 방문 횟수도 저소득층이 가장 많고, 다음이 고소득층, 중간계층이 가장 적다. 지난 1년간 부모와의 왕래가 한 번도 없는 경우를 말하는 단절 비율을 보면, 저소득층이 다른 계층보다 특히 높다는 점, 고소득층에서 아내 부모와의 단절 비율이 5.6%로 크게 높다는 점도 특징이다.

가주주의 성 비율에서 남자가 약 77%, 여자가 23%라는 점을 고려하여 가구주의 연령과 양가 부모와의 정서적 교류를 비교 분석한 결과를 종합하면 다음과 같은 결론을 내릴 수 있다. 저소득층은 양가 부모 방문 정도에서 남편 중심성이 강하다는 점이 확연하다. 중간계층이나 고소득층에서도 아내 부모와의 교류가 더 강하다고는 할 수 없고, 차이는 크지 않지만 남편 부모와의 교류가 조금 더 많다는 정도의 평가는 가능하다. 부모와의 정서적 교류 단절 비율이 저소득층에서 다른 계층보다 비교적 높다는 점도 특징이라 할 수 있다.

## 3. 사적 소득이전 교류 비교: 남편 부모 vs 아내 부모

이 절에서는 결혼한 자녀와 본인 부모 및 배우자 부모의 경제적 교류 현황을 비교하고자 한다.

〈표 10-6〉은 가구주가 남자인 경우와 가구주가 여자인 경우로 구분하여, 양가 부모와의 사적 이전소득 교류 현황을 비교하여 정리한 것이다. 먼저 가구주가 남자인 경우를 보면, 남편 부모로부터 1년간 받은 사적 이전소득은 평균 173만 4천 원인 데 반해, 아내 부모로부터 받은 사적 이전소득은 평균 64만 5천 원으로 남편 부모로부터 사적 이전소득을 훨씬 더 많이 받았다. 1년간 양가

**표 10-6** 양가 부모와의 사적 소득이전 교류 비교

(단위: 만 원/년, %)

| 가구주 성별 | 구분 | 평균 | 중위값 | 1 이상 비율 |
|---|---|---|---|---|
| 가구주가<br>남자인<br>경우<br>(77.3%) | 남편 부모로부터 받은 사적 이전소득 | 173.4 | 0 | 27.6 |
| | 아내 부모로부터 받은 사적 이전소득 | 64.5 | 0 | 28.0 |
| | 남편 부모에게 준 사적 이전소득 | 182.7 | 100 | 86.1 |
| | 아내 부모에게 준 사적 이전소득 | 128.6 | 70 | 86.2 |
| 가구주가<br>여자인<br>경우<br>(22.7%) | 남편 부모로부터 받은 사적 이전소득 | 88.0 | 0 | 25.2 |
| | 아내 부모로부터 받은 사적 이전 소득 | 82.5 | 12 | 21.9 |
| | 남편 부모에게 준 사적 이전소득 | 137.6 | 60 | 79.1 |
| | 아내 부모에게 준 사적 이전소득 | 145.4 | 100 | 79.3 |

주 1) 통합 패널 가구가중치 적용.
 2) 가구주 및 배우자의 따로 사는 부모가 있는 경우만 대상으로 함.
자료: 한국노동패널 21차 웨이브.

부모로부터 사적 이전소득을 조금이라도 받은 가구의 비율은 남편 부모로부터가 27.6%, 아내 부모로부터가 28.0%로 거의 비슷하다.

가구주가 여자인 경우, 남편 부모로부터 1년간 받은 사적 이전소득의 평균값은 88만 원, 중위값은 0, 아내 부모로부터 받은 사적 이전소득 평균은 82만 5천 원, 중위값은 12만 원이며, 지난 한 해 동안 부모로부터 사적 이전소득을 조금이라도 받은 비율은 남편 부모로부터가 25.2%, 아내 부모로부터가 21.9%이다.

이처럼 가구주가 남자인 경우에는 남편 부모와의 경제적 교류의 양이 더 많으며, 가구주가 여자인 경우에는 차이는 미미하나 아내 부모와의 경제적 교류가 약간 많다. 전체적으로 가구주가 남자인 경우가 여자인 경우보다 3배 이상 많다는 점을 고려하면, 결혼한 자녀와 부모의 경제적 교류는 남편 중심성이 강하다고 평가할 수 있다.

## 1) 가구주의 연령별 비교

여기서는 가구주의 연령별로 양가 부모와의 사적 이전소득 교류를 비교하여 그 특징을 찾으려 한다.

〈표 10-7〉은 가구주가 남자인 경우, 가구주의 연령별로 양가 부모와의 사적 이전소득 교류를 비교한 것이다. 가구주의 연령

**표 10-7** 가구주가 남자인 경우, 가구주의 연령별 양가 부모와의 사적 이전소득 교류 비교

(단위: 만 원/년, %)

| 가구주 나이 | 구분 | 평균 | 중위값 | 1 이상 비율 |
|---|---|---|---|---|
| 35세 미만 | 남편 부모로부터 받은 사적 이전소득 | 530.8 | 0 | 39.0 |
| | 아내 부모로부터 받은 사적 이전소득 | 109.4 | 0 | 44.0 |
| | 남편 부모에게 준 사적 이전소득 | 114.5 | 50 | 77.8 |
| | 아내 부모에게 준 사적 이전소득 | 93.8 | 60 | 86.4 |
| 35~50세 미만 | 남편 부모로부터 받은 사적 이전소득 | 123.1 | 0 | 35.6 |
| | 아내 부모로부터 받은 사적 이전소득 | 87.1 | 0 | 35.6 |
| | 남편 부모에게 준 사적 이전소득 | 188.0 | 100 | 88.5 |
| | 아내 부모에게 준 사적 이전소득 | 146.0 | 80 | 87.2 |
| 50~65세 미만 | 남편 부모로부터 받은 사적 이전소득 | 94.1 | 0 | 16.1 |
| | 아내 부모로부터 받은 사적 이전소득 | 35.5 | 0 | 18.6 |
| | 남편 부모에게 준 사적 이전소득 | 207.1 | 110 | 86.3 |
| | 아내 부모에게 준 사적 이전소득 | 120.4 | 80 | 86.2 |
| 65세 이상 | 남편 부모로부터 받은 사적 이전소득 | 0 | 0 | 0 |
| | 아내 부모로부터 받은 사적 이전 소득 | 14.3 | 0 | 5.3 |
| | 남편 부모에게 준 사적 이전소득 | 163.9 | 80 | 83.2 |
| | 아내 부모에게 준 사적 이전소득 | 65.6 | 40 | 74.7 |

주 1) 통합 패널 가구가중치 적용.
　 2) 가구주 및 배우자의 따로 사는 부모가 있는 경우만 대상으로 함.
자료: 한국노동패널 21차 웨이브.

에 따라 상이한 특성을 보인다. 가구주의 연령이 35세 미만일 때는 남편 부모 및 아내 부모와의 경제적 교류에서 큰 차이가 없이 비교적 균형을 이루고 있다고 평가할 수 있다. 가구주의 연령이

35~50세, 50~65세일 때는 남편 부모와의 경제적 교류가 아내 부모와의 경제적 교류보다 현저하게 많다.

가구주의 연령별로 보다 구체적으로 살펴보자. 가구주의 연령이 35세 미만일 때, 남편 부모로부터 1년간 받은 사적 이전소득의 평균값은 530만 8천 원으로, 아내 부모로부터 받은 사적 이전소득 평균 109만 4천 원보다 많지만, 중위값은 0으로 같고, 1년간 조금이라도 사적 이전소득을 받은 비율이 남편 부모로부터가 39%, 아내 부모로부터가 44%라는 점을 고려하면, 부모로부터 받은 사적 이전소득은 남편 부모와 아내 부모 간 큰 차이가 없다고 평가해도 지나치지 않다. 결혼한 자녀가 부모에게 준 사적 이전소득을 비교해보면, 남편 부모에게는 평균 114만 5천 원, 중위값은 50만 원인데, 아내 부모에게는 평균 93만 8천 원, 중위값은 60만 원으로 평균으로는 남편 부모에게, 중위값으로는 아내 부모에게 더 많이 주었다. 지난 1년간 조금이라도 사적 이전소득을 부모에게 준 비율을 보면, 남편 부모가 77.8%, 아내 부모가 86.4%로 아내 부모가 더 높다. 이런 점들을 종합적으로 평가할 때, 가구주가 남자로서 35세 미만일 때, 부모와의 사적 이전소득 교류는 남편 부모와의 교류가 아내 부모와의 교류보다 더 많다고 평가하기는 어렵고, 균형 내지 오히려 아내 부모와의 교류가 더 많다고 평가할 수 있다.

가구주가 남자로서 35~50세일 때, 양가 부모로부터 받은 사적 이전소득을 비교해보면, 남편 부모에게서는 평균 123만 1천 원, 아내 부모에게서는 평균 87만 1천 원이고, 중위값 및 받은 비율은 같다. 이런 점을 고려할 때, 아내 부모보다 남편 부모에게서 사적 이전소득을 더 많이 받는다고 볼 수 있다. 양가 부모에게 준 사적 이전소득을 비교해보면, 남편 부모에게는 평균 188만 원, 중위값 100만 원, 아내 부모에게는 평균 146만 원, 중위값 80만 원으로, 평균과 중위값 모두 남편 부모가 많다. 사적 이전소득을 준 비율은 남편 부모 88.5%, 아내 부모 87.2%로 서로 비슷하다. 가구주가 남자로서 35~50세일 때, 부모와의 경제적 교류는 남편 중심적인 것으로 평가된다.

가구주의 연령이 50~65세일 때, 부모와의 경제적 교류는 더 현저하게 남편 부모 중심으로 이루어진다. 사적 이전소득을 양가 부모로부터 받은 것을 비교해보면, 남편 부모로부터 받은 사적 이전소득은 평균 94만 1천 원으로 아내 부모로부터 받은 사적 이전소득 평균 35만 5천 원보다 훨씬 많고, 중위값과 지난 1년간 조금이라도 부모로부터 사적 이전소득을 받은 비율은 비슷하다. 양가 부모에게 준 사적 이전소득을 비교해보면, 남편 부모에게는 평균 207만 1천 원, 중위값으로는 110만 원을 1년간 준 데 반해, 아내 부모에게는 평균 120만 4천 원, 중위값으로는 80만 원을 제공하여 평균이나 중위값 모두 남편 부모에게 준 사적 이전소득액이 아내 부모에게 준 것보다 많다. 사적 이전소득을 부모에게 준 비율은 남편 부모 86.3%, 아내 부모 86.2%로 비슷하다.

가구주의 연령이 65세 이상일 때, 남편 부모와 사적 이전소득을 주고받은 사례 수가 너무 작아 남편 부모 및 아내 부모와의 경제적 교류 정도를 비교하기 어렵다. 이처럼 가구주가 남자이며 35세 이상일 때, 가구주의 연령별 양가 부모와의 사적 이전소득 교류를 비교하면, 대체로 남자 부모와의 교류가 중심이며, 가구주의 연령이 높을수록 그 정도가 더 강한 것으로 평가된다. 가구주의 연령이 35세 미만인 집단은 남편 부모 및 아내 부모와의 경제적 교류 정도가 균형 있는 것으로 평가된다.

〈표 10-8〉은 가구주가 여자인 경우, 가구주의 연령별 양가 부모와의 사적 이전소득 교류를 비교한 것이다. 가구주가 남자인 경우와 비교하여, 가구주가 여자인 경우의 특징은 남편 부모 및 아내 부모와의 사적 이전소득 교류가 어느 정도 균형을 이루고 있다는 점이다. 가구주의 연령별 사적 이전소득의 평균, 중위값, 사적 이전소득을 조금이라도 주고받은 비율을 종합할 때, 가구주의 연령이 65세 미만일 때 남편 부모와의 사적 이전소득 교류 정도와 아내 부모와의 사적 이전소득 교류 정도가 비슷하다.

가구주가 남자인 경우, 여자인 경우를 종합하여 평가하면 다음과 같다. 가구주가 남자인 경우는 가구주의 연령이 35세 미만인 가구만 제외하고, 대체로 남편 부모와의 경제적 교류가 아내 부모와의 경제적 교류보다 많다는 점을 고려할 때, 우리나라에서

**표 10-8** 가구주가 여자인 경우, 가구주의 연령별 양가 부모와의 사적 이전소득 교류 비교 (단위: 만 원/년, %)

| 가주주 나이 | 구분 | 평균 | 중위값 | 1 이상 비율 |
|---|---|---|---|---|
| 35세 미만 | 남편 부모로부터 받은 사적 이전소득 | 211.5 | 0 | 32.3 |
| | 아내 부모로부터 받은 사적 이전소득 | 259.6 | 0 | 25.0 |
| | 남편 부모에게 준 사적 이전소득 | 115.5 | 50 | 73.8 |
| | 아내 부모에게 준 사적 이전소득 | 111.6 | 80 | 68.5 |
| 35~50세 미만 | 남편 부모로부터 받은 사적 이전소득 | 53.2 | 0 | 20.1 |
| | 아내 부모로부터 받은 사적 이전 소득 | 29.2 | 0 | 21.8 |
| | 남편 부모에게 준 사적 이전소득 | 161.3 | 80 | 71.5 |
| | 아내 부모에게 준 사적 이전소득 | 155.9 | 100 | 82.5 |
| 50~65세 미만 | 남편 부모로부터 받은 사적 이전소득(146) | 24.9 | 0 | 15.6 |
| | 아내 부모로부터 받은 사적 이전소득(8) | 0 | 0 | 0 |
| | 남편 부모에게 준 사적 이전소득(146) | 126.1 | 60 | 82.7 |
| | 아내 부모에게 준 사적 이전소득(8) | 127.0 | 50 | 85.8 |
| 65세 이상 | 남편 부모로부터 받은 사적 이전소득(28) | 3.7 | 0 | 3.7 |
| | 아내 부모로부터 받은 사적 이전 소득(1) | 0 | 0 | 0 |
| | 남편 부모에게 준 사적 이전소득(28) | 106.7 | 30 | 64.6 |
| | 아내 부모에게 준 사적 이전소득(1) | 820.0 | 820 | 100.0 |

주 1) 통합 패널 가구가중치 적용.
  2) 가구주 및 배우자의 따로 사는 부모가 있는 경우만 대상으로 함.
  3) ( )는 사례 수.
자료: 한국노동패널 21차 웨이브.

사적 이전소득은 가구주의 연령이 35세 이상인 가구에서는 남편 부모와의 교류가 중심이라고 평가할 수 있다. 그렇지만 남편 부

모와의 경제적 교류 양과 아내 부모와의 경제적 교류 양의 차이
는 그다지 크지 않다.

## 2) 소득 계층별 비교

이제 소득 계층별로 남편 부모 및 아내 부모와의 사적 이전소
득 교류 정도를 비교하여 살펴보자.

〈표 10-9〉는 가구주가 남자인 경우, 소득 계층별 양가 부모와
의 사적 소득이전 교류 정도를 비교한 것으로, 모든 소득 계층에
서 남편 부모와의 경제적 교류가 아내 부모와의 경제적 교류보다
더 많은 경향이 있으며, 특히 소득수준이 높을수록 그 경향이 강
하게 나타남을 알 수 있다.

가구균등화소득이 중위소득의 50% 이하인 저소득층은 연평
균 약 48만 원을 남편 부모에게 받고, 사적 이전소득을 지난 1년
간 조금이라도 받은 가구의 비율은 20.9%인 데 반해, 아내 부모
로부터 받은 사적 이전소득은 연평균 22만 9천 원이며, 사적 이전
소득을 지난 1년간 조금이라도 받은 비율은 12.2%이다. 이렇게
저소득층의 경우 아내 부모보다 남편 부모로부터 받은 사적 이전
소득이 더 많다. 부모에게 준 사적 이전소득의 양은 남편 부모에
게는 1년간 평균 82만 4천 원, 중위값은 30만 원, 아내 부모에게
는 1년간 평균 52만 5천 원, 중위값은 40만 원이다. 평균값으로는

**표 10-9** 가구주가 남자인 경우, 소득 계층별 양가 부모와의 사적 소득이전 교류 비교

(단위: 만 원/년, %)

| 소득 계층 | 구분 | 평균 | 중위값 | 1 이상 비율 |
|---|---|---|---|---|
| 저소득층 | 남편 부모로부터 받은 사적 이전소득 | 48.3 | 0 | 20.9 |
| | 아내 부모로부터 받은 사적 이전소득 | 22.9 | 0 | 12.2 |
| | 남편 부모에게 준 사적 이전소득 | 82.4 | 30 | 64.6 |
| | 아내 부모에게 준 사적 이전소득 | 52.5 | 40 | 66.5 |
| 중간계층 | 남편 부모로부터 받은 사적 이전소득 | 50.6 | 0 | 26.2 |
| | 아내 부모로부터 받은 사적 이전 소득 | 42.1 | 0 | 28.2 |
| | 남편 부모에게 준 사적 이전소득 | 150.0 | 80 | 86.5 |
| | 아내 부모에게 준 사적 이전소득 | 101.1 | 70 | 86.7 |
| 고소득층 | 남편 부모로부터 받은 사적 이전소득 | 581.7 | 0 | 29.9 |
| | 아내 부모로부터 받은 사적 이전 소득 | 140.8 | 0 | 31.5 |
| | 남편 부모에게 준 사적 이전소득 | 315.7 | 200 | 92.4 |
| | 아내 부모에게 준 사적 이전소득 | 229.3 | 140 | 90.2 |

주 1) 통합 패널 가구가중치 적용.
　2) 가구주 및 배우자의 따로 사는 부모가 있는 경우만 대상으로 함.
자료: 한국노동패널 21차 웨이브.

남편 부모에게 준 것이 더 많고, 중위값으로는 아내 부모에게 준 양이 더 많다. 요컨대 저소득층의 경우 남편 부모에게 준 사적 이전소득의 양과 아내 부모에게 준 사적 이전소득의 양은 큰 차이가 없다.

　가구균등화 중위소득 50~150%에 속하는 중간계층의 경우, 아내 부모보다 남편 부모와의 경제적 교류가 더 많다는 점이 뚜렷하게 나타난다. 지난 1년간 남편 부모로부터 받은 사적 이전소

득의 평균값은 50만 6천 원, 아내 부모로부터 받은 사적 이전소득의 평균값은 42만 1천 원으로 아내 부모보다 남편 부모로부터 사적 소득이전을 더 많이 받았다. 부모에게 준 사적 이전소득의 양은 평균값으로나 중위값으로나 남편 부모가 더 많다. 남편 부모에게는 지난 1년간 평균 150만 원, 중위값으로는 80만 원을, 아내 부모에게는 지난 1년간 평균 101만 1천 원, 중위값으로는 70만 원의 사적 이전소득을 주었다. 지난 1년간 사적 이전소득을 받은 비율은 비슷하다. 이렇게 중간계층은 아내 부모보다 남편 부모와의 경제적 교류가 더 활발하다.

이런 특징은 가구균등화 중위소득 150%를 초과하는 고소득계층에서는 더욱 명확하다. 고소득층은 지난 1년간 남편 부모로부터 평균 581만 7천 원, 아내 부모로부터는 평균 140만 8천 원을 사적 이전소득으로 받았으며, 중위값은 같고, 지난 1년간 부모로부터 사적 이전소득을 받은 가구의 비율은 남편 부모로부터는 29.9%, 아내 부모로부터는 31.5%로 아내 부모로부터 받은 비율이 더 높다. 고소득층 자녀가 지난 1년간 양가 부모에게 준 사적 이전소득을 비교해보면, 남편 부모에게는 평균 315만 7천 원, 중위값으로는 200만 원, 아내 부모에게는 평균 229만 3천 원, 중위값은 140만 원이며, 지난 1년간 사적 이전소득을 조금이라도 부모에게 제공한 비율은 남편 부모가 92.4%, 아내 부모가 90.2%로 평균, 중위값, 사적 소득이전 제공 비율 모두 남편 부모가 아내 부모보다 현저하게 많다.

가구주가 남자인 경우가 전체 가구의 77.7%로 거의 대부분을 차지하는데, 그 경우 모든 소득 계층에서 아내 부모보다 남편 부모와의 경제적 교류가 더 많으며, 특히 소득수준이 높을수록 그러한 경향성은 더욱 뚜렷하다.

〈표 10-10〉은 가구주가 여자인 경우, 양가 부모와의 사적 이전수득 교류를 비교한 것이다.

표 10-10 가구주가 여자인 경우, 소득 계층별 양가 부모와의 사적 소득이전 교류 비교

(단위: 만 원/년, %)

| 소득 계층 | 구분 | 평균 | 중위값 | 1 이상 비율 |
|---|---|---|---|---|
| 저소득층 | 남편 부모로부터 받은 사적 이전소득 | 85.6 | 0 | 27.6 |
| | 아내 부모로부터 받은 사적 이전소득 | 205.7 | 0 | 22.4 |
| | 남편 부모에게 준 사적 이전소득 | 42.9 | 10 | 55.8 |
| | 아내 부모에게 준 사적 이전소득 | 42.5 | 0 | 44.1 |
| 중간계층 | 남편 부모로부터 받은 사적 이전소득 | 61.1 | 0 | 24.7 |
| | 아내 부모로부터 받은 사적 이전 소득 | 36.9 | 0 | 18.7 |
| | 남편 부모에게 준 사적 이전소득 | 127.0 | 70 | 84.8 |
| | 아내 부모에게 준 사적 이전소득 | 137.9 | 100 | 83.5 |
| 고소득층 | 남편 부모로부터 받은 사적 이전소득 | 213.0 | 0 | 24.6 |
| | 아내 부모로부터 받은 사적 이전 소득 | 163.8 | 0 | 29.3 |
| | 남편 부모에게 준 사적 이전소득 | 310.6 | 120 | 84.3 |
| | 아내 부모에게 준 사적 이전소득 | 185.5 | 120 | 77.2 |

주 1) 통합 패널 가구가중치 적용.
　2) 가구주 및 배우자의 따로 사는 부모가 있는 경우만 대상으로 함.
자료: 한국노동패널 21차 웨이브.

가구주가 여자인 경우, 소득 계층별로 양가 부모와의 사적 소득이전 교류를 비교해보면, 아내 부모 중심성이 뚜렷하게 나타나지는 않는다. 저소득층의 경우 평균값으로 보면, 남편 부모보다 아내 부모와의 사적 소득이전 교류가 더 많지만, 중위값이나 지난 1년간 부모와의 사적 소득이전을 조금이라도 교류한 비율을 보면, 남편 부모가 더 많다.

중간계층의 경우, 부모로부터 사적 소득이전을 받은 것은 남편 부모가 더 많지만, 부모에게 제공한 사적 이전소득은 아내 부모가 더 많다. 하지만 고소득층은 뚜렷하게 아내 부모보다 남편 부모와의 사적 소득이전 교류가 더 많다. 평균값으로 비교할 때, 부모에게 준 사적 이전소득의 양, 부모로부터 받은 사적 이전소득의 양 모두 아내 부모보다 남편 부모가 더 많다. 중위값으로는 같으며, 조금이라도 사적 이전소득을 주고받은 비율은 부모로부터 받은 것은 아내 부모가, 부모에게 준 것은 남편 부모가 더 높다.

가구주의 성별 분포 등을 고려하여 종합적으로 평가할 때, 소득 계층별 양가 부모와의 사적 소득이전 교류는 그 정도가 크지 않지만, 남편 부모 중심성이 조금 더 강하다고 할 수 있다. 특히 고소득층에서 그 정도가 더욱 강하며, 저소득층도 아내 부모보다 남편 부모와의 경제적 교류가 더 강한 것으로 평가할 수 있다. 중간층의 경우는 양가 부모와의 경제적 교류가 비교적 균형을 이룬다고 평가할 수 있다.


## 4. 부계중심성이 여전한 비공식 복지


이 장에서는 결혼한 자녀와 남편 부모 및 아내 부모의 사적 소득이전 교류 정도를 비교 분석하였다. 왕래를 중심으로 한 정서적 교류도 동일하게 비교 분석하였다. 그 결과 다음과 같은 결론을 얻을 수 있다.

첫째, 우리 사회의 모계화는 뚜렷하지 않은 것으로 평가된다. 정서적 교류 및 사적 소득이전 교류 모두 아내 부모 중심성이 뚜렷하지 않다. 양가 부모와의 균형적 교류 내지 오히려 남편 부모와의 교류가 미약하나마 조금 더 강한 것으로 평가할 수 있다. 우리 사회에서 전통적인 부계 중심성이 많이 약화된 것은 사실이지만, 그렇다고 모계 사회로 변화되었다는 평가는 과도하다 하겠다. 양계화에 근접한 사회로 변모하고 있다는 정도로 평가할 수 있다.

둘째, 가구주의 연령별로 보면, 가구주의 연령이 35세 미만인 경우를 제외하고, 아내 부모보다 남편 부모와의 경제적 교류가 더 많은 것으로 평가된다. 하지만 그 정도 차이는 크지 않다. 정서적 교류에서도 모계 중심성은 발견되지 않았다.

셋째, 가구주의 소득 계층별로 보면, 결혼한 자녀와 양가 부모 간의 사적 소득이전 교류는 그 정도 차이가 크지 않지만, 남편 중심성이 조금 있다고 결론지을 수 있다. 이런 경향성은 특히 고소득층과 저소득층에서 강하며 중간층에서는 거의 균형적이라고 평가할 수 있다. 정서적 교류에서도 모계 중심성이 나타나는 것으로는 볼 수 없으며, 저소득층의 경우 정서적 교류도 남편 부모와 더 많은 것으로 나타났다.

이처럼 본 연구의 결과는 가족을 연구하는 기존 연구의 결과와는 조금 상이하다고 할 수 있다. 그것은 기존 연구와 모집단 및 부모와 교류에서 그 대상을 어떻게 조작적으로 정의했는가와 관련된 점도 있을 것으로 생각된다. 본 연구에서는 부모와 결혼한 자녀의 교류 분석 대상을 결혼한 자녀와 따로 사는 남편 부모나 아내 부모가 있는 경우만으로 제한하였다. 기존 연구의 경우 이 점이 명확하지 않다. 그리고 본 연구의 경우도 분석 수준이 빈도 분석에 치중하여, 다른 변수의 영향을 통제한 상태에서 결혼한 자녀와 양가 부모의 교류 정도를 분석하지 못했다는 점에서 한계가 있다. 이런 점들을 고려할 때, 이 주제와 관련한 보다 정치한 분석이 필요하다 하겠다.

# 11장

# 비공식 복지와 한국 복지체계

## 1. 한국 사회복지의 역사에서 비공식 복지

### 1) 비공식 복지의 발달

한국 사회복지의 중요한 특징 중 하나가 비공식 복지의 발달이라는 점은 부인할 수 없는 사실이다. 조선시대 이래로 우리 사회는 동족촌을 형성하고 대가족제도를 유지하며, 가족 구성원이 어려운 일을 당하면 가족 전체가 공동으로 대처해왔다. 또한 계, 향약 등 마을에 기반한 상부상조의 비공식 조직을 통해 마을 구성원의 어려움을 공동으로 대처해온 전통을 가지고 있다. 그러나 산업화가 진행됨에 따라 마을을 기반으로 하는 지연 공동체가 약화되어, 지연에 기초한 비공식 복지는 급속히 약화되었다. 산업화, 도시화에 따라 가족 형태 또한 대가족제도에서 핵가족제도로 급속하게 변화되었지만, 가족의 복지 기능은 비교적 강하게 유지되어왔다. 가족을 중심으로 한 비공식 복지의 발달과 유지가 국가복지가 부재한 상황에서 많은 사람을 사회적 위험으로부터 보호하고 삶을 유지하는 데 중요한 역할을 해온 것이 우리나라 사회복지의 역사라 할 수 있다.

⟨표 11-1⟩을 보면, 우리나라의 절대빈곤율은 1960년대에 많게는 80%, 적게는 40% 수준이었는데, 그 이후 드라마틱하게 감소하여 1990년대는 10%대 또는 그보다도 적은 수준으로 낮아졌다. 1960년대 이후 1990년대까지 국민들에게 소득으로 직접 주어지는 국가복지로는 산업재해를 당한 노동자 일부에게 제공된 산업재해보상보험의 휴업급여, 국민연금의 급여 중 급여액이 아주 적은 특수노령연금, 실업자에게 제공된 고용보험의 실업급여 정도와 생활보호제도뿐이었다. 이렇게 1990년대까지도 소득보장으로서 국가복지는 미미한 수준이었다.

그럼에도 우리 사회의 절대빈곤율이 급속하게 낮아진 것은 경제성장의 성과물인 낙수효과(trickle down effects)가 큰 요인임은 이미 잘 알려져 있다. 더불어 가족을 중심으로 한 사적 소득이전 같은 비공식 복지도 중요한 역할을 하였다. 1994년도 '전국노인생활실태조사'에 의하면, 1994년 현재 60세 이상 노인의 주수입원 중 가장 큰 비중을 차지한 것은 '자녀로부터의 도움'으로

**표 11-1** 절대빈곤율의 변화 추이

| 연 도 | 1991년 빈곤선[a](1) | 서상목·연하청의 빈곤선[b] (2) |
|---|---|---|
| 1965 | – | 40.9 |
| 1966 | – | – |
| 1967 | 78.1 | – |
| 1968 | 83.7 | – |
| 1969 | 75.9 | – |
| 1970 | 77.7 | 23.4 |
| 1971 | 77.7 | – |
| 1972 | 77.9 | |
| 1973 | 78.5 | – |
| 1974 | 81.1 | – |
| 1975 | 79.1 | – |
| 1976 | 76.7 | 14.8 |
| 1977 | 73.1 | – |
| 1978 | 66.6 | – |
| 1979 | 54.0 | – |
| 1980 | 53.1 | 9.8 |
| 1981 | 51.2 | – |
| 1982 | 58.3 | 6.4 |
| 1983 | 54.1 | – |
| 1984 | 49.1 | 4.5 |
| 1985 | 46.3 | 3.6 |
| 1986 | 39.5 | – |
| 1987 | 30.0 | 1.5 |
| 1988 | 26.0 | – |
| 1989 | 18.0 | – |
| 1990 | 14.6 | – |
| 1991 | 11.5 | 1.1 |
| 1992 | – | – |
| 1994 | – | 1.0 |
| 1995 | 7.5 | – |
| 1998 | 10.7 | – |

(a) 1991년 의료부조자 선정기준인 100,000원을 각 연도의 GNP 상승을 고려한 기준.
(b) 1985년 이후의 빈곤율은 Suh and Yean(1986)의 방법을 최근 연도에 접목시켜 가상적인 상태의 빈곤인구
   비율을 계산한 것임.
자료: Suh & Yean(1986); 박순일(1994); 김태성·손병돈(2016).

44.3%를 차지하고 있다. 1994년 노인들의 가구 형태를 보면, 약 54%가 자녀와 동거 가구이고, 특히 약 39%가 기혼 자녀와 동거하고 있음을 알 수 있다(이가옥 외, 1994). 이러한 사적 소득이전, 동거 등의 비공식 복지는 1990년대까지 우리나라 노인들의 삶을 지탱해온 큰 기둥이었다.

1996년과 2014년 노인 빈곤을 비교한 한 연구에 의하면, 1996년도 노인 빈곤율은 29.1%이고, 2014년도는 40.8%로 1996년도가 2014년보다 노인 빈곤율이 더 낮게 나타난다. 두 시기 노인 빈곤율의 차이를 가져온 가장 큰 영향 요인은 성인 자녀가 노인 부모와 동거하는 비율의 차이이다(구인회·김창오, 2016). 이런 분석에 기초할 때, 현재 우리나라의 노인 빈곤이 1990년대보다 크게 높아진 것은 자녀와의 동거 감소, 사적 소득이전의 상대적 감소 등 비공식 복지가 축소된 데 반해, 그 빈자리를 국가복지가 메우지 못했다는 점에 기인하는 것으로 평가된다. 이처럼 2000년대 초반까지도 비공식 복지의 규모가 국가복지의 규모보다 클 정도(김진욱, 2013)로 비공식 복지는 우리나라 사회복지에서 가장 큰 역할을 해왔다.

이렇듯 한국에서는 비공식 복지가 발달해 있는데, 이러한 현상이 어느 나라에서나 보편적으로 존재하는 것은 아니다. 일반적으로 비공식 복지는 산업화 이전 시기의 사회복지 형태라고 할 수 있다. 오늘날에도 저개발국이나 개발도상국에서는 비공식 복지가 주요한 복지 형태인 경우가 많다. 산업화된 국가에서는 우리나라와 비교될 수 있는 수준의 비공식 복지 규모를 가진 국가가 거의 없다. 2014년 우리나라 노인 가구 가처분소득에서 사적 이전소득이 차지하는 비중은 약 18%이다. 비슷한 시기에 1인당 GDP가 3만 달러가 넘는 선진국 중 노인 가구 가처분소득에서 사적 이전소득이 차지하는 비중이 5%를 넘는 국가는 하나도 없다. 우리나라와 비교될 수 있는 곳은 타이완 정도뿐이다(최현수 외, 2016).

이처럼 비공식 복지의 발달은 우리나라 사회복지의 특징 중 하나로 평가할 수 있으며, 지금도 비공식 복지는 한국 사회복지에서 큰 역할을 하고 있다.

## 2) 비공식 복지의 그늘

비공식 복지의 발달이 우리나라 사회복지의 특징이라는 점을 부인할 수 없지만, 이것이 우리나라 사회복지의 기형적인 현재의 모습을 초래한 한 원인이라는 점도 부인할 수 없다.

1인당 GDP가 3만 달러가 넘는 경제 수준을 고려할 때 우리나라의 국가복지 수준은 턱없이 낮은 수준이며, 동일한 경제 수준의 국가들 중 노인 빈곤율이 40%를 넘는 국가는 한국이 유일하다. 2018년 가처분 중위소득 50% 기준 한국의 노인 빈곤율은

42%에 달한다(이현주 외, 2019). 2013년 우리나라 사회지출 수준은 GDP의 10.1%로 OECD 국가의 사회지출 평균인 22.0%의 절반 수준에 불과하며, OECD 국가들의 1990년 수준인 15.2%에 못 미칠 정도로 낮다(노대명 외, 2018: 26).

이러한 국가복지의 저성장과 비공식 복지의 상대적인 발달은 불가분의 관계로 평가된다. 1960년대 이후 급속한 산업화와 함께 도시화, 핵가족화로 우리 사회의 전통적인 대가족제도가 해체되고, 그에 따라 빈곤, 돌봄, 노인 부양 등의 사회문제를 전통적인 방식으로 해결할 수 없게 되었다. 하지만 형태상으로는 대가족제도가 해체되었음에도 불구하고 여전히 가족 간 소득이전 같은 방식으로 가족이 전통적인 대가족의 기능을 수행함으로써 긴급한 우리 사회의 문제를 해결해왔다. 앞에서 살펴보았듯이, 1990년대가 2010년대보다 노인 빈곤이 오히려 덜 심각한 상황이었던 것도 이 시기에 비공식 복지가 더 활발했기 때문이다. 따라서 산업화 과정에서 발생하는 사회문제에 대한 대책을 국가에게 강하게 요구하는 압력이 상대적으로 약하였고, 그것이 우리 사회에서 국가복지의 성장을 더디게 한 요인이라 할 수 있다.

그러나 비공식 복지는 극심한 빈곤이나 불평등 문제에 대한 효과적인 기제가 아니다. 8장 「사적 소득이전과 빈곤, 불평등」에서 살펴보았듯이, 비공식 복지는 극빈층에게는 거의 혜택이 제공되지 않으며, 불평등 완화에도 효과적이지 않다. 이러한 사실은

1998년 외환위기 이후에도 우리 사회의 사적 소득이전 규모가 크게 감소하지 않았지만, 우리 사회의 불평등은 급속도로 악화되었다는 점이 입증해준다.

외환위기 이전인 1996년 가처분소득 기준 지니계수는 0.28이었는데, 외환위기 이후인 2000년과 2003년 가처분소득 기준 지니계수는 각각 0.33, 0.34로 외환위기 이후 우리 사회의 불평등은 크게 악화되었다(허유진 외, 2005). 이렇게 불평등이 악화된 것은 근로소득, 사업소득, 재산소득 등 시장소득에서의 불평등이 크게 악화된 데 따른 것이다. 반면 가구소득에서 사적 이전소득이 차지하는 비중은 1996년, 2000년, 2003년 모두 가처분소득의 4%로 변함이 없다. 이렇듯 외환위기 전과 비교하여 외환위기 이후에도 사적 이전소득의 규모는 축소되지 않았지만, 우리 사회의 불평등은 크게 악화되었다. 요컨대 시장의 불평등을 완화하는 기제로서 사적 소득이전은 한계가 있는 것이다.


## 2. 한국 비공식 복지의 향후 전망

한국의 비공식 복지는 향후 어떤 방향으로 전개될까? 아마도 우리나라 사회복지에서 비공식 복지의 역할은 점점 축소될 것이다. 이미 2010년 전후로 하여 국가복지가 비공식 복지의 규모를 추월하였다. 국가복지의 성장 속도는 더욱 빠를 것이며, 그에 따라 그 규모도 더욱 빠르게 확대될 것이다. 그런 점에서 우리나라 사회복지에서 비공식 복지의 역할은 점점 작아질 것이며, 절대 규모 면에서도 점점 줄어들 것으로 예상된다.

비공식 복지는 그 사회의 가치, 문화에도 영향을 많이 받는다. 우리 사회는 가족주의와 전통적 공동체주의가 약화되고, 개인주의가 빠르게 확산되고 있다. 노인 부양과 관련된 국민의식조사를 보면, 노인 부양 책임 주체에 대한 질문에서 2002년에는 가족이라는 응답이 70.7%로 압도적으로 높은 비중을 차지하고, 가족과 정부·사회라는 응답이 18.2%, 노부모 스스로가 9.6%였는데, 2018년에는 가족이라는 응답이 26.7%, 가족과 정부·사회라는 응답은 48.3%, 노부모 스스로라는 응답은 19.4%로 변하였다(통계청, 2002; 2018). 즉 노인 부양이 가족 책임이라는 의식은 급속히 약화되고, 정부·사회의 책임이라는 의식이 높아졌으며, 개인 책임이라는 응답도 크게 높아졌다. 이를 통해 비공식 복지의 뿌리인 가족주의 가치가 급속히 퇴조하고, 정부 책임주의 및 개인주의 가치가 빠르게 확산되고 있음을 확인할 수 있다. 이렇듯 가치의 측면에서 보면, 비공식 복지의 기반이 해체되고 있는 것으로 보인다.

다른 한편, 문화적으로도 비공식 복지의 기반인 유교적 전통이 빠르게 약화되고 있다. 7장에서 살펴보았듯이, 우리나라에서 사적 소득이전은 효 같은 문화적 요인이 중요한 동기로 작용한다. 효는 유교적 전통에 기반을 둔 것인데, 우리 사회에서는 유교적 전통이 급속히 약화되고 있다. 부모와 자녀의 관계에서는 공경과 같은 유교적 전통에서 독립적 인격체로의 존중, 인권, 평등한 관계로 변모하고 있다. 즉 서구와 같이 미성년 자녀에 대한 부모의 부양 책임은 강조되나, 성인 자녀와 부모의 관계는 상호 독립적인 관계로 변모하고 있다. 이런 문화적 변화가 비공식 복지의 약화를 예상하게 한다.

그간 한국의 비공식 복지가 유지되는 데 가장 든든한 기반이었던 가족제도가 빠르게 변화하고 있다는 점도 비공식 복지의 약화를 전망하게 한다(여유진 외, 2014). 2019년 현재 우리 사회의 합계출산율은 0.918명으로 세계에서 가장 낮은 수준이다. 이렇게 출산율이 낮아진 까닭은 결혼을 늦게 하는 만혼이 증가한 데다 결혼을 해도 아이를 갖지 않거나 결혼을 기피하는 비혼 가구가 증가하고 있기 때문이다. 1인 가구도 빠르게 늘어, 2019년 현재 전체 가구의 30.2%를 차지하여, 가장 많은 가구 유형이 되었다. 이혼율도 증가하여 인구 1천 명당 이혼 건수를 나타내는 조이혼율은 1970년 0.4명에서 2019년에는 2.2명으로 증가하였다. 현재 진행되고 있는 우리 사회의 가족구조 변화는 비공식 복지를 성장시킨 전통적인 가족의 기능을 구조적으로 약화시키는 것이다.

이러한 가족구조의 변화는 우리나라 가족 일반에서 보편적으로 나타나는 현상이지만, 모든 계층에서 동일한 속도와 강도로 일어나는 것은 아니다. 특히 저소득층의 사회적 약자 가족에서 더 빠르며 강하게 진행되고 있다. 그런 점에서 비공식 복지가 갖는 사회적 약자 보호 기능은 더욱 빠르게 약화될 것이다.

한국 사회구조의 변동도 비공식 복지의 약화에 영향을 미친다. 비공식 복지는 농업 등 1차 산업에 기반을 둔 사회, 또는 산업화 초기처럼 농업에서 제조업으로 변모하는 과도기적 사회에 기초하고 있다. 우리 사회는 이제 산업화가 일정 수준 이상의 궤도에 올라 있으며, 정보화가 급속히 진전되는 등 4차 산업혁명 시대로 빠르게 전환되고 있다. 4차 산업혁명은 정보화, 인터넷, 혁신 등 집단보다는 개인을 기반으로 한다. 이런 변화도 비공식 복지의 약화를 가져오는 요인이라 할 수 있다.

이상과 같이 다양한 용인의 변화로 인해 앞으로 한국 사회에서 비공식 복지는 점점 약화될 것이다. 그렇지만 비공식 복지는 문화적 전통에 기반하고 있다는 점에서 단시간 내에 서구와 같은 수준으로 축소되지는 않을 것이다. 비공식 복지의 점진적 약화에 대응하여 우리 사회의 공공복지체계를 확립하고, 복지에서 공공과 민간의 역할을 재정립하려는 노력이 필요하다 하겠다.

## 3. 한국 사회복지체계에서 비공식 복지와 국가복지의 관계는 어떻게 설정해야 할까

한국 사회에서 비공식 복지와 국가복지의 관계는 어떻게 설정해야 할까? 비공식 복지는 우리나라 사회복지의 특징이므로, 국가복지에 비공식 복지의 활용을 제도화하는 것이 필요할까? 사회정책적 관점에서 보면, 이 문제가 비공식 복지와 관련하여 가장 중요한 문제일 것이다.

지금까지 우리나라는 국가복지보다 먼저 비공식 복지를 활용하도록 법적으로 강제하고 있으며, 비공식 복지를 활용했음에도 문제가 남아 있을 때 국가복지로 대응하는 것을 원칙으로 해왔다. 그 대표적인 예가 국민기초생활보장제도이다.

### 1) 국민기초생활보장제도의 부양의무자 기준, 어떻게 할까

국민기초생활보장제도의 두 가지 자격 기준 중 하나가 부양의무자 기준이다. 부양의무자 기준은 빈곤한 사람들이 국가로부터 도움을 받기 전에 먼저 가족으로부터 도움받을 것을 법적으로 명시한 것이다.

2000년 국민기초생활보장제도가 도입된 이후 부양의무자 기준은 줄곧 가장 중요한 정책 이슈였다. 부양의무자 기준을 폐지할 것인가, 아니면 유지하며 그 기준을 완화하는 방향으로 개선할 것인가를 둘러싼 논란은 오랫동안 지속되어왔다. 그 과정에서 국민기초생활보장제도의 부양의무자 기준은 점차 완화되어, 2021년 현재 생계급여와 의료급여에만 부양의무자 기준이 남아 있다. 2022년에는 생계급여에도 부양의무자 기준이 실질적으로 폐지될 예정이지만, 의료급여의 부양의무자 기준은 아직까지 폐지할 계획이 없다. 부양의무자 기준의 유지를 주장하는 사람들은 부양의무자 기준을 폐지하면 사적 소득이전 같은 비공식 복지를 구축할 것이기 때문에 국가의 재정부담을 크게 증가시킬 것을 우려한다(손병돈 외, 2013).

그러나 국민기초생활보장제도와 같이 사적 부양(비공식 복지)을 법적으로 강제하는 것은 다음과 같은 측면에서 문제가 있다. 우선 공적 부양 및 사적 부양 모두를 받지 못하여 빈곤에서 벗어날 수 없는 사람들이 많이 발생할 수 있다. 국민기초생활보장제도의 부양의무자 기준은 사적 부양을 받고 있다는 사실이 아니라, 사적 부양을 제공할 수 있는 부양의무자가 단지 존재한다는 사실만으로 빈곤한 사람들을 공적 부양에서 배제한다. 그 결과 사적 부양도 받지 못하고 공적 부양도 받지 못하는 다수의 빈곤한 사람들이 발생하고 있다. 주거급여 대상자 선정기준을 근거로 할 때, 부양의무자 기준으로 인해 공적 부양 및 사적 부양을 충분히 받지 못해 빈곤한 가구는 2015년 현재 최대 71만 가구로 전체 가구의 3.71%에 달하는 것으로 추정된다(손병돈 외, 2016).* 부양의무자 기준을 아무리 완화할지라도 부양의무자 기준 자체가 존재하는 한 이러한 문제는 불가피하다.

또한 사적 부양을 법적으로 강제하는 것은 헌법적인 문제를 야기한다. 부양의무자 기준은 헌법상 최소한의 인간다운 생활을 할 권리와 인간의 존엄성, 평등권을 침해한다(김지혜, 2013). 부양의무자 기준같이 사적 부양의 법적 강제는 부양의무자가 실제 부양하고 있다는 객관적인 사실을 근거로 기초보장제도의 급여 수급을 제한하는 것이 아니라, 부양의무자가 부양할 수 있다는 잠재적 부양가능성을 근거로 기초보장제도의 수급권을 배제한다. 그로 인해 부양의무자가 있는 빈자들이 실질적인 사적 부양도 받지 못하고 공적 부양 또한 받지 못해 최소한의 인간다운 생활을 보장받지 못하여 인간의 존엄성을 침해당할 수 있다. 또한 부양의무자 기준은 동일한 빈곤 상태에 있는 빈자라 하더라도 부양의무자가 있으면 실제로는 부양받지 못할지라도 기초보장 수급권을 박탈하는데, 이는 부양의무자가 없는 빈자와 비교하여 차별 대우를 하는 것이고, 헌법상의 평등권을 침해한다고 볼 수 있다.

.......

* 2021년 현재는 공적 부양 및 사적 부양을 충분히 받지 못하여 빈곤한 가구의 규모는 2015년보다 상당 정도 감소하였을 것이다. 2015년 이후 국민기초생활보장제도의 주거급여에서 부양의무자 기준이 사실상 폐지되었으며, 생계급여의 부양의무자 기준도 일정 정도 완화되었기 때문이다(손병돈 외, 2019)

비공식 복지의 법적인 강제는 사회적으로도 여러 가지 부정적인 결과를 가져올 수 있다. 먼저 형평성의 가치에 위배된다. 세대 간 재분배의 관점에서 볼 때, 자녀를 출산하고 양육하는 등 사회적 기여를 충실히 한(부양의무자가 있는) 빈곤 노인에 대해서는 국가의 공적 부양을 배제하고, 자녀가 없는 빈곤한 노인(사회에 필요한 인적 재생산의 측면에서 사회적 기여를 하지 않은)에 대해서는 국가의 공적 부양을 제공하는 것은 형평성의 가치에 반한다고 볼 수 있다(이정우, 2014).

1장에서 살펴보았듯이, 비공식 복지의 원래 중 하나는 자발성에 기초하는 것이다. 이러한 비공식 복지의 원리를 무시하고 법적으로 강제한다면, 비공식 복지가 갖는 긍정적 측면을 왜곡하고 파괴할 수 있다. 부모에게 효도하는 것이 아름답게 여겨지는 것은 그것이 자발성에 기초하기 때문이다. 만약 효를 법으로 강제한다면 효가 갖는 긍정적인 사회적 효과는 사라질 것이다. 더 이상 효는 부모와 자녀 간 사적인 차원에서 이루어지는 도덕적이고 윤리적인 의무가 아니게 된다. 법적 의무를 이행하느냐 이행하지 않느냐라는 공적인 영역의 문제로 전환되게 된다. 이것은 부모 자녀 간 관계의 본질을 훼손하는 것이다.

부모와 자녀 관계로 대표되는 가족 관계는 물질적 부양 관계만 있는 것이 아니며, 물질적 부양이 가족 관계의 본질도 아니다. 『예기』에서도 효의 방법 중 으뜸은 부모를 모심에 있어 정신적·

정서적으로 편안하게 해드리는 것(존친尊親)이라고 한다(박재간, 1997; 손병돈, 1999). 부양의무자 기준과 같이 사적 부양을 법적으로 강제할 경우, 형편상 물질적 부양을 하지 못하더라도 부모를 자주 찾아뵙거나 전화 연락을 하는 등 자녀들이 부모에게 정서적·심리적으로 도움을 제공하는 것조차 막아서 가족 관계의 단절을 초래할 수 있다. 국민기초생활보장제도의 부양의무자 기준으로 인해 실제 이러한 일들이 발생하고 있다. 이처럼 비공식 복지를 강제하면, 가족으로서의 정서적·심리적 기능 또한 약화시킬 수 있다.

비공식 복지는 법으로 강제할 수 있는 성질의 복지가 아니다. 따라서 간접적으로 비공식 복지를 활성화할 수 있는 조치들을 마련하는 것이 바람직하다. 국민기초생활보장제도의 소득 산정에서 사적 소득이전 같은 비공식 복지를 포함하지 않는다면, 오히려 비공식 복지가 활성화될 수 있다. 비공식 복지를 제공하는 자녀들로 하여금 자발성에 기초하여 자신이 감당할 수 있는 만큼 부모에게 사적 소득이전을 제공하도록 할 수 있다. 그럴 경우 사적 소득이전을 통한 노인들의 삶은 윤택해지고 가족 간 정서적·심리적 교류도 촉진되는 등 비공식 복지의 순기능을 활성화할 수 있다.

이러한 선례로 기초연금제도를 들 수 있다. 기초연금의 경우 소득인정액을 계산할 때, 사적 소득이전은 소득의 범위에 포함하지 않는다(보건복지부, 2020). 그러므로 자녀들은 늙은 부모에게 용돈이나 생활비 같은 사적 소득이전 제공을 꺼리지 않는다. 실증연구의 결과에 의하면, 국민기초생활보장제도와 달리 기초연금은 사적 소득이전을 구축하지 않는다(Lee, Ku and Shon, 2019).

이런 점들을 고려할 때 국민기초생활보장제도의 부양의무자 기준은 폐지하는 것이 바람직하다. 국가 재정의 증대 등 파생되는 문제들은 다른 수단들을 통해 대처하는 것이 적절하다. 앞에서 살펴보았듯이, 비공식 복지에 대한 법적 강제는 국가의 재정 절감 효과보다 그것으로 인해 파생되는 사회적 역기능이 훨씬 클 것으로 여겨진다.

## 2) 국가의 역할을 기대하며

앞의 2절에서 살펴보았듯이, 산업화가 고도화되고 개인주의 가치가 확산되면 전체 사회복지에서 비공식 복지는 그 역할이 축소될 수밖에 없다. 한국 사회에서도 예전보다 비공식 복지의 규모나 기능이 조금씩 약화되고 있는 것은 객관적인 현실이다. 그렇지만 급속하게 축소되지는 않을 것이다. 왜냐하면 우리 사회에서 비공식 복지는 효, 가족주의와 같은 문화적 기반 속에서 성장하고 유지되어왔기 때문이다. 이러한 문화는 급속하게 변화하지 않는다. 통계자료 또한 사적 소득이전 같은 비공식 복지의 규모가 급격하게 줄어든 것이 아님을 보여준다. 단지 지난날보다 그 비중이 점차 줄어드는 경향이 보이고 있을 뿐이다.

또한 비공식 복지의 축소나 기능 약화가 모든 집단에게 동일한 수준으로 진행되는 것은 아니다. 우리 사회에서 가족의 보호 기능 약화가 중간층이나 고소득층에서는 급격하게 진행되지 않는다. 중간층 이상 계층에서는 가족의 보호 기능이 더 강화되는 측면도 나타나고 있다. 1980~1990년대와 같이 급속한 산업화가 진행되던 시기에는 중간계층이라고 해도 재산의 축적수준이 그다지 높지 않았으며, 소득수준도 현재처럼 높지 않았다. 특히 노인 부모세대의 재산 축적수준이나 소득수준은 중간층도 그다지 여유로운 수준이 아니었다. 그 당시 젊은 세대로서 중간층이었던 사람들이 노인이 된 오늘날에는 노인 부모세대 중 소득이나 재산 면에서 충분히 여유로운 사람들이 많이 있다. 이러한 중간계층, 상위계층의 가족에서 보호 기능은 여전히 유지되고 있다. 그리하여 노인 부모들이 자녀에게 재산의 상속이나 증여, 그리고 사적 소득이전을 제공하는 사례들이 크게 증가하고 있다. 우리 사회도 선진국처럼 부모로부터 자녀로의 사적 소득이전이 이루어지는 변화가 나타나기 시작하였다. 이런 점은 우리나라 비공식 복지의 새로운 변화이다.

가족의 보호 기능 유지라는 측면에서 긍정적일 수도 있지만, 그것이 일정 수준을 넘어서면 사회정의, 공정이라는 과점에서 볼 때 바람직한가라는 질문이 제기될 수 있다. 출발선이 서로 다른 기회의 불평등 문제를 야기할 수 있기 때문이다. 가족의 보호 기능은 유지, 발전시켜야 하겠지만, 그것이 사회적 격차를 확대시키고, 공정이라는 사회적 가치를 훼손하는 것은 사회적으로 바람직하지 않다. 그런 점에서 일정한 수준을 넘는 상속이나 증여에 대해서는 조세 관련 법을 통해 엄격히 관리하고, 통제할 필요가 있다. 하지만 일상적인 가족 기능은 활성화될수록 간접적인 지원 또한 필요하다.

비공식 복지가 축소되고 있고 비공식 복지의 기반이 약화되고 있다는 점은 분명하므로, 이제 그에 따른 복지의 빈 공간을 어떻게 메울 것인가를 포함하여 국가복지의 미래지향적이며 종합적인 확충전략을 수립하는 것이 중요하다. 급속한 고령화, 예전과 같은 고도 경제성장이 불가능하다는 점, 4차 산업혁명의 진전에 따른 일자리 감소 등으로 인해 사회복지에 대한 욕구는 과거와 비교할 수 없을 정도로 증대되고 있다. 그런 점에서 국가복지의 확대는 불가피하다.

국가는 어떠한 상황에서도 국민 누구나 최소한의 기본적인 생활을 영위할 수 있는 정도의 국가복지 시스템을 구축해야 한다. 실업, 질병, 노령, 사고, 사업의 실패, 사망 등 제반 사회적 위험 상황하에서도 국민 누구나 기본적인 생활이 가능하다는 사회적 믿음이 형성될 수 있도록, 그러한 위험으로부터 모든 국민을 보호할 수 있는 수준의 국가복지 시스템을 마련해야 한다. 한국 사회는 이제껏 제반 사회적 위험으로부터 보호는 개인이나 가족의 일로 간주해왔다. 그 결과 국민은 항상 본인 및 가족이 생존마저 위협받을 수 있는 극단적인 상황에 내몰릴 수 있다는 불안감을 안은 채 살아가고 있다. 이런 불안감이 한국 사회의 여러 사회문제의 원인으로, 개인이나 가족에게 맡겨서는 해결할 수 없다. 국민 모두가 함께 해결해야 한다. 그것은 아는 사람끼리만이 아닌 서로 모르는 사람 간의 연대, 즉 국가를 통해서만 해결할 수 있다.

앞에서 살펴보았듯이, 비공식 복지는 빈곤층 등 저소득층의 보호에는 취약하다. 더욱이 현재 우리 사회에서 진행되는 가족구조의 변화는 저소득층 등 사회적 약자들의 가족 보호 기능을 더욱 약화시킬 가능성이 크다. 이런 점들을 고려할 때, 저소득층 등 사회적 약자의 최저생활보장은 국가만이 할 수 있다. 이러한 맥락에서 저소득층 등 사회적 약자에 대한 최소한의 생활보장은 국가 책임이라는 원칙을 명확히 하고 그런 원칙에 부합하도록 저소득층 관련 복지제도를 시급히 개선해야 한다.

# 참고문헌

## 제1부 비공식 복지에 대한 이론적 검토

## 1장  비공식 복지의 이해

감정기·최원규·진재문. (2002).『사회복지의 역사』. 나남출판사.

구인회·손병돈·안상훈. (2010).『사회복지정책론』. 나남출판사.

김상균. (1986). "영국의 사회보장." 신섭중 외.『각국의 사회보장』. 유풍출판사.

김진욱. (2013). "한국 복지국가 10년(2000-2010), 복지 혼합 지출구조의 변화와 그 함의."『한국사회복지조사연구』 Vol. 36: 387-419.

김태성. (2017).『한국 복지체제의 특성: 왜 한국의 복지체제는 유럽의 복지국가들과 다른가?』. 청목출판사.

나병균. (1989a). "향약과 사회보장." 하상락 편.『한국사회복지사론』. 박영사.

나병균. (1989b). "계와 사회보장." 하상락 편.『한국사회복지사론』. 박영사.

손병돈. (1998). "가족간 소득이전의 결정요인: 부모와 기혼자녀간을 중심으로." 서울대학교 박사학위 논문.

손병돈. (1999). "사적 소득이전의 빈곤 완화 효과."『한국사회복지학』 39: 157-179.

이용교. (1990). "사회관계망이 상호부조에 미친 영향에 관한 연구: 결혼식 방명록의 분석을 중심으로."『한국사회복지학』 15: 185-204.

최우영. (2006). "사회자본의 관점에서 본 전통사회의 농민조직: 향도, 두레, 계를 중심으로."『정신문화연구』 29(1)(통권 102호): 239-274.

홍경준. (1999).『한국의 사회복지체제 연구』. 나남출판사.

Cox, Donald. (1987). "Motives for Private Income Transfers." *Journal of Political Economy* 95(3): 508-546.

Gouldner, A. (1960). "The Norm of Reciprocity: A Preliminary Statement." *American Sociological Review* Vol 25(2): 161-178.

Graham, H. (1991). "The Informal Sector of Welfare: A Crisis in Caring." *Social*

*Science and Medicine* Vol 32. No. 4: 507-515.

Kaufman, Daniel. (1982). "Social Interaction as a Strategy of Economic Survival among the Urban Poor: A Theory and Evidence." Doctoral Dissertation. Harvard University.

Kotlikoff, Laurence J. and Avia Spivak. (1981). "The Family as an Incomplete Annuities Market." *Journal of Political Economy* Vol. 89 no. 2: 372-391.

Lyberaki, A. and P. Tinios. (2014). "The Informal Welfare State and the Family: Invisible Actors in the Greek Drama." *Political Studies Review* Vol. 12: 193-208.

Offer, J. (1984). "Informal Welfare, Social Work and Sociology of Welfare." *British Journal of Social Work* 14: 545-555.

Pierson, C. (1991). *Beyond the Welfare State?: The New Political Economy of Welfare*. Polity Press.

Pollack, Harold A. (1994). "Informal Transfers within Families." Doctoral Dissertation. Harvard University.

Rein, M. (1989). "The Social Structure of Institutions: Neither Public nor Private," in S. B. Kamerman and A. J. Kahn (eds.). *Privatization and the Welare State*. Princeton University Press.

Rose, R. (1986). "Common Goals but Different Roles: The State's Contribution to the Welfare Mix," in R. Rose and R. Shiratori (eds.). *The Welfare State East and West*. Oxford University Press. 13-39.

Spencer, H. (1893). *The Principles of Ethics* Vol. 2. London, Williams and Norgate.

Streeck, W. and P. C. Schmitter. (1985). "Community, Market, Stateand Associations? The Prospective Contribution of Interest Governance to Social Order," in W. Streeck and P. C. Schmitter(eds.). *Private Interest Government Beyond Market and State*. SAGE.

## 2장 비공식 복지의 이론적 쟁점

강성진·전형준. (2005). "사적 이전소득의 동기와 공적 이전소득의 구축효과에 대한 연구." 『공공경제』 10(1): 23-46.

김희삼. (2008). "사적 소득이전과 노후소득보장." 『한국개발연구』 30(1): 71-130.

박순일·황덕순·최현수. (2001). 『공적 소득보장제도 사각지대의 빈곤층의 소득보장 연구』. 한국보건사회연구원.

박재간. (1997). "전통적 효 사상과 노인부양의 현대적 의의." 『노인복지정책연구』 7.

손병돈. (1998). "가족간 소득이전의 결정요인: 부모와 기혼자녀간을 중심으로." 서울대학교 박사학위 논문.

손병돈. (1999). "부모 부양의 동기와 재분배 효과: 가족간 소득이전을 중심으로." 『한국노년학』 Vol. 19. No. 2: 59-78.

손병돈. (2008). "공적 소득이전과 사적 소득이전의 관계." 『사회복지연구』 39호: 343-364.

진재문. (1999). "사회보장 이전과 사적 이전의 관계에 관한 연구: 사립학교 교원연금 수급자와 생활보호 수급자를 중심으로." 서울대학교 박사학위 논문.

최재석. (1994). 『한국가족연구』. 일지사.

한경구. (1995). 『공동체로서의 회사: 일본기업의 인류학적 연구』. 서울대학교 출판부.

홍경준. (1999). 『한국의 사회복지체제 연구』. 나남출판사.


표주연. (2016.12.28) "재산 받고 '모르쇠'… '불효자 방지법' 필요할까." 뉴시스. http://www.newsis.com/ar_detail/view.html/?ar_id=NISX20160927_0014413061&cID=10201&pID=10200


Altonji, Joseph G., Fumio Hayashi and Laurence Kotlikoff. (1996). "The Effects of Income and Wealth on Time and Money Transfers Between Parents and Children." *NBER* Working Paper Series 5522.

Becker, Gary S. (1974). "A Theory of Social Interactions." *Journal of Political Economy* 82(6): 1063-1093.

Becker, Gary S. and N. Tomes. (1979). "An Equilibrium Theory of the Distribution of Income and Intergenerational Mobility." *Journal of Political Economy* Vol 87 No. 61: 1153-1189.

Bernheim, B. Douglas, Andrei Shleifer and Lawrence H. Summers. (1985). "The Strategic Bequest Motive." *Journal of Political Economy* 93(6): 1045-1076.

Cox, D. and E. Jimenez. (1989). "Private Transfers and Public Policy in Developing Countries: A Case Study for Peru." *Working Paper* No. 345, Policy Research Department.

Cox, D. and F. Raines. (1985). "Interfamily Transfers and Income Redistribution," in M. David and T. Smeeding (eds.). *Horizontal Equality, Uncertainty and Economic Well-Being.* The Univ. of Chicago Press: 393-421.

Cox, D. and G. Jakubson. (1995). "The Connection between Public Transfers and Private Interfamily Transfers." *Journal of Public Economics* 57: 129-167.

Cox, D. and M. Rank. (1992). "Inter-vivos Transfers and Intergenerational Exchange." *Review of Economics and Statistics* 74(2): 305-314.

Cox, D., B. E. Hansen and E. Jimenez. (2004). "How responsive are private transfers to income? Evidence from a laissez-fare economy." *Journal of Public Economics* 88: 2193-2219.

Cox, Donald. (1987). "Motives for Private Income Transfers." *Journal of Political Economy* 95(3): 508-546.

Cremer, H., D. Kessler and P. Pestieau. (1994). "Public and Private Intergenerational Transfers: Evidence and a Simple Model," in J. Ermisch and N. Ogawa (eds.). *The Family, the Market and the State in Aging Societies*, Clarendon Press: 216-232.

Gale, W. G. and J. K. Scholz. (1994). "Intergeneral Transfers and the Accumulation of Wealth." *Journal of Economic Perspectives* Vol. 8. No. 4: 145-160.

Guiso, Luigi and Tullio Jappelli. (1991). "Intergenerational Transfers and Capital Market Imperfections." *European Economic Review* 35: 103-120.

Ishii-Kuntz, M. (1997). "Intergenerational Relationships among Chinese, Japanese and Korean Americans." *Family Relations* 46: 23-32.

Kotlikoff, Laurence J. and Avia Spivak. (1981). "The Family as an Incomplete Annuities Market." *Journal of Political Economy* Vol. 89. No. 2: 372-391.

Lee, Gary R., Julie K. Netzer and Raymond T. Coward. (1994). "Filial Responsibility Expectations and Patterns of Intergenerational Assistance." *Journal of Marriage and the Family* 56: 559-565.

Lee, Yean-Ju, William L. Parish and Robert J. Willis. (1994). "Sons, Daughters, and Intergenerational Support in Taiwan." *American Journal of Sociology* Vol. 99. No. 4: 1010-1041.

Linda, K. G. (1998). "Intergenerational Transfers: Who Gives and Who Gets?" *Financial Gerontology*: 28-33.

Lucas, Robert E. B. and Oded Stark. (1985). "Motivations to Remit: Evidence from Botswana." *Journal of Political Economy* Vol. 93: 901-918.

Schoeni, R. (1996). "Does Aid to Family with Dependent Children Displace Familial Assistance?" *RAND Labour and Population Program Working Paper Series*: 96-112.

Shi, Leiyu (1993). "Family Financial and Household Support Exchange between Generations: A Survey of Chinese Rural Elderly." *The Gerontologist* Vol. 33. No. 4: 468-480.

## 3장 한국 사회복지의 특징으로서 비공식 복지

구인회·김창오. (2016). "1990년대 이후 노인 빈곤 변화추이와 악화원인 분석." 2016년 한국사회정책학회 춘계 학술대회 발표 자료.

김유경·이여봉·최새은·김가희·임성은. (2015). 『가족형태 다변화에 따른 부양체계 변화전망과 공사간 부양분담 방안』. 한국보건사회연구원.

김진욱. (2013). "한국 복지국가 10년(2000-2010), 복지 혼합 지출구조의 변화와 그 함의." 『한국사회복지조사연구』 Vol. 36: 387-419.

김태성. (2017). 『한국 복지체제의 특성』. 청목출판사.

김혜경. (2013). "부계가족주의의 실패?: IMF 경제 위기 세대의 가족주의와 개인화." 『한국사회학』 47(2): 101-141.

류석춘·왕혜숙. (2007). "한국의 복지현실, 사회자본 그리고 공동체 자유주의." 『현대사회와 문화』 제1집 제1호: 23-47.

박통희. (2004). "가족주의 개념의 분할과 경험적 검토." 『가족과 문화』 16(2): 93-125.

신용하·장경섭. (1996). 『21세기 한국의 가족과 공동체 문화』. 지식산업사.

여유진·김미곤·김수봉·손병돈·김수정·송연경. (2003). 『국민기초생활보장제도 부양의무자기준 개선방안 연구』. 한국보건사회연구원.

이여봉. (2006). 『탈근대의 가족들: 다양성, 아픔, 그리고 희망』. 양서원.

장경섭. (2009). 『가족, 생애, 정치경제』. 창비.

정경희 외. (2014). 『2014년도 노인실태조사』. 보건복지부·한국보건사회연구원.

정병은. (2007). "향우회 사회자본과 지역주의: 재경안동향우회의 사례를 중심으로."
『사회과학연구』 23집 3호: 331-358.

조은성·변숙은. (2014). "경조사 부조금: 누가 더 자주, 많이 내는가?." 『문화산업연
구』 제14권 4호: 59-71

최우영. (2006). "종친회의 역사·문화와 현실: '기억'과 '재현'의 논리를 중심으로."
『동양사회사상』 제13집: 307-346.

최현수 외. (2016). 『한국의 노인빈곤실태 심층 분석 및 정책적 시사점』. 보건복지
부·한국보건사회연구원.

통계청. (2002-2016). 『사회조사보고서』.

한국사회복지학연구회 역. (1991). 『사회복지의 사상과 역사』. 한울아카데미. Rim-
linger, Gaston V. (1971). *Welfare Policy and Industrialization in Europe,
America and Russia.*

홍경준. (1999). 『한국의 사회복지체제 연구』. 나남출판사.

황정미. (2014). "가족·국가·사회재생산." 김혜경·강이수·김현미·김혜영·박언
주·박혜경·손승영·신경아·은기수·이선이·이여봉·함인희·황정미. 『가족과
친밀성의 사회학』. 다산출판사: 29-53.

**제2부 한국 비공식 복지의 실태와 변화**

## 4장  비공식 복지활동은 어떻게 변화하였는가

구인회·김창오. (2016). "1990년대 이후 노인빈곤 변화추이와 악화원인 분석." 2016
년 한국사회정책학회 춘계 학술대회 발표 자료.

신화연·이윤복·손지훈. (2015). 『사회보장 중장기 재정추계 모형개발을 위한 연
구』. 한국보건사회연구원.

이가옥·서미경·고경환·박종돈. (1994). 『노인생활실태 분석 및 정책과제』. 한국보

건사회연구원.

정경희·오영희·강은나·김경래·이윤경·오미애·황남희·김세진·이선희·이석구·
홍송이. (2017). 『2017년도 노인실태조사』. 보건복지부·한국보건사회연구원.

정경희·오영희·강은나·김재호·선우덕·오미애·이윤경·황남희·김경래·오신휘·
박보미·신현구·이금룡. (2014). 『2014년도 노인실태조사』. 보건복지부·한국보
건사회연구원.

정경희·오영희·석재은·도세록·김찬우·이윤경·김희경. (2004). 『2004년도 전국
노인생활실태 및 복지욕구조사』. 한국보건사회연구원·보건복지부.

정경희·오영희·이윤경·손창균·박보미·이수현·이지현·권중돈·김수봉·이소정·
이윤식·이유화·최성재·김수영. (2011). 『2011년도 노인실태조사』. 보건복지
부·한국보건사회연구원.

정경희·조애저·오영희·변재관·변용찬·문현상. (1998). 『1998년도 전국 노인생활
실태 및 복지욕구조사』. 한국보건사회연구원.

최현수·여유진·김태완·임완섭·오미애·황남희·고제이·정해식·김재호·손병돈·
이상봉·최옥금·진재현·천미경·김솔휘. (2016). 『한국의 노인빈곤실태 심층분
석 및 정책적 시사점』. 보건복지부·한국보건사회연구원.

통계청. (1996). 『가구소비실태조사 원자료』.

통계청. (2000). 『가구소비실태조사 원자료』.

통계청. (2006). 『가계동향조사 원자료』.

통계청. (2011). 『가계동향조사 원자료』.

통계청. (2016). 『가계동향조사 원자료』.


헤럴드경제. "성인 남녀 60% '나는 캥거루족'." 2019.2.3.(http: //news.heraldcorp.
com/view.php?ud=20190202000107).


Cox, D. and E. Jimenez. (1989). "Private Transfers and Public Policy in Devel-
oping Countries: A Case Study for Peru." *Working Paper* No. 345, Policy
Research Department.

Cox, D. and F. Raines. (1985). "Interfamily Transfers and Income Redistribu-
tion," in M. David and T. Smeeding (eds.). *Horizontal Equality, Uncertain-
ty and Economic Well-Being*. The Univ. of Chicago Press: 393-421.

Schoeni, R. (1996). "Does Aid to Family with Dependent Children Displace Familial Assistance?." *RAND Labour and Population Program Working Paper Series*: 96-112.


## 5장  비공식 복지는 누가 주고, 누가 받는가

한국고용정보원. (2017). 『2016년 고령화연구패널조사 자료 원자료』.


## 6장  비공식 복지와 국민의식

경제기획원. (1979). 『사회통계조사』.
경제기획원. (1983). 『사회통계조사』.
경제기획원. (1989). 『사회통계조사』.
경제기획원. (1998). 『사회통계조사』.
이가옥·서미경·고경환·박종돈. (1994). 『노인생활실태 분석 및 정책과제』. 한국보건사회연구원.
정경희·오영희·강은나·김경래·이윤경·오미애·황남희·김세진·이선희·이석구·홍송이. (2017). 『2017년도 노인실태조사』. 보건복지부·한국보건사회연구원.
정경희·오영희·강은나·김재호·선우덕·오미애·이윤경·황남희·김경래·오신휘·박보미·신현구·이금룡. (2014). 『2014년도 노인실태조사』. 보건복지부·한국보건사회연구원.
정경희·오영희·이윤경·손창균·박보미·이수현·이지현·권중돈·김수봉·이소정·이용식·이윤환·최성재·김소영. (2011). 『2011년도 노인실태조사』. 보건복지부·한국보건사회연구원.
통계청. (2002-2018). 『사회통계조사』.
통계청. (2018). 『사회조사보고서』.

Walzer, Michael. (1986). *Spheres of Justice: A Defense Of Pluralism And Equality*. Basic Books.

7장 사적 소득이전의 동기

김희삼. (2008). "사적소득이전과 노후소득보장."『한국개발연구』30(1)(통권 102호): 71-130.

박재간. (1997). "전통적 효사상과 노인부양의 현대적 의의."『노인복지정책연구』7.

손병돈. (1998). "가족간 소득이전의 결정요인: 부모와 기혼자녀간을 중심으로." 서울대학교 박사학위 논문.

손병돈. (1999). "부모 부양의 동기의 재분배 효과: 가족간 소득이전을 중심으로." 『한국노년학』19(2): 59-78.

장현주. (2019). "공적이전소득의 사적이전소득 구축 효과: 대도시권과 비대도시권 노인가구를 중심으로."『지방정부연구』23(2): 359-379.

전승훈·박승준. (2011). "공적 이전소득이 사적 이전소득에 미치는 영향 분석." 한국경제연구학회.『한국경제연구』29(4): 171-205.

진재문. (1999). "사회보장 이전과 사적 이전의 관계에 관한 연구: 사립학교 교원연금 수급자와 생활보호 수급자를 중심으로." 서울대학교 박사학위 논문.

최현수 외. (2016).『한국의 노인빈곤실태 심층 분석 및 정책적 시사점』. 보건복지부·한국보건사회연구원.


Cox, D. (1987). "Motives for Private Income Transfers." *Journal of Political Economy* 95(3): 508-546.

Cox, D., Bruce E. Hansen and E. Jimenez. (2004). "How Responsive are Private Transfers to Income?." *Journal of Public Economics* 88: 2193-2219.

Lucas, Robert E. B. and Oded Stark. (1985). "Motivations to Remit: Evidence from Botswana." *Journal of Political Economy* Vol. 93: 901-918.

Walzer, Michael. (1986). *Spheres of Justice*. Basic Books.

# 8장 사적 소득이전과 빈곤, 불평등

김기덕·손병돈. (1995). "1982-92년간 근로자가구의 소득분배 변화 추세: 소득원천별 사회보장수혜, 이전소득, 조세부담." 『사회복지연구』 6: 91-118.

김주희. (1992). "도시저소득층 가족의 친족문제." 한국가족학연구회 편. 『도시저소득층의 가족문제』. 하우: 131-150.

김진욱. (2004). "한국 소득이전 제도의 소득불평등 및 빈곤감소효과에 관한 연구." 『사회복지정책』 20: 171-195.

김진욱. (2011). "노후소득의 혼합구성과 이전소득의 빈곤감소효과에 관한 국제비교연구." 『한국노년학』 31(1): 111-127.

김태완. (2019). "저소득층 소득감소 추세와 원인." 소득주도성장특별위원회 연속토론회 자료집: 포용국가로 한걸음 더, 소득격차 원인과 대책.

손병돈. (1998a). "가족간 소득이전의 경제적 계층별 분배." 『사회보장연구』 14(1).

손병돈. (1998b). "가족간 소득이전의 결정요인: 부모와 기혼자녀간을 중심으로." 서울대학교 박사학위 논문.

손병돈. (1999). "사적 소득이전의 빈곤완화 효과." 『한국사회복지학』 39: 157-179.

이용재. (2016). "노인소득원이 소득불평등에 미치는 효과 분석." 『한국콘텐츠학회논문지』 16(5): 591-600.

임병인·강성호. (2016). "중고령가구의 소득원천별 불평등 기여도 분석." 『사회보장연구』 32(1): 57-82.

최현수 외. (2016). 『한국의 노인빈곤실태 심층 분석 및 정책적 시사점』. 보건복지부·한국보건사회연구원.

홍경준. (2002). "공적 이전과 사적 이전의 빈곤감소효과 분석: 국민기초생활보장제도 도입을 중심으로." 『한국사회복지학』 50: 61-86.

Becker, Gary S. (1991). *A Treatise on the Family*. Harvard University Press.

Behrman, Jere, R. (1990). "The Intergenerational Correlation between Children's Adult Earnings and Their Parent's Income: Results from the Michigan Panel Study of Income Dynamics." *Review of Income and Wealth* 36(2): 115-127.

Bernheim, B. Dougla, Andrei Shleifer and Lawrence H. Summers. (1985). "The

Strategic Bequest Motive." *Journal of Political Economy* 93(6): 1045-1076.

Dunn, Thomas Albert. (1993). "Essays on the Economic Linkages among Family Members." Doctoral Dissertation, Northwestern University.

Kotlikoff, Laurence J. and Avia Spivak. (1981). "The Family as an Incomplete Annuities Market." *Journal of Political Economy* Vol. 89. No. 2: 372-391.

Lee, Yean-Ju, William L. Parish and Robert J. Willis. (1994). "Sons, Daughters, and Intergenerational Support in Taiwan." *American Journal of Sociology* Vol. 99. No. 4: 1010-1041.

Shorrocks, A. F. (1982). "Inequality Decomposition by Factor Components." *Econometrica* Vol. 50. No. 1: 193-211.

## 9장 사적 소득이전과 국가복지

금종예·금현섭. (2018). "공적 이전소득에 따른 사적 이전소득의 변화: 기초노령연금 및 기초연금을 중심으로."『한국행정학보』52(4): 25-53.

김희삼. (2008). "사적소득이전과 노후소득보장."『한국개발연구』30(1)(통권 102호): 71-130.

박순일·황덕순·최현수. (2001).『공적 소득보장제도 사각지대의 빈곤층의 소득보장연구』. 한국보건사회연구원.

보건복지부. (2006-2012).『보건복지백서』.

보건복지부. (2019).『2019 기초연금 사업안내』.

보건복지부. (2020).『2020년 국민기초생활보장 사업안내』.

손병돈. (2008). "공적 소득이전과 사적 소득이전의 관계."『사회복지연구』39: 343-364.

손병돈. (2019). "부양의무자 기준의 한계와 개선방안."『보건복지포럼』275: 32-45.

손병돈·구인회·노법래·한경훈. (2016).『맞춤형 급여체계 도입에 따른 국민기초생활보장제도 부양의무자기준 개선방안』. 보건복지부·평택대학교 산학협력단.

이석민·박소라·김수호. (2015). "공적 이전소득이 근로소득과 사적 이전소득에 미치는 영향: 국민기초생활보장 장기수급자의 구조적 문제 분석."『행정논총』53(3): 171-195.

장현주. (2019). "공적 이전소득의 사적이전소득 구축효과: 대도시권과 비대도시권 노인가구를 중심으로." 『지방정부연구』 23(2): 359-379.

전승훈·박승준. (2011). "공적 이전소득이 사적 이전소득에 미치는 영향 분석." 한국경제연구학회. 『한국경제연구』 29(4): 171-205.

전승훈·박승준. (2012). "공적 이전소득의 사적 이전소득 구축효과: 노인가구와 비노인가구에 대한 비교." 한국경제통상학회. 『경제연구』 30(2): 63-92.

진재문. (1999). "사회보장 이전과 사적 이전의 관계에 관한 연구: 사립학교 교원연금 수급자와 생활보호 수급자를 중심으로." 서울대학교 박사학위 논문.

황남희. (2015). "인구고령화와 공·사적 이전의 역할 변화." 『보건·복지 Issue & Focus』 제287호. 한국보건사회연구원: 1-8.


Lee, Seungho, Ku, Inhoe and Shon, Beyongdon. (2019). "The Effects of Old-Age Public Transfer on the Well-Being of Older Adults: The Case of Social Pension in South Korea." *Journals of Gerontology: Social Sciences B* Vol. 74, No 3: 506-515.

Oh, Seoung-Yun. (2014). "Do Public Transfers Crowd out Private Support to the Elderly? Evidence from the Basic Old Age Pension in South Korea." 2014 사회정책연합학술대회 발표 자료.

## 10장 한국 가족구조의 변화와 사적 소득이전

김선영. (2002). "친족관계." 이동원 외. 『한국가족의 현주소』. 학지사.

김주희. (1992). "도시저소득층 가족의 친족문제." 한국가족학연구회 편. 『도시저소득층의 가족문제』. 하우: 131-150.

박시라. (1999). "자녀양육기 기혼남성의 친족유대." 서울대학교 석사학위 논문.

이광자. (1988). "우리나라 친족관계의 지속과 변화에 관한 연구: 도시 중산층 핵가족을 대상으로." 연세대학교 박사학위 논문.

이동원. (1985). "도시주부의 관계망에 대한 조사(1): 시가 및 친가와의 관계를 중심으로." 이화여대 한국문화연구원 논총 제44집: 7-36.

이효재. (1971). 『도시인의 친족관계』. 한국연구원.

조정문. (1997). "한국사회 친족관계의 양계화 경향에 관한 연구." 『한국여성학』 13(1): 87-114.

최샛별·이명진·김재온. (2003). "한국가족관련 정체성에 대한 감정적 의미로 살펴본 한국가족의 구조와 변화 양상." 한국사회학회 2003 국제학술회의 자료집: 29-50.

최유정·최샛별·이명신. (2011). "세대별 비교를 통해 본 가족 관련 정체성의 변화와 그 함의." 『가족과 문화』 23(2): 1-40.

최재석. (1975). 『한국가족연구』. 민중서관.

한경혜·윤성은. (2004). "한국가족 친족관계의 양계화 경향: 세대관계를 중심으로." 『한국인구학』 27(2): 177-203.

한남제. (1988). "가족주의 가치관이 변화." 『사회변동과 사회의식』. 고영복 교수회 갑기념 논문집: 433-461.


Shon, Byong Don and So Jung Lee. (2010). "The Transition of Family Relations in Korea: Focusing on the Parent-married Child Relationship according to Income Class." EASP, 7th EASP Conference Searching for New Policy Paradigms in East Asia: Initiatives, Ideas and Debates.

## 11장 비공식 복지와 한국 복지체계

구인회·김창오. (2016). "1990년대 이후 노인빈곤 변화추이와 악화원인 분석." 2016년 한국사회정책학회 춘계학술대회 자료집.

김지혜. (2013). "국민기초생활보장법 부양의무자 기준의 위헌성." 『공법연구』 41(3). 111-135.

김진욱. (2013). "한국 복지국가 10년(2000-2010), 복지 혼합 지출구조의 변화와 그 함의." 『한국사회복지조사연구』 Vol. 36: 387-419.

김태성·손병돈. (2016). 『빈곤론』. 형지사.

노대명 외. (2018). 『사회보장 2040 및 제2차 사회보장 기본계획 수립을 위한 기초연구』. 보건복지부·한국보건사회연구원.

박순일. (1991). 『한국의 빈곤 현실과 사회보장』. 일신사.

박재간. (1997). "전통적 효사상과 노인부양의 현대적 의의." 『노인복지정책연구』. 7권.

보건복지부. (2020).『2020년 기초연금 사업안내』.

손병돈(1999). "부모 부양의 동기와 재분배 효과: 가족간 소득이전을 중심으로."『한국노년학』19권 2호. 59-78.

손병돈·구인회·노법래·한경훈. (2016).『맞춤형 급여체계 도입에 따른 국민기초생활보장제도의 부양의무자 기준 개선방안』. 보건복지부·평택대학교 산학협력단.

손병돈·문혜진·변금선·한경훈·김동진. (2019).『국민기초생활보장제도의 부양의무자 기준 개선방안』. 보건복지부·평택대학교 산학협력단.

손병돈·이소정·이승호·변금선·전영호. (2013).『국민기초생활보장제도 부양의무자 기준 개선방안에 관한 연구』. 보건복지부·평택대학교 산학협력단.

여유진·김미곤·김태완·양시헌·최현수. (2005).『빈곤과 불평등의 동향 및 요인분해』. 한국보건사회연구원.

여유진·김미곤·강혜규·장수명·강병구·김수정·전병유·정준호·최준영. (2014).『한국형 복지모형 구축–한국의 특수성과 한국형 복지국가』. 한국보건사회연구원.

이가옥·서미경·고경환·박종돈. (1994).『노인생활실태 분석 및 정책과제』. 한국보건사회연구원.

이정우(2014). "독일의 노후기초생활보장제도와 정책적 시사점."『한국사회정책』. 21(1). 105-142.

이현주·박형존·이정윤. (2019).『2019년 빈곤통계연보』. 한국보건사회연구원.

최현수 외. (2016).『한국의 노인빈곤실태 심층 분석 및 정책적 시사점』. 보건복지부·한국보건사회연구원.

통계청. (2002).『사회통계조사』.

통계청. (2018).『사회통계조사』.

Lee, Seungho, Inhoe Ku and Byongdon Shon. (2019). "The Effects of Old-Age Public Transfer on the Well-Being of Older Adults: The Case of Social Pension in South Korea." *Journals of Gerontology: Social SciencesB* Vol. 74, No 3: 506-515.

Suh, Sang-Mok and Ha-Cheong Yean. (1986). "Social Welfare during the Structural Adjustment Period in Korea." Working Paper 8604. KDI.

# 찾아보기